능률100배 손정의 활기찬

업무력

업무력(業務力) : 일의 시작과 끝을 제대로 아는 힘

| 대한민국 직장인 서바이벌 매뉴얼 |

능률 100배

손정의 활기찬 업무력

목표가 보인다!
방황하지 않는다!
퇴사 후 미래가 보인다!
회사 다닐 맛 난다!

손정

물병자리

프롤로그

내 일의 주인이 되자!

대한민국에 사는 우리는 서른 살이 다 되도록 무엇인가 되기 위해 젊음을 누려 보지도 못하고 노력만 했다. 그 위치에 오르면 행복할 줄 알았다. 그런데 정작 그 자리에서도 "요즘 대학에서는 도대체 뭘 가르치냐?"라는 소리를 들으며 처음부터 다시 배워야 했다. 그리고서 이제 좀 할 만 해졌는가 싶어 돌아보니 지금의 내 모습은, 몸에 맞지 않는 옷을 입은 듯 불편해 보이고 꿈은 이곳이 아닌 다른 데 있을 거라는 생각이 든다. 하지만 나보다 먼저 꿈을 찾아 밖으로 떠난 사람들은 이렇게 말한다. "밀어낼 때까지 버텨라"

저자인 나는 행복을 위해 직장에 들어갔다가 꿈을 위해 그곳을 나온 직무교육 강사다. 내가 떠나온 그 자리를 지키고 있는 직장인들에게 일 잘하는 방법을 강의한다. 입사 초기 특별할 것도 없었던 나의 모습을 기억하는 옛 동료라면, "어떻게 네가?"라고 할 게 분명하다. 나는 내가 속한 조직에서 쉽게 답을 찾지 못했다. 회사 생활 5년이 다되도록 업무에서

두각을 나타내지 못했고 딱히 독립할 재주나 의지도 없었다. 그랬던 내게도 우연히 변화의 계기가 찾아왔다. 무라카미 하루키가 이십대였던 어느 날, 야구 경기를 보다가 문득 '나도 소설을 쓸 수 있지 않을까?'라는 생각이 스치고 나서부터 글 쓰는 사람이 되었다고 했던가? 큰 기대 없이 참석한 원가 관리 교육에서 변화는 시작되었다. 당시 강사님은 73세의 회계사였는데 젊은 사람 못지않은 열정을 과시했다. 그 모습에 나는 이런 생각이 들었다.

'나도 언젠가는 저런 강사가 되고 싶다. 그런데 어디서부터 무얼 해야 하지?'

나는 질문을 던졌고 그 답을 나의 일에서부터 찾기 시작했다. 회계사가 자신의 일상인 재무분석과 원가관리에 대해 강의하듯 나의 강의 내용도 현재 직장생활이 기반이 될 수밖에 없다는 생각이 들었기 때문이다. 교육을 더 열심히 다녔고 책을 읽었다. 배운 것은 업무에 적용했다. 일에 대한 자신감이 생기자 길은 회사 안에도 있었고 회사 밖에도 있었다.

지금 이 순간 대한민국에서 직장인의 이름으로 많은 사람이 자신만의 답을 찾고자 질문을 던지고 있을 것이다. 나도 그때 질문을 던졌기에 회사 생활 중에도 그 질문의 답 속에서 살았고 지금도 그 길 위에 있는 게 아닌가 한다.

4차산업혁명이라는 간판이 여기저기 올라오지만 여전히 저성장 시대의 불안과 고통은 만연해 있다. 워라밸과 소확행이라는 작은 팻말을 들고 자신만의 행복을 찾는 사람들도 있지만, 시대의 변화와 상관없이 언제나 답은 내 안에 있다.

나도 한때 직장인이었지만 대한민국 직장인은 인생에 대한 자신만의 답을 찾아내기가 쉽지 않은 존재들이다. 우리의 조직문화가 그것을 쉽게 허락하지 않으며, 우리 사회 역시 쉽게 틈을 주지 않는다. 경제는 저성장 상태를 벗어나지 못하고 있고, 도래하는 4차 산업혁명은 인간에게 더 많은 창의성을 요구하며 일과 삶의 균형을 이루라고 말한다. 도대체 앞이 보이지 않는다. 그럼에도 우리는 답을 찾아야 한다.
직장인들이여, 이제부터는 나로 살자. 나로 산다는 것은 내가 내 삶의 주인이라는 뜻이다.
현재 조직에서 일을 해서 생활하는 직장인들이 나로 사는 방법은 무엇일까? 그것은 바로 내 일을 주체적으로 하는 것이다. 월급을 주니까 일을 하는 것이 아니라 내가 창출한 가치에 대한 보상을 받는 것이다.

이 책은 철학책이 아니다. 인간의 본질에 대한 이야기로 많은 지면을 할애하기보다 본질을 찾는 수단인 일의 주인이 되는 방법을 제시하고자 한다. 주인이 되는 방법으로 현재 회사에서 자신의 일에 전문가가 되라는 답을 주고자 한다. 바로 업무력을 키우는 일이다. 먼저 일을 지배하고 난 다음에 내부 승진이든 창업이든 자신의 꿈을 펼칠 수 있다는 것이다. 회사를 떠나서 행복을 찾는 것은 굉장한 낭비라고 생각한다. 이는 경험에서 비롯한 깨달음이다. 내가 먹는 밥의 근원이며 내가 성취감을 느끼는 활동을 제공하는 일, 그 자체가 우리 행복의 출발점이 되어야 한다는 전제로 이야기를 풀어나갈 것이다.
책은 1장에서 결국 실력이 직장인의 현재와 미래를 결정하는 수단임을 이야기 한다. 업무력으로 내 일을 지배하는 것이 곧 내 삶의 주인이 되는 길임을 보여준다. 2장부터 4장까지는 업무력의 세 가지 구성요소인 조직이해력, 대인관계력, 성과창출력에 대해 저자의 경험과 경영이론, 거기에 책에서 얻은 지식과 사례를 더해서 깊이 있고 공감 가는 내용으로 풀어 놓았다. 5장에서는 직장인이라면 알아야 할 기본지식에 대해서 다루었다. 6장은 직장인의 미래다. 성장을 위해 무엇을 준비해야할지 철학적 의미와 더불어 구체적 실행방안까지 언급해 두었다.

나는 이 책이 사원, 대리, 과장과 같은 실무자는 물론 팀원에게 일을 가르치고 싶은 팀장님들에게도 도움이 되리라 생각한다. 말 그대로 대한민국 직장인에게 서바이벌 매뉴얼의 역할을 할 것이다. 이 책을 읽으면서 그동안 자신이 던졌던 질문이 혼자만의 것은 아니었음에 동질감을 갖길 바란다. 더불어 우리가 속한 조직문화를 바꾸고야 말겠다는 용기까지 함께 갖게 되길 희망한다.

행복은 지금 내가 딛고 있는 자리에서 시작된다. 직장인은 현재 일을 잘할 때 행복할 수 있다. 그 후에야 행복한 독립도 가능하다. 자영업도 회사에서 일 잘했던 사람이 잘할 수 있는 것이다. 지금 회사 일을 현재 내 행복을 위한 수단이자 미래를 위한 자기계발 도구로 삼아라.

인생에게 너는 도대체 무엇이냐 묻지 말고 나만의 삶을 살고 난 후에 "살아보니 너는 이런 것이었더라."라고 가르쳐 주라는 말을 어느 책에서 보았다. 우리는 과연 어떤 답을 인생에게 해줄 수 있을까?

그 답의 첫 문장을 함께 찾아보자. 그다음은 여러분의 몫이다.

2019년 1월 30일

손정 드림

CONTENTS

프롤로그

1장 업무의 시작 _ 업의 개념 정립을 통한 자기 확신의 힘

행복은 회사 안에서부터 시작된다 12
직무에서 의미를 만드는 두 가지 방법 18
목표가 또렷하게 보이면 길은 저절로 열린다 26
4차산업혁명의 답은 전문가가 되는 것이다 31

2장 업무력① _ 조직이해력

업무력의 세 요소 38
우리 회사는 어떻게 돈을 버는가? 43
내 출력물은 동료의 입력물이 된다 48
회사가 나에게 기대하는 것 54
우리 회사는 좋은 회사일까? 58
조직에서 벌어지는 코미디들 63
조직 정치와 부패 70
혁신기업이란 무엇인가? 74

3장 업무력② _ 대인관계력

인간은 합리적이지 않다 82
상사, 그들은 누구인가? 87
부하직원, 어떻게 리드할까? 93
의사소통 메커니즘, 결국엔 이해해야 한다 102

4장 업무력③_ 성과창출력

다시 신입사원이 된다면 116
내 업무에 전문가가 되는 비법 121
회사에서 인정받는 하이 퍼포먼스 133
업무력의 본질은 일이 즐겁다는 것이다 137
효율보다 효과에 집중하라 147
난제 해결의 업무력 151

업무력을 돋보이게 하는 보고서 작성법 164
시간 관리, 류비셰프 따라하기 172

5장 업무력을 받쳐주는 기본기

재무제표 제대로 읽는 기본기 182
증권사 애널리스트 보고서를 읽어라 190
주식회사의 뜻 제대로 아는 기본기 194
경영과 전략의 진정한 의미 198
전산정보시스템을 능숙하게 활용하자 201
잘못 쓰면 독이 되는 MBO와 KPI 204
분석만 하고 쓰지 않는 SWOT 208
시나리오 플래닝으로 미래를 대비하라 213

6장 성장하는 직장인

나를 아는 것이 먼저다 220
무엇을 할 것인가? 224
실력은 어떻게 키우는가? 228
직장인의 미래 233
9층 누각도 한 줌의 흙에서 시작한다 239
내 인생의 문제를 정의하자 244
어떤 개인이 살아남는가? 249
4차산업혁명과 직장인 254
꿈의 지도 259
자기 주도 성장을 위한 다섯 가지 지식 262
네트워크 플랜 282

에필로그

1장 업무의 시작

업의 개념 정립을 통한 자기 확신의 힘

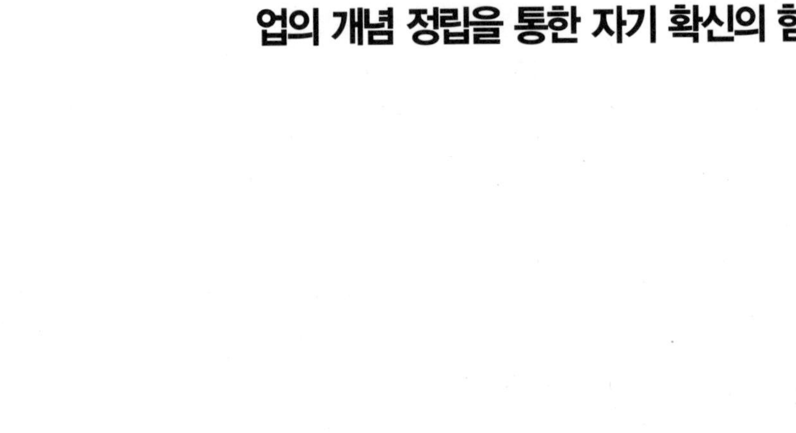

"퇴사? 독립?
먼저 내 일의 주인이 되자."

행복은 회사 안에서부터 시작된다

직무에서 의미를 만드는 두 가지 방법

목표가 또렷하게 보이면 길은 저절로 열린다

4차산업혁명의 답은 전문가가 되는 것이다

행복은 회사 안에서부터 시작된다

"아직 돈을 많이 버는 단계는 아니지만 나의 아이디어로 제품으로 만들 때, '아! 내가 지금 완전한 주체성을 발휘하고 있구나!' 하는 생각에 행복해집니다."

"제가 다녔던 회사는 규모는 컸지만 분업이 심해서 하고 있는 일의 의미를 정확히 알 수 없었습니다. 하지만 지금은 의미를 분명히 알고 일해서 즐겁고 의욕이 생깁니다."

『EBS 다큐프라임, 글로벌 인재 전쟁』에 소개된, 회사를 다니다 창업한 청년들의 인터뷰 내용이다. 말뿐만 아니라 표정에서도 행복감이 전해져 왔다. '타인으로부터 지시받지 않고 자기 일을 하면 역시 행복하구나.' 하는 생각이 절로 들었다.

그런데 여기서 한 가지 질문이 생긴다. 자기 일에서 행복을 찾기 위해서는 모두 창업을 해야만 하는 걸까?

여전히 조직에서 일하는 사람이 더 많은 세상이다. 앞으로도 당분간은 그럴 것이다. 그렇다면 많은 사람이 일을 통해 행복해지기 쉽지 않다는 말인가? 언제가 될지 모를 인생 2막을 위해 현실의 행복을 양보하면서 이 감옥 같은 조직을 떠나기만을 기다려야 하는 걸까? 과연 우리가 있는 이곳, 회사에서 행복할 수 있는 길은 없는 걸까? 조직에서 내가 완전한 주체성을 발휘할 방법은 없을까?

사실 아무리 자영업자라 하더라도 일이 즐겁기만 한 것은 아니다. 그런데 조직에서 행복을 찾으라니 그건 더 어렵기만 하다. 종업원을 고객으로 본다느니 행복한 직원이 성과를 낸다느니 하는 말은 경영자들도 다 알고 있다. 그러나 아직 뾰족한 수를 찾은 기업은 많지 않아 보인다.

하지만 어쩌겠나? 정시에 출퇴근하더라도 자는 시간 빼고 깨어있는 시간의 70% 가까이 회사를 위해 보내는데 회사에서 행복하지 않음은 곧 내 삶을 포기하는 것이나 마찬가지가 아닌가?

그저 평일 5일간은 죽었다 생각하고 주말만 기다릴 것이 아니라 우리 스스로 방법을 찾아볼 일이다.

그렇다면 우리 삶에서 일은 도대체 어떤 의미일까? 다음은 그 질문에 답을 줄 수 있는 사례들이다.

현재의 행복과 미래의 의미를 동시에 찾아라

하버드대학교에서 행복학 강의를 하는 탈 벤 샤하르는 그의 저서 『해피어』에서 삶을 대하는 인간의 유형에는 네 가지가 있다고 말한다.

첫째는 성취주의자다. 미래의 꿈을 위해 현실을 포기하는 사람으로

'지금 참고 공부해서 좋은 대학 가면 행복할 거야', '지금 고생 좀 해서 취업하면 그땐 하고 싶은 거 다 할 수 있을 거야'라고 믿는 사람을 말한다. 책에서는 재미있는 비유로 야채 햄버거를 먹는 사람이라고 한다. 건강을 위해서 맛을 포기하는 사람이다.

둘째는 쾌락주의자다. 미래의 이익을 생각하지 않고 현재의 즐거움만 추구하는 사람이다. 음식은 일단 맛있고 봐야 한다는 생각으로 정크푸드 햄버거를 먹는 사람이 여기에 속한다.

셋째는 허무주의자다. 삶에 대해 의욕이 없어 맛도 없고 건강에도 이득이 되지 않는 그저 손에 잡히는 아무 햄버거나 먹는 사람이다.

넷째는 행복주의자다. 맛도 있으면서 건강에도 좋은 맛있는 웰빙 버거를 만들어 먹는 사람이다. 현재도 행복하면서 미래를 위해서도 도움이 되는 것을 찾아서 행동하는 사람으로 이들은 현재에 즐거움을 주는 일이 미래의 자신도 성공으로 이끌 것이라는 믿음을 가진 사람이다.

탈 벤 샤하르의 말대로라면 직장인이 행복주의자가 되기 위해서는 지금 회사 일에서 현재와 미래의 답을 동시에 찾아야 할 것이다. 일단 이 어려운 답은 책 뒤로 미루고 그의 이야기를 좀 더 들어보자.

나쁜 짓을 많이 하고 죽은 사람이 운 좋게 천국에 가게 되었다. 하루 종일 놀고먹는 일상이 계속되던 어느 날, 그게 너무 지루해져서 "제발 뭐라도 좋으니 일거리를 좀 달라"고 시종에게 말했다. 시종은 "여기서는 모든 것을 다 가지고 다 누릴 수는 있어도 일만은 할 수 없습니다."라고 말했다. 그러자 그 나쁜 사람은 "그럼 나를 지옥으로 보내 주시오"라고 요구했다. 그 말이 끝나기 무섭게 조금 전까지만 해도 천사의 모습이었던 시종의 얼굴이 악마로 바뀌며 "여기가 바로 거기다!"라고 했다고 한다.

일이 없는 곳이 바로 지옥이란 뜻이다. 정년퇴직한 사람들이 우울증에 걸린다거나 장수의 비밀이라는 TV 프로그램에서 어르신들이 한결같이 "일이 있어서 오래 사는 것 같다."라고 말하는 것에서도 알 수 있듯 일은 인간 삶의 강력한 활력 수단이기도 하다.

반면에 일을 행복의 관점에서만이 아닌 밥벌이의 관점에서 이야기한 사례도 있다. 빅토르 플랭클은 그의 저서 『삶의 의미를 찾아서』에서 일은 삶의 의무이기도 하다면서 다음의 경험을 전한다.

1945년 2차 대전에서 독일이 패배하자 수용소에서 풀려난 사람들이 잠시 행복을 만끽한 후 이렇게 말했다고 한다. "그런데 이제부터 뭐 해 먹고 살지?" 참으로 간결하게 전하는 일의 무거움이다.

일은 밥벌이를 위한 의무이자 행복을 위한 수단이다. 그렇다면 우리 직장인은 나의 일에서, 특히 현재 내 일터에서 밥과 성취를 모두 얻을 수 있는 방법을 찾아봐야 하지 않을까?

오랫동안 직장인의 행복을 연구한 구본형 작가의 『더 보스 쿨한 동행』을 보면 직장인이 회사에 출근하기 싫은 이유를 '상사가 보기 싫어서'와 더불어 '매일 똑같은 일을 반복하는 것이 싫어서', '비전도 없는 회사를 향해 아침마다 뛰어가는 자신이 바보 같아서', '숨 막힐 정도로 쌓여 있는 일거리에 질려서'라고 조사 결과를 통해 언급한다. 대부분이 상사와 일과 관련된 것들이다.

그렇다면 큰 문제다. 현재 나의 일에서 어떻게 만족할 방법을 찾느냐 말이다. 그 방법은 도대체 무엇일까?

내 일의 주인이 되자

일의 주인이란 직접 계획하고 주도적으로 실행하고 결과에 책임지는 사람을 말한다. 주인 정신이 있을 때만이 일을 잘 할 수 있다. 일을 잘 한다는 것은 남이 시켜서 하는 것이 아니라 나 스스로 목표를 달성하고자 한다는 의미이기 때문이다.

최진석 서강대 교수는 "윤리를 지키고자 한다면 뇌물을 거부하기가 쉽지 않다. 그러나 나의 존엄을 지키고자 한다면 뇌물을 거부할 수 있다"고 했다.

일도 마찬가지다. 남이 정한 목표를 수동적으로 달성하고자 할 때는 편법을 쓰는 유혹에 끌리기 쉽고 스스로에게 한계를 짓기도 쉬워진다. 그러나 내가 내 일의 주인이 될 때는 다르다.

일이란 문제에 대해 질문하고 답을 찾는 과정이다. 그것은 곧 나를 표현하는 과정이며 내 삶을 주체적으로 사는 과정이다. 내가 일의 주인이 될 때 일 자체는 물론 상사와의 관계에서도 유리한 위치에 설 수 있다. 적성에 맞지 않던 일도 그 일을 잘하게 되면 적성으로 바뀔 수 있다.

행복은 퇴근 후에 있지 않다. 행복은 회사 밖에 있는 것이 아니다. 마찬가지로 행복은 퇴사하고 창업해야 가능한 것도 아니다. 바로 지금 이 순간, 이곳에서 행복을 찾아야 한다.

현재의 즐거움 즉 내가 일을 잘하고 그 결과로 성취하고 보상받을 때 행복하며, 그것이 반복되면 자기실현의 수단이 된다는 것을 깨달아야 한다. 삶의 초점을 현재 회사와 일에 맞춘다면 자기계발은 곧 지금 일의 전문가가 되도록 노력하는 것임을 알게 된다.

미래의 나에게 좋은 일자리와 먹거리를 제공해 줄 최고의 인맥은 퇴근 후 회사 밖 모임에 있는 것이 아니다. 내가 현재 얼마나 열심히 살고 있는가를 지켜보고 있는 회사 동료와 상사가 바로 그들이다.

『해피어』에서 탈 벤 샤하르는 내가 90세가 되었을 때, 타임머신을 타고 오늘의 나를 만나러 올 기회가 생겼다면 나에게 무슨 말을 해줄 것인가를 생각해 보라 했다. 그리고 그 답으로 오늘을 살라고 했다.

그 아이디어를 빌려 내가 지금 이 순간 타임머신을 타고 16년 전 신입사원이었던 나에게로 갈 수 있다면 이 말을 가장 먼저 해주고 싶다.

"지금 너의 일에서 즐거움과 의미를 찾으라고"

직무에서 의미를 만드는 두 가지 방법

"군대에서 배운 건 사회 나가서 아무짝에도 쓸모없다. 제대할 때까지 시간 잘 때우고 몸만 성하게 나가자."

군대 간 젊은이들이 하는 말이다. 이와 비슷한 말을 하는 사람들이 또 있다.

"지금 회사 업무는 내 꿈하고는 별로 관계가 없다. 그런데 나중에 퇴사하고 내 일을 잘하기 위해서는 자기계발을 해야 할 텐데 업무에 치여 시간을 못 낸다."

현재 일에도 만족하지 못하고 미래를 위한 준비도 마땅히 하지 못하는 직장인의 말이다.

"이럴 줄 알았으면 회사 다닐 때 일 좀 더 열심히 할걸. 도전하고 실패하고 혼도 더 많이 나봤으면, 지금 훨씬 도움이 될 텐데. 입사 5년차 때 회사 일 좀 안다고 매너리즘에 빠져서 새로운 도전을 안 해 본 게 너무 후회된다."

회사생활을 15년 한 뒤에 독립해서 자기 일하는 사람의 후회다.

회사는 참 신기한 곳이다. 밥벌이를 위해 다녀야 하는 힘겨운 곳이지만, 때로는 내 성취를 위해 기반을 만들어 주는 흥미로운 곳이기도 하다. 회사 일을 즐겁게도 만들고 힘들게도 만드는 대목이다. 밥벌이는 의무이자 수동이며, 성취는 꿈이요 능동이기 때문이다.

이제 질문을 던져야 할 시간이다. 밥벌이와 꿈 둘 다 충족할 수 있는 방법은 없는가?

직무를 분해하여 적성을 찾아보자

지금 취업 준비생이라면, 쉬운 일은 아니겠지만 첫 직장을 구할 때 자신의 적성에 맞는 일을 찾아야 한다. 내가 좋아하고 잘할 수 있는 일을 선택하는 것이다. 그런 업종을 선택할 수도 있고 그런 직무를 선택할 수도 있다.

이미 회사원으로서 특정 부서에서 일하고 있는 사람은 어떻게 해야 할까? 먼저 지금 회사와 일이 내 적성에 맞는 곳이라면 문제가 없다. 그 사람은 자기 일에서 최고가 되기 위해 노력하면 된다. 노력이란 회사에서 업무의 전문성을 기르는 것과 동시에 집에 와서 책을 읽고 학습하는 것을 포함한다.

문제는 현재 일과 적성, 꿈이 서로 거리가 있는 사람들이다. 이들에게 가장 좋은 방법은 회사 내에서 적성에 맞는 부서로 옮기는 것이다.

그런데 그게 어디 쉬운 일인가? 회사마다 사정이 있고 그 직원에게 기대하는 역할이 있기 때문이다. 직무전환을 요청해도 단기간에 이루어지기가 쉽지도 않고 영원히 안 될 수도 있다. 현재 직무도 적성에 안 맞고 타부서로 옮겨 주지도 않는 경우가 우리가 해결하고 싶은 문제인 것이다. 이럴 땐 구본형의 필살기법을 추천한다.

구본형의 필살기법이란 변화경영 전문가인 구본형이 그의 저서 『구본형의 필살기』와 강연에서 직장인에게 전한 방법이다.

우선 회사에 직무전환을 요청한다. 바로 되면 다행이지만 안 될 경우 자신의 직무 내용을 다섯 가지로 분류해 본다.

종이 한 장에 내가 아침에 출근해서 퇴근할 때까지 무슨 일을 하는지 적고 이것을 사람을 만나는 일(People), 회사 매뉴얼대로 규칙적으로 하는 일(Activity), 서류 작업(Paper), 계획하고 실행하는 이벤트성 일(Event), 자료를 조사하고 연구하는 일(Research), 이 다섯 가지로 묶어 보는 것이다. 영어 앞글자만 따서 PAPER법이라고도 한다.

이렇게 분류해 놓고 보면 설령 현재 자신의 직무 자체는 적성에 맞지 않는다 해도 다섯 가지 분야 중에 적어도 한 가지는 내 적성에 맞는 부분이 있다는 것이다. 그러면 나머지 네 가지 일은 회사에 지장을 주지 않을 정도로만 하고 적성에 맞는 부분에 더 많은 시간을 투자하고 전문성을 기르기 위해 노력하라는 것이다. 그리고 자신이 그 분야에 전문가임을 회사에 적극적으로 알리라는 것이다. 그렇게 되면 관련 부서로 직무전환 할 수 있는 기회도 빨리 올 수 있다. 또한 이러한 행위는 회사 이후의 인생에서도 강력한 무기가 되며 결국 자신이 선택한 그 다섯 가지 중에 하나의 분야가 제 2의 인생이 되고 거기서도 성과를 낼 수 있게 된다.

나는 회사생활을 10년간 한 후 퇴사하여 직무교육을 하는 강사로 일하고 있다. 구본형 작가의 책을 퇴사 후에 읽긴 했지만 생각해 보면 이미 내가 희미하게나마 구본형의 필살기법을 실행하고 있었다는 생각이 든다.

나는 퇴사하기 전 회사에서 주로 자재관리와 품질개선 업무를 담당했다. 여기서 자재란 금속을 가공하는 데 필요한 소모성 절삭공구들을 지칭한다. 이 업무에서 가장 중요한 것은 자재를 항상 적절한 재고로 관리하여 생산활동을 지원해주는 것이었다. 또한 쇠를 깎아서 제품을 만드는 회사에서는 바로 그 쇠를 깎는 공구가 제품의 품질을 결정했다. 그런데 생각해 보시라. 그런 일을 했던 내가 어떻게 직무 능력 향상, 의사소통, 보고서 작성법을 강의하면서 먹고 살고 있단 말인가?

나는 자재관리와 개선업무가 적성에 맞지 않았다. 오히려 기획팀이나 경영혁신팀이 더 좋았다. 그런데 직무전환 요청은 한 번도 해보지 않았다. 입사 후 줄곧 자재 관련 업무를 해왔기 때문에 옮겨 준다고 해도 잘할 자신이 없었기 때문이다. 그러다 우연히 참석한 사외 교육에서 연세 많은 강사님으로부터 영감을 얻었고 막연하게나마 언젠가 퇴사하면 직무교육 강사를 해야겠다고 마음을 먹었다.

먼저 회사에서 허락하는 한 많은 교육을 받았다. 다른 사람들이 업무가 바쁘다는 이유로 사내교육, 사외교육을 잘 이수하지 않는 것에 비하면 나는 교육이 있을 때면 업무를 최대한 지장 없게 해놓고 교육에 참석했다. 교육이란 것을 강사가 몇 시간 동안 하나의 주제에 대해서 말하는 것에 불과하다고 생각할 수도 있지만, 강의 내용 속에 강사 자신의 인생을 녹여 놓은 특별한 정보인 것이다. 나는 가만히 앉아서, 한 사람이 자신의 경험과 지식을 농축해 놓은 것을 접할 수 있다는 얘기다. 사내외 교육에서 유명한 강사들은 어떻게 강의하고 그들의 수준은 어느 정도인지 자연스레 알게 되었다. 그리고 교육에서 얻은 지식들을 회사 업무에 활용했다. 문서 작성 교육에서 배운 내용을 보고서 쓸 때 적용하고 재고관리 교육에서 받은 내용을 실제 재고관리에 활용했다. 소모성 공구 자재관리라는 업무는 싫었지만 교육을 받는 일은 즐거웠고 그것을 내 업무에 적용하는 것은 나에게 보람을 주었다.

그런데 이상하게도 그토록 싫었던 자재관리라는 일도 교육을 받고 적용함으로써 효과적으로 하게 되니 또 흥미가 생기더라는 것이다. 회사를 나오지 않았더라도 괜찮은 회사생활이 되었을 것이라는 생각이 든다. 열정이란 좋아하는 일에서 생기기도 하지만 그 일을 잘하고 나면 생긴다.

나는 회사를 다니는 동안 시기를 명확히 정하지는 않았어도 미래에 직무교육 강사가 되겠다는 꿈을 포기해 본 적이 없다. 반드시 한 살이라도 어릴 때 회사를 나가야겠다는 생각을 한 것은 아니지만 이 회사에서 정년퇴직을 하더라도 강사라는 꿈은 실현하고 싶었다. 그래서 회사생활을 강사를 위한 예비 교육장으로 활용했다.

사내외 교육뿐만 아니라 평소 업무 경험에서 배우기도 하고 집에 와서도 준비를 시작했다. 나중에 내가 강의에 활용할 수 있도록 나의 경험들을 일기로 써보기도 하고 파워포인트에 옮겨 놓기도 했다.

1년에 50권 정도의 책은 꾸준히 읽었으며 강의 재료로 쓰일만한 내용은 밑줄 치고 따로 노트에 옮겨 적었다. 그렇게 옮겨 놓은 내용만 하더라도 퇴사할 무렵에는 파워포인트 500페이지가 넘었다.

인접 분야에 관심을 가져라

구본형 작가가 회사 내에서 자신의 적성에 맞는 직무를 찾기 위해 현업을 분해해서 그중에 한 가지에 시간을 더 투자하라고 말했다면, 도쿄대학교 강상중 교수는 평생직장과 평생직업이 사라진 시대에 제2의 인생을 준비하기 위해서 회사에서 어떻게 일해야 하는지를 다른 방법으로 이야기한다.

강상중 교수는 1950년 일본에서 재일 한국인이라는 운명 같은 짐을 지고 태어났다. 당시에 한국인이 일본에서 받은 멸시는 말로 다 못할 정도였다. 아무리 똑똑하고 대학을 나와도 정규직으로 취업은 꿈도 못 꿨다. 원서조차 받아 주지 않았으니 말이다. 그런 환경에도 굴하지 않고 재일 한국인 최초로 도쿄대학교 정교수가 된 그의 역경과 삶의 철학은 그의 저서 『나를 지키며 일하는 법』과 『고민하는 힘』에 잘 나와 있다. 그는 저서에서 위험 회피를 위해서라도 자기가 맡은 한 가지 일에만 100%를 다하지 말고 다른 분야를 지속적으로 살피라고 말한다.

"어떤 일이 일어날지 전혀 알 수 없는 불확실한 시대를 사는 우리에게는 어느 정도 자기방어책이 있어야 한다고 봅니다. 한 우물만 열심히 파던 사람이 그 구멍이 닫혔을 때 더 이상 무엇을 해야 좋을지 몰라 곤혹스러워하는 모습은 안타깝지만 드물지 않게 접하곤 합니다. 그러니 하나의 주제를 연구하면서 동시에 인접 분야를 지속적으로 살펴야 하는 것이지요."

강상중 교수의 조언을 당시 나에게 적용해 보면 이렇다.

자재관리 업무를 하는 데 있어서 재고관리에 정통한 사람이 되기 위해 한 우물을 팠는데 언젠가 그 업무가 없어진다면 낭패다. 모든 것이 전산화되고 심지어 공급업체와 우리 회사, 고객사까지 전산으로 연결되어 재고가 자동으로 관리된다면 나는 필요 없게 된다. 그때 어떻게 할 것인가.

그때 나의 직무는 소모공구 재고관리, 공급업체 사람 만나는 일, 재고관리를 전산화로 바꾸는 작업, 보고서 작성, 자재 품질개선 활동, 업무 향상을 위한 학습 등 다양하게 구성되어 있었다. 이 중에 단연 중요한 것은 재고관리지만 전산화에도 나름대로 신경을 써서 기업 정보시스템에 대한 지식을 일정 수준 갖춘다든가, 보고서를 남들보다 잘 쓰기 위해 보고서 작성 책을 읽어본다든가, 자재 공급 업체 사람을 만나기 위해 대인 관계법에 대한 책을 읽는다든가 하는 일을 꾸준히 했다. 그러다가 언젠가 내 핵심 업무의 중요도가 떨어지거나 뜻밖에도 인접 업무에서 적성을 발견하게 되면 망설임 없이 그곳으로 옮길 수 있도록 준비한 것이다.

구본형 작가의 PAPER법으로 업무를 분석하고 내 적성에 맞는 분야에 시간을 집중 투자하든 강상중 교수의 인접 분야 개발법을 적용하든 우리에게 당장 필요한 것은 변화다.

자기계발서와 성공 비법을 다룬 책이 이렇게 많이 나와 있는데도 왜 성공했다는 사람은 많지 않을까? 어학연수를 가지 않아도 될 만큼 영어 교재가 좋은 세상에서도 왜 영어를 잘하는 사람이 크게 늘지 않을까? 어떠한 성취에는 반드시 어제의 나를 죽이고 다시 태어나는 작업이 필요하기 때문이다.

나는 이 책을 통해서 사람들이 현업에서 최고가 되어 직장에서 존재감 있는 사람이 되었으면 한다. 일을 지배할 수 있게 되면 삶의 주도권을 쥐게 된다. 또한 회사 내에서 같은 프로젝트를 추진하더라도 더 많은 자원을 확보할 수 있게 될 것이다. 만약 그런 당신이 퇴사하게 된다면 고객이었던 사람에게 우리와 함께 일하자는 제안을 받게 될 것이다.

기억하자.

회사 다니다가 독립할 때 음식점 같은 전혀 다른 업종에서 일하게 될 수도 있지만 가장 안전한 것은 내가 다녔던 회사에서 익힌 기술과 얻은 인맥으로 시작하는 것이다. 그리고 이 모든 것의 시작은 현재 내 직장, 내 업무에서 최고의 전문가가 되는 것이다.

목표가 또렷하게 보이면 길은 저절로 열린다

내가 회사를 나온 얘기를 좀 더 해 보고자 한다. 올해로 회사를 나온 지 6년째다. 나의 하루는 책을 읽고 강의자료를 만드는 것으로 채워진다. 강의가 있는 날은 강의에만 모든 시간을 쓴다. 강의 리허설도 해 봐야 하고 약속 시간에 늦지 않기 위해 일찍 출발해야 하기 때문이다.

나는 누가 시키는 일을 하는 것이 아니라 내가 선택한 일을 내가 계획하고 내가 실행하고 내가 피드백 한다. 자유가 있고, 하고 싶은 일을 해서 행복하다. 반면에 이 자유는 실존주의 철학자 사르트르의 표현대로 '선고된 자유'인 만큼 싫어도 누려야만 하고 결과에 대한 책임도 내가 짊어져야 한다. 늘 새로운 지식을 구해야 하는 것과 밥벌이를 위해 고객을 스스로 창출해야 하는 것은 부담스러운 일이다.

회사원으로도 살아 보고 1인 기업가로도 살아 보고 있지만 뭐가 더 좋다고 단정 지어 말하긴 어렵다. 양쪽 모두 장단점이 있기 때문이다.

기회가 된다면 다시 조직으로 들어가 내가 강의하고 있는 성과 창출 방법과 의사소통법을 적용하고 싶은 생각도 든다.

가만히 생각해 본다.

프리랜서로도 만족하고 있지만 직장인들이 나오고 싶어 하는 조직으로 다시 가도 상관없다는 생각이 드는 이유는 뭘까?

그건 내가 조직의 본질을 알았기 때문이다. 조직 작동 원리와 그곳에서 인간의 역할이 무엇인지 알았기 때문에 두렵지 않은 것이다. 밤길을 걷는 것이 무서운 것은 어둠 자체가 무서워서가 아니라 어디서 무엇이 나타날지 알 수 없기 때문이다. 랜턴으로 길을 비춰 볼 수 있다면 두려움은 사라질 것이다.

그렇다면 입사 당시에는 특별할 것 없었던 나는 어떻게 10년 만에 내 발로 회사를 나올 수 있었을까? 그리고 나온 이유는 뭘까?

역설적이게도 내가 회사를 나온 이유 역시 회사생활의 답을 찾았기 때문이었다. 찾은 답을 다른 직장인들과 공유하고 싶었다. 그래서 선택한 직업이 직무교육 강사였다.

회사는 밥벌이의 장이자 미래를 위한 수련장이다

조직생활에 대한 답을 찾기 위한 나의 노력은 2008년부터 시작되었다. 당시 나는 두 번째 회사에 입사한 지 5년째로 직급은 대리였다. 본격적으로 성과를 내야 할 시기였다.

그때 나의 팀장은 오랫동안 다른 팀에서만 업무를 해 왔기 때문에 내 업무에 대해서는 전혀 모르는 사람이었다. 원래 성향 역시 자유방임형이라 나는 스스로 모든 걸 해결해야만 했다.

마침 그 무렵, 은퇴 후 강사를 하겠다는 꿈과 맞물려 나는 더 이상 가만히 있을 수 없었다. 회사 실무는 직접 부딪히면서 알아간다 하더라도 부가적인 지식은 책과 외부 교육기관에서 찾을 수밖에 없었다. 피터 드러커, 게리 해멀, 크리스텐슨, 마이클 포터 같은 경영전략가도 이때 읽은 책을 통해 알게 되었다. KPI, 원가관리, 재무제표의 개념도 역시 책을 읽고 알게 되었다. 보고서 작성법이나 문제해결법, 재고관리법과 같은 실무적인 업무 역량에 대해서는 한국생산성본부, 한국표준협회에서 강의를 들었다. 중요한 것은 파워포인트에 정리했다.

배운 것을 일에도 적용해보고 보고서 작성에도 써 보았다. 몇 명 안 되는 부하직원에게는 리더십도 적용했다. 회사생활이 힘든 적도 많았지만 잘하면 이 회사에서 높이 올라갈 수도 있겠다는 생각도 들었다. 딱히 독립을 명확하게 꿈꾸지는 않았다.

그렇게 5년이 흘러 과장이 되고 회사 경력이 10년이 조금 넘자 문득 내가 얻은 지식과 경험으로 이제 강의를 할 수도 있겠다는 생각이 들었다. 사내 강의나 관계사만 해도 수요가 있으니까 말이다.

목표가 생기면 해야 할 일이 더 보이는 법이다. 당시 내 지식은 주로 책에서 얻은 것이었기에 전문 지식을 대학원에서 배워 봤으면 하는 욕심이 들어 원서를 냈다. 덜컥 합격했다는 연락이 왔다. 회사에 2년 정도 휴직이 되느냐 물었다. 안 된다 했다. 그 길로 나왔다. 6년째다.

장황한 내 과거사에서 내가 하고 싶은 말은 무엇일까? 회사원은 회사가 밥벌이를 하는 장이자 내 능력을 키우는 수련장이라는 것이다. 이때의 능력은 자기계발이라는 이름을 붙여 놓고 유난스레 공부하지 않아도 내 일을 잘하는 방법을 찾는 것만으로도 저절로 커진다. 회사에서 성과를 내는 일은 종합예술이나 다름없다.

나의 업무도 알아야 하고 그에 필요한 기능도 갖추어야 하며 인간관계도 좋아야 한다. 경쟁사 동향도 알아야 하고 정치, 경제, 사회, 문화 등의 외부환경도 나 몰라라 하고 있어서는 안 된다. 회사생활 중에 이렇게 다양한 분야를 일부러 시간 내고 계획 세워서 공부하기란 쉬운 일이 아니다. 그런데 회사에는 상사와 동료, 부하직원, 고객, 경쟁사, 업무 프로세스라는 실전 스파링 파트너가 있는 곳이다. 여기에 책과 더불어 회사에서 주어지는 교육 기회를 살린다면 능력을 키울 시간은 충분히 주어지는 것이다. 이때 얻어진 능력은 회사를 나와서도 자연스레 연결된다. 퇴사 후 자영업을 하게 되면 고객을 상대해야 되고 직원도 두어야 하며 원가의 개념도 알아야 한다. 회사 일 잘하던 사람이 독립해서도 잘할 수밖에 없는 이유다. 독립이란 게 두렵고 조직 생활이 잘 맞는다면 굳이 회사를 나올 이유도 없다.

책을 한 권 읽으면 그 책이 새로운 책을 낳아 준다. 저자의 참고 문헌들이다. 첫 책을 읽지 않으면 저자에게서 다음 책을 소개받을 수 없다. 업무 능력 역시 마찬가지다. 나의 일에서 전문가가 되기 위해서는 먼저 나는 무엇을 알아야 하는가라는 질문을 던져야 한다.

첫 번째 구한 답을 실행하다 보면 자연스레 새로운 질문과 답들이 출현하고 이 과정의 반복 속에서 능력은 커져간다.

업무가 적성에 맞지 않는다고 투덜거리며 막연히 독립을 꿈꾼다면 그 건 정말 꿈일 뿐이다. 현실도 지옥이 된다. 일을 잘하게 되고 능력이 커지면 삶은 내가 예상하지 않았던 방향으로 뻗어 나간다.

무엇이든 구하면 새로운 길이 열린다.

먼저 내 일에서 답을 구해야 한다. 그 뒤에 열리는 길은 자연스러운 인생의 행로에 맡기면 되는 것이다.

4차산업혁명의 답은 전문가가 되는 것이다

폐렴의 대표적인 증상은 40도 가까운 열이다. 이때 해열제를 먹으면 일시적으로 열은 내려가지만 폐렴이 치료되지는 않는다. 항생제 주사를 맞아야 한다. 이처럼 열이 나는 것, 즉 겉으로 보이는 증상에 대해 치료하는 것을 대증요법이라고 한다. 요즘 들어 신문에 대증요법이라는 말이 자주 등장한다.

'저출산 정책, 대증요법은 이제 그만', '부동산 문제, 대증요법으로 접근해서는 곤란하다'와 같은 사설 제목이 대표적이다.

이러한 대증요법은 그 자체로는 잘못된 것이지만, 그것을 실행하는 사람의 의도는 처음부터 나빴던 것은 아니다. 단지, 문제의 근본 원인을 잘못 파악했기 때문이다. 하지만 희망적인 것은 그들은 현상에 대한 문제의식을 가지고 있었고, 해결하기 위한 의지도 있으므로, 대증요법이 실패한 것을 거울삼아 원래의 답을 찾을 가능성도 있다는 것이다.

그러나 저성장 시대를 걱정하고 인공지능에 일자리를 빼앗길 것을 걱정하는 사람들이 대증요법조차 실행해 보지 않은 채 욜로를 찾고 워라밸부터 찾는 것은 어쩌면 나만의 인생을 찾기 위해 나의 인생을 포기하는 것이나 다름없다.

너무 억지스러운 주장일까?

'You Only Live Once'. '인생은 한 번뿐이다'의 준말인 욜로(YOLO).

욜로는 현재를 즐겨라 미래를 위해 현재의 행복을 포기하지 말라는 뜻이다. 좋은 말이다. 오늘을 살라는 라틴어 '카르페 디엠(Carpe Diem)'과도 통하는 면이 있다.

우리는 언제나 오늘을 산다. 현재만을 산다는 것이다. 그러므로 언제나 행복할 권리가 있는 우리로서는 오늘을 즐기며 행복해야 함이 맞다. 그런데 우리가 나중에 살게 될 미래의 현재는 현재의 미래라는 것이다. 미래에도 욜로가 되어야 하지 않겠는가?

그렇다면 중요한 것은 오늘 나의 삶은 현재의 나에게 즐거움을 주면서도 미래의 즐거움에도 기여하는 것이어야 한다. 현재에도 미래에도 나를 위한 부가 창출되어야 하며 성취감을 줄 수 있는 일이 있어야 한다는 것이다.

이것이 우리가 일을 잘해야 하는 이유다. 나만의 브랜드로 어느 한 분야에서만은 대체 불가능한 존재가 되어야 하는 이유다.

워라밸은 'Work and Life Balance'의 준말로 일과 삶의 균형이라는 뜻이다. 주 52시간 근무제도와 맞물려 그 의미가 더 힘을 받고 있다.

야근이 많다든가 퇴근 후에도 문자 메시지나 SNS로 업무를 지시하는 상사나 회사는 워라밸의 적이다. 국가나 회사가 근로기준법의 성실한 이행과 복지 정책의 확대로 직장인의 워라밸을 앞장서서 챙겨야 하는 것은 당연한 말이다.

회사에서 불필요한 회의 시간을 줄이고 중복되는 보고과정을 없애서 직원들이 정규 근무시간 내에 최대한 일에만 집중하게 해야 함은 더 하고 싶지도 않은 잔소리다. 그런데 그것은 그들이 할 일이다. 그렇다면 우리 직장인은 스스로 워라밸을 어떻게 찾을 것인가?

회사에서 52시간보다 더 일하지 말라고 한다고 미해결 업무를 내버려 두고 퇴근해 버리면 속 편한 워라밸이 되는가? 프로젝트는 진척이 되지도 않는데 주말에 여행 가서 하이킹을 즐기면 그 발걸음은 가벼운가?

우리에게 주어진 52시간이라는 워라밸을 우리 스스로가 당당하게 즐기는 길은 내가 내 일의 문제해결사가 되는 것이다. 어떻게 정규 근무시간 안에 나에게 주어진 성과 목표를 달성해버릴 것인가를 고민해야 한다. 그리고선 당당하게 일과 삶의 균형을 즐기자는 것이다. 이것이 일을 잘해야 하는 이유다.

저성장 시대와 4차산업혁명

'저성장 시대'란 국가의 총생산량 증가가 더딘 시대라는 뜻이다. 새로운 일자리가 만들어지기 쉽지 않으며 임금도 상승하기 어렵다. '4차산업혁명 시대'란 지금보다 산업에 인공지능과 데이터 기술이 더 가미되는 시대로의 이행을 말한다.

저성장과 4차산업혁명은 왠지 우리들의 일자리를 빼앗아 갈 것만 같고 나의 행복을 방해할 것만 같은 생각이 든다. 그렇다고 이것들을 외면하고 현재의 삶을 즐기라고 말하는 건 정말 더 안 될 것만 같은데 세상은 자꾸만 욜로와 워라밸을 외친다. 그렇다면 우리는 무엇을 해야 한단 말인가?

저성장이 고성장으로 바뀌는 길은 생산을 더 하는 것이다. 여기서 다시 한 번 서강대 최진석 교수의 말을 빌려보면, 처음부터 재화를 창조하지 못하고 남이 창조한 재화를 빠르고 싸게 만드는 데 치중하여 그것의 최정상에 와 있는 우리나라가 선진국으로 가는 길은 우리 스스로 재화를 창조하는 길뿐이라고 한다.

남이 개발한 휴대폰과 자동차를 잘 만들어서 여기까지 왔다. 이제 그보다 더 높은 곳으로 가기 위한 창의성을 보유하지 못한다면 지금의 자리는 후발주자에게 금방 따라 잡힐 수밖에 없다는 것이다.

4차산업혁명에서 인공지능이 인간을 대체할 수 없는 영역 중 하나는 창의성이다. 그렇다면 이 새로운 재화를 만들어내는 창의성은 어디서 오는가? 타고 나는가? 오래 생각하면 되는가?

아니다. 특정 분야의 창의성은 그 일을 가장 오랫동안 잘해온 사람만이 가질 수 있는 것이다. 이것이 바로 우리가 일을 잘해야 하는 이유인 것이다. 창의성의 아이콘인 최후의 만찬을 그린 레오나르도 다빈치의 창의성도 노력의 대가이다. 화가로 알려진 그가 비행기도 설계하고 전쟁 무기도 설계할 수 있었던 것은 최후의 만찬을 실감 나게 그리기 위해 인체 관절의 운동 원리를 열심히 공부했기 때문이다.

이처럼 창의성은 번쩍하고 떠오르는 것이 아니라 노력에 의한 전문성의 결과다.

내 일의 주인이 된다는 말, 창의적인 직장인이 된다는 말 그것은 모두 내가 나의 일을 지배하며 유일무이한 전문가가 된다는 뜻이다.

나는 이 우주의 무엇과도 바꿀 수 없는 소중한 생명을 가진 직장인들이 현재도 미래도 행복하길 바란다. 그러기 위해서 저성장, 무한경쟁, 4차산업혁명 앞에서 대증요법조차 써보지도 않고 불안한 욜로와 워라밸을 찾기보다 일단 한번 부딪혀 보자는 것이다. 자칫 그것이 대증요법으로 밝혀진다 해도 결코 헛된 노력이 아니라 종국에는 우리를 실제적인 해법으로 이끌 것이라 믿는다.

실제적인 해법이란 내가 좋아하는 일을 찾는 것이며 그것을 잘하게 되는 것이다. 설령 적성에 맞지 않는 일이라도 그것의 전문가가 됨으로써 적성으로 변하게 하는 것이다. 적성에 맞는 일을 잘하게 되는 순간 우리는 창조적 인간으로 거듭나게 될 것이다. 그리고서 영원한 욜로와 워라밸을 누리기 바란다.

2장 업무력① _ 조직이해력

"성장하기 위해선 좋은
땅이 필요하다."

업무력의 세 요소

우리 회사는 어떻게 돈을 버는가?

내 출력물은 동료의 입력물이 된다

회사가 나에게 기대하는 것

우리 회사는 좋은 회사일까?

조직에서 벌어지는 코미디들

조직 정치와 부패

혁신기업이란 무엇인가?

업무력의 세 요소

오랜만에 테니스를 많이 쳐서 그런지 갑자기 오른쪽 팔꿈치가 아팠다. 팔꿈치가 아픈 이유를 알아내기 위해서 팔꿈치의 구조와 운동 원리가 무엇인지 조사해 보았다. 구성 요소별로 검사를 한 뒤 뼈에 이상이 생겼다면 깁스를 해야 할 것이고 관절에 요산이 쌓였다면 통풍약을 먹어야 할 것이다. 통풍인 줄 모르고 진통소염제만 계속 먹어서는 절대 낫지 않는다.

마찬가지로 미세먼지를 줄이기 위해서는 미세먼지 발생에 관계하는 모든 것을 알아낸 후 하나씩 조치해 나가야 한다. 자동차 배기가스, 공사장 먼지, 화력 발전소, 해외 유입 등이 그것이다.

문제를 해결하기 위해서는 문제의 대상이 무엇으로 구성되어 있는지 분해하는 작업이 최우선이다.

업무력의 첫 번째는 '조직' 또는 '조직이해력'이다

일이라고 다를 수 없다. 먼저 일과 관계하는 것이 무엇인가를 알아내야 한다. 가장 먼저 알아야 할 것은 일이 일어나는 곳이다. 바로 조직이다.

직장인은 자영업자가 아니다. 순수하게 개인의 목표만을 위해서 일하는 것이 아니다. 크게는 조직의 목표를 위해 일을 하며 개인의 성취는 조직 최종 목표에 정렬된 개인별 성과를 창출하는 과정에서 얻을 수 있다. 안타까운 일이지만 사실이다. 하지만 실망할 필요도 없다. 조직은 다양한 산업 영역에 분포하며 조직 안에도 세분화된 일이 있기 때문이다. 그 다양성에서 나의 적성에 맞는 회사와 일도 찾을 수 있고 때로는 일을 잘하게 되면 그 일이 적성이 되기도 한다. 그렇다면 일을 잘하기 위해서 조직에 대해서는 무엇을 알아야 할까?

일단 조직의 목표가 무엇인지 알아야 한다. 그런데 비영리 단체가 아닌 이상 그 목표는 현금 창출에 의한 생존과 성장이 될 수밖에 없다. 현금, 돈이라는 말에 거부 반응을 보이는 사람이 있지만 그럴 필요까지는 없다. 지금 우리 경제 체제에서 우리가 창출한 가치를 평가하는 기준이 현금이며 그렇게 얻은 현금은 다른 물건을 교환하는 수단이 되기 때문이다. 목표는 현금 창출이다. 그렇다면 자연스레 질문은 '우리 회사는 어떻게 돈을 버는가?'로 옮겨 간다. 그걸 알아야 내가 하는 일이 엉뚱한 일이 안 된다.

다음은 조직의 작동 원리다. 조직이 가치를 담은 제품이나 서비스를 만들기까지는 단 하나의 과정만 필요한 것이 아니다. 제조업의 경우 누군가 원재료를 사와야 하고 그것이 불량이 아닌지 검사해야 한다. 그다음 원재료를 가지고 제품을 몇 개 만들지 계획하고 실제로 만들어야 하며 완제품 검사까지 마쳐야 한다. 그런 다음 고객에게 전달하고 판매 대금도 받아 와야 한다. 이런 일련의 과정이 연속적으로 일어나며 간혹 중간에 다른 과정들이 끼어들기도 한다. 우리는 이 전체 과정을 프로세스라 부르며 프로세스를 연결하는 단위를 개별 시스템이라 한다. 개별 시스템이 연결된 프로세스는 다시 회사라는 큰 시스템을 만든다.

직장인은 조직이라는 큰 시스템에 속해 있으면서 프로세스 중간에 작은 시스템에도 속해 있음을 알아야 한다. 그리고 질문해야 한다.

내가 이 연결 고리에 위치할 때 회사가 나에게 원하는 것은 무엇인가? 내가 조직 목표에 기여하기 위해서는 무엇을 해야 하는가?

업무력의 두 번째는 '인간' 또는 '대인관계력'이다

그다음 알아야 할 것은 함께 일하는 사람들이다. 조직의 의미가 목적을 같이하는 사람들의 집단인 만큼 조직 안에는 나 말고도 많은 사람이 있다. 상사에게 지시를 받기도 하며 동료와 협력하기도 하고 부하직원을 성과로 이끌기도 해야 한다. 회사는 내가 선택할 수 있지만 함께 일하는 사람은 선택할 수 없다. 그들과 어울리는 방법을 알아야 한다.

1인 기업이 아니라면 회사는 2명 이상의 사람이 존재한다. 필연적으로 상사와 부하직원의 관계 또는 동료라는 관계가 생겨난다. 조직 속의 사람들은 공동의 목표를 위해서 의견과 정보를 교환하기도 하고 지시를 내리고 보고를 하기도 한다. 의사소통, 리더십, 팔로우십의 개념이 생겨나는 순간이다. 관계가 있다면 갈등도 있기 마련이다.

'회사가 좋아서 들어갔다가 상사가 싫어서 나온다', '부하 직원이 상전이다', '함께 입사한 동기가 경쟁의 대상이라니 마음이 좋지 않다' 등 이런 말들이 조직 속 갈등을 대변한다. 사람이 있는 곳에 갈등도 있기 마련이지만 갈등이 일상적이고 지속되어서는 조직이 제대로 될 리가 없다. 따라서 조직에서 일하기 위해서는 인간이라는 주제를 다루어야 한다. 인간에 대해 먼저 이야기할 것은 관계다.

상사를 대하는 법과 부하 직원에게 동기를 부여하는 방법에 대해 알아볼 것이다. 또한 인간의 인지적 한계로 인해 발생하는 소통의 문제에 대해서도 지각의 관점에서 접근하였다.

사람들 사이의 관계를 알아보았다면 인간 개인에 대한 이해도 필요하다. 조직에는 인간을 동기 부여하기 위한 수많은 제도가 있음에도 결과는 조직의 기대만큼 따라 주지 않는다. 마찬가지로 인간을 규제하기 위한 많은 제도와 규칙이 있음에도 불구하고 실상은 부작용만을 만들어 내기도 한다. 바로 인간의 제한된 합리성 때문이다. 합리성을 추구해야 할 인간이 때로는 왜 이해되지 않는 결정을 하는지도 알아볼 것이다.

업무력의 세 번째는 '직무' 또는 '성과창출력'이다

조직에서 일 잘하기 위해 알아야 할 마지막 한 가지는 바로 일 자체다.

물리학에서 일이 물체에 힘을 가해서 움직이게 하는 것이라면 조직의 일은 문제에 해법을 가해서 성과를 내는 과정이다.

성과란 조직의 매출과 이익에 기여하는 것이다. 주어진 문제를 해결해야 하고 그 과정과 결과를 보고하기도 하며 정해진 시간 내에 마치기도 해야 한다.

일이 일어나는 장소인 조직, 함께 일하는 사람에 대해 알아보았다면 그럼 대체 일 그 자체에 대해서는 무엇을 알아야 할까?

일을 하는 구체적인 방법과 조직에서 일이 어떻게 정의되는지 알아보고자 한다. 또한 나의 일이 어떤 경우에 재미있어지는지 직무특성이론에 대해서도 언급할 것이다. 효율성이란 용어에 매몰된 나머지 정작 달성해야 할 목표를 잊어버리기도 하는 것, 즉 효과보다 효율에 집중하는 것이 왜 좋지 않은지도 이야기할 것이다.

자 이제 본격적으로 조직과 인간, 일의 본질을 꿰뚫어 보기로 하자.

우리 회사는 어떻게 돈을 버는가?

기업이라는 조직은 '우리 서로 도와가며 제품을 팔아서 돈을 벌고 사이좋게 나누어 갖고, 일정 금액은 다시 투자하여 계속 잘살아 보자.'라는 약속으로 운영되는 곳이다. 이 과정을 수행하는 것을 일이라고 한다. 따라서 '우리 회사는 어떻게 돈을 버는가?'라는 질문은 일을 제대로 하기 위해 던져야 할 가장 중요한 질문 가운데 하나다. 이 질문은 다시 '누가 우리에게 돈을 지급하는가?'로 바뀔 수 있다. 계속해서 이 질문은 '그들은 왜 우리에게 돈을 지급하는가?'로 연결된다.

조직이 생존하고 성장할 수 있게 하는 것을 현금이라고 부른다. 조직에 현금을 지급하는 사람은 고객이다. 고객이란 우리 회사의 제품에서 가치를 느낀 사람들을 말하며 가치에 대한 대가로 지급한 현금의 합은 매출이라고 부른다. 제품을 만드는데 들어간 돈을 원가라고 하며 매출에서 원가를 뺀 것을 이익이라고 한다. 이익은 제품에 새로운 가치를 심기 위해 재투자된다. 이 과정이 기업이 생존하는 원리이다.

다시 원래의 질문으로 돌아가서 그렇다면 회사는 어떻게 돈을 버는가? 답은 '고객이 기꺼이 현금을 지급할 만한 가치를 제품에 담아서 돈을 번다.'이다. 여기서 가치란 고객의 사용 가치, 합당한 가격, 품질, 전달 과정을 모두 포함한다.

따라서 조직 구성원은 각자의 부서에서 일을 할 때 나는 우리 회사 제품의 가치 가운데 무엇에 기여할 것인가에 대해 끊임없이 질문하고 그에 맞게 일하며 그것을 더 잘하기 위해 노력해야 하는 것이다. 이 질문을 던지지 않으면 다음과 같은 일이 발생하기도 한다.

사례 ① **제품을 얼마에 팔아야 돈을 버는지 모르는 회사**

해저에 매장된 석유나 가스를 채굴하는 설비를 해양플랜트라고 한다. 해양플랜트를 수출하는 어느 회사가 중동의 한 나라로부터 사상 최대의 수주를 기록했다는 기사가 실렸다. 2년 뒤 같은 신문에 이 회사가 해양플랜트에서 대규모 적자를 기록하여 존립의 기로에 서 있다는 기사가 실렸고, 곧이어 대규모 감원을 실시하였다. 내막을 들여다 보니 이 회사는 자신들이 수주한 해양플랜트의 원가가 얼마인지도 모르고 매출이 크다는 이유만으로 계약을 했던 것이다. 2년 동안 원재료를 구매하여 석유 채굴 설비를 만들고 배에 실어 바다에 설치하고 보니 매출보다 더 큰 원가를 기록했다는 이야기다.

이 회사는 자신들의 업이 무엇인지 어떻게 돈을 버는지 모르는 곳이다. 조직의 생존은 물론 직원 개인의 생존도 장담할 수 없다. 말도 안 되는 이런 일이 실제로 벌어지고 있다는 것이 놀라울 뿐이다.

사례 ② 조직 원리와 상관없이 맹목적으로 일하는 사람

가로수를 심는 일을 하는 어느 회사는 땅을 파는 사람, 나무를 구덩이에 넣는 사람, 그리고 흙을 덮는 사람이 한 팀으로 구성되어 있다. 어느 날 땅을 파는 사람이 구덩이를 크게 파자 나무를 넣지도 않았는데 세 번째 사람이 흙을 덮고 있는 것이었다. 지나가는 사람이 물었다.

"왜 땅을 파고는 바로 흙을 채우나요?"

"나무를 구덩이에 넣는 사람이 아파서 결근했거든요."

이 사람들은 조직의 목적에 관심이 없다. 수동적으로 살아갈 뿐이다. 그저 하루를 무사히 보낸 것으로 만족하지만 미래가 없다.

사례 ③ 자신의 일이 무엇인지는 알지만 노력하기 싫은 사람

어느 회사의 품질 담당 이사님은 출근 시간이 9시임에도 늘 7시까지 출근하여 공장을 한 바퀴 둘러보고 야간 근무를 한 직원들과 인사를 주고받은 후 회사 주변의 쓰레기도 줍고 나서야 자신의 자리에 앉는다.

"이사님 왜 그렇게 일찍 나오셔서 공장도 둘러보고 청소도 하십니까?"

"내가 사실 품질 업무에는 자신이 없어서 할 수 있는 일이라도 하려고 그럽니다. 밥값은 해야지요."

밥값을 해야겠다는 이 양심적이고 선량한 이사님은 자신이 회사를 위해 기여해야 할 바가 품질 업무라는 것을 안다. 하지만 행할 능력이 없다. 그 능력을 갖추려고 노력도 하지 않는다. 안타깝지만 조직에도 도움이 되지 않으며 자신도 행복하지 않다. 늘 불안한 삶의 연속이다.

사례 ④ 노력하기 싫어서 일하는 척만 하는 사람

이슬람 우화에 자주 등장하는 주인공 뮬라 나스루딘이 어느 날 자기

집 마당에서 무언가를 열심히 찾고 있었다. 그 모습을 본 이웃 사람이 무엇을 그리 열심히 찾느냐고 묻자 잃어버린 바늘을 찾는다고 말했다. 한참을 같이 도와주던 이웃 사람이 아무리 찾아도 바늘이 없자 정말 마당에서 잃어버린 게 맞는 거냐고 물었고 뮬라 나스루딘은 사실은 집안에서 잃어버렸다고 말했다.

"그럼 왜 마당에서 찾고 있습니까?"

"집안은 어두워서 찾을 수가 있어야지요."

조직 구성원으로 뮬라 나스루딘을 대입시키면 그는 문제의 해법을 알고 있고 수행할 능력도 있지만 게으르고 도전을 꺼려 실행하지 않는 사람이다. 조직을 위해 도움이 되지 않는 것은 물론 자신의 일에서도 성취를 이룰 수 없으므로 개인적으로 행복에 도달하기 어렵다.

우스꽝스럽지만 우리 주변에서 너무 쉽게 볼 수 있는 네 가지 사례에는 어떤 문제가 공통적으로 깔려 있다. 그들의 문제는 질문을 던지지 않았다는 것이다. 조직에서 일하는 사람이 던져야 할 첫 번째 질문은 '우리 회사는 어떻게 돈을 버는가?'이다. 그리고 두 번째 질문은 '그것을 위해 나는 무엇을 알고 행해야 하는가?'이다.

이 단순하지만 보편적 진리를 실천하면 어떻게 되는지 사례를 살펴보자. 로버트 롤런드 스미스의 『현실을 상상하라』에 나오는 이야기이다.

저자는 컨설턴트로서 영국의 어느 대형 약국으로부터 매출을 늘리고 싶다는 문제를 의뢰받는다. 저자는 문제를 해결하기 위해 고객에게 다음과 같은 질문을 던진다. "당신은 누구입니까?"

이는 정체성에 관한 물음으로 '당신 약국은 어떻게 돈을 버는가?'와 같은 질문이다. 질문에 답하기 위해 약국을 조사해 보니 약국 안에는 의약품 외에도 수많은 비의약품이 있음을 알게 되었다. 약국이 약국답지 않고 잡화상이나 다름없었다. 그는 약국의 정체성을 새롭게 정의했다.

"우리 약국은 이 지역 사람들 각자에 꼭 맞는 건강 지식을 제공할 것입니다. 이를 위해 고객 한 사람마다 그 특성에 맞는 엄선된 약과 조언을 제공하는 곳이 될 것입니다."

정체성 또는 존재 이유가 바로 서면 비로소 그에 부합하는 과제를 설정할 수 있다. 정체성 실현을 위한 과제는 다음과 같이 도출되었다.

"약국에서 비의약품을 모두 제거한다. 고객 한 사람마다 특징을 파악하려면 그들과 많은 대화를 할 수 있어야 하므로 약국 뒤에 배치했던 조제실을 앞쪽으로 옮기고 개방형으로 바꾼다. 그래서 고객이 가진 질병과 자주 사는 약을 파악하여 고객 한 사람마다 그들에게 맞는 약과 조언을 제공한다."

고객과의 대화가 늘어나면 그들의 이름을 외울 수 있게 되고 각자의 고유한 질병도 파악할 수 있게 된다. 그냥 손님이 단골이 되는 것이다. 이는 곧 맞춤 조언으로 이어지고 매출은 더 말할 필요 없이 오르게 된다.

우리 회사의 제품은 무엇인가? 그 제품에는 어떤 가치를 담고 있는가?

그 가치는 고객이 가격을 지급할 만한 것인가? 그 제품을 만들기 위해 우리 회사는 어디에 얼마의 돈을 쓰고 있는가? 가치 창출과 원가 절감을 위해 나는 무엇을 기여해야 하는가? 그 기여를 위해 내가 알아야 할 것은 무엇이며 갖추어야 할 능력은 무엇인가?

이 질문에 답할 수 있을 때 엉뚱한 일을 하지 않는다. 또한 조직에 기여하고 싶지만 능력이 없어 기여하지 못하는 일이 발생하지 않는다. 지금 당장 우리 조직의 정체성과 그에 부합하는 나의 과제를 점검하자.

내 출력물은 동료의 입력물이 된다

어느 제조업체 생산팀에 근무하는 A과장은 공장에서 생산된 완제품을 포장 장소로 옮기기 위해 전동카트가 있으면 좋겠다고 생각했다. 작업자의 노동 강도를 줄일 수 있고 시간당 더 많은 일을 할 수 있기 때문이다. 현장에서 세심하게 조사를 마치고 타 회사를 벤치마킹한 끝에 생산 설비 사이를 지나다닐 수 있는 크기와 충전 시간을 고려하여 가격이 500만 원인 유명 회사 제품을 팀장 결재를 받고 구매팀에 의뢰했다.

구매팀 B과장은 일선팀으로부터 의뢰받은 제품을 그대로 사주는 것은 자신의 역할을 다하지 않는 것이라 생각한다. 또한 구매팀의 중요한 임무는 구매 단가를 절감하는 것이라 굳게 믿었다. 구매 단가란 곧 회사의 비용이며 싼 제품을 구매하면 원가를 절감하여 회사에 기여하는 것이기 때문이다. 또한 제품 발주의 최종 권한은 구매팀에 있다며 자신의 권한을 재차 확인하고 나니 의뢰받은 제품을 그대로 사줄 수 없음은 더 당연해진다. 이에 B과장은 자신의 역량을 총동원하여 A과장이 의뢰한 제품보다 충전시간은 30분 길지만 제품 가격이 150만 원이나 싼 제품을 구매하였다. 자신의 업무 능력에 감탄한 구매팀 B과장은 이번 달 개선 실적에 이 건을 자신 있게 등록한다. '150만 원 원감 절감의 건'이라는 제목으로.

전동카트를 받아서 사용해본 A과장은 자신이 중요하게 검토한 충전시간이 30분 길어진 것을 알고 몹시 실망했다. 충전 시간만큼 제품 이적을 할 수 없게 됨에 따라 당초 예상한 전동카트 사용 효과가 반감되었기 때문이다. 그는 구매팀 B과장을 원망한다.

조직 구성원의 개별 목표는 조직의 최종 가치에 맞춰야 한다

조직에서 구성원들은 개인별 업무 목표를 달성하기 위해 일한다. 그리고 팀은 팀의 목표를 수립하고 그것을 달성하면 일을 잘했다고 생각한다. 그러나 조직에서 완전히 독립적이고 절대적인 개별 목표, 팀별 목표란 있을 수 없다. 모든 업무는 동료 그리고 다른 팀과 연동되기 때문이다. 즉 내 일의 출력물은 누군가의 입력물이 된다는 것이다.

영업사원의 업무 목표는 매출증대인가? 회사 생산 상황을 고려하지 않고 무작정 수주 해온 결과로 납기를 맞추지 못한다면 회사 이미지만 실추된다. 대량 수주라는 결과를 받아들인 구매팀은 급히 원료를 조달하느라 품질에 소홀할 수가 있고 비싼 가격을 지급하게 될 수도 있다. 우선 수주부터 하고 원가는 나중에 맞추면 된다는 마음으로 수주를 해왔는데 결국 손해 보고 팔게 된다면 회사의 현금 유동성을 나쁘게 한다.

반면에 당장 손해 보더라도 시장 점유율을 높인 후에 규모의 경제로 원가를 줄이는 것이 회사의 타당한 전략이라면 이야기는 또 달라진다.

이처럼 회사는 개별 팀이 독자적 목표만을 위해 일해서는 안 되는 곳이다. 조직은 개별 팀이 연결되어 하나의 가치를 위해 일하는 가치사슬이며 팀과 팀이 연결된 프로세스이기 때문이다. 이렇게 연결된 프로세스는 결과적으로 회사 조직이라는 또 하나의 거대한 시스템이 된다.

경영전략가 마이클 포터는 조직은 하나의 가치를 만들어내기 위해 여러 팀들이 사슬처럼 연결되어 있는 곳이라고 말했다.

여기서 가치란 고객이 우리 회사 제품을 사고 싶게 만드는 특성을 말한다. 가치가 매출과 이익을 만든다. 더 넓게 확장하면 우리 회사를 생존하고 성장하게 하는 것이다. 회사의 가치 그리고 그것의 결과인 매출과 이익은 절대 개인이나 팀이 독자적으로 만들어낼 수 없다.

구매팀 B과장은 무슨 잘못을 한 걸까?

앞의 사례에서 구매팀 B과장은 구매팀 개별 목표에 충실하여 원가절감을 달성하였다. 그러나 결과적으로 충전시간이 긴 전동카트를 구매함으로써 생산현장에서 작업 효과를 떨어뜨리는 결과를 가져왔다. 그가 아낀 150만 원만 생각하고 현장에 미칠 영향은 생각 못 했던 것이다.

그런데 이 문제를 두고 구매팀 과장만을 탓할 수는 없다. 그의 행위는 인사평가에서 개별 목표 달성을 중요시하는 회사 정책에서 기인했기 때문이다.

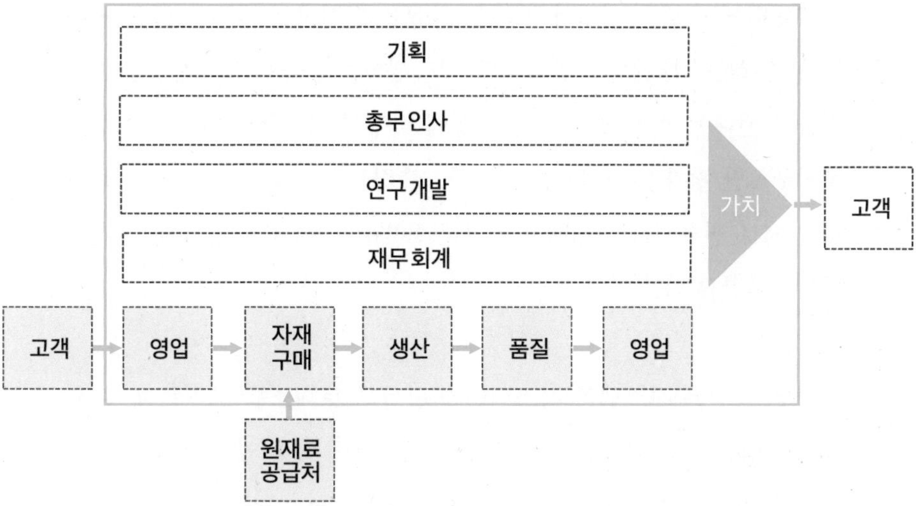

마이클 포터가 개념화한 가치사슬

따라서 가치사슬의 진정한 개념이 회사에서 발현되려면 개인별 KPI(Key Performance Index)를 기준으로 하는 인사 평가에서 조직 전체 목표에 얼마나 기여했는지 여부로 평가 기준이 바뀌어야 할 것이다. 그래야 개인은 모두 목표를 달성했는데 회사는 목표를 달성하지 못하는 사태를 막을 수 있다.

가치사슬의 내부를 자세히 들여다보면 팀이라고 하는 개별 시스템이 서로 연결되어 있음을 알 수 있다.

시스템이란 입력물을 출력물로 바꾸는 계, 즉 활동체를 말한다. 조직은 여러 개의 팀인 구매팀, 생산팀, 품질팀, 영업팀 등으로 구성되어 있고 각 팀이 연결된 것을 우리는 프로세스라고 말한다.

프로세스는 또다시 거대한 시스템을 이루므로 회사란 시스템으로 연결된 시스템이라고 정의할 수 있다.

그렇다면 우리는 여기서 놀라운 사실을 발견하게 되는데 바로 구매팀의 출력물이 생산팀의 입력물이 되며 생산팀의 출력물은 품질팀의 입력물이 된다는 것이다. 이러한 사실에 비추어 볼 때 개별 팀은 자신의 출력물로만 평가받아서는 안 된다. 그 출력물이 최종의 출력물 즉 회사의 가치로 변환되는 과정에서 얼마나 올바른 기여를 했는가에 따라 평가받아야만 한다.

다음 그림은 시스템과 시스템이 연결된 프로세스를 보여준다. 회사에서 일하는 우리 모두는 어느 하나의 시스템에 속해 있을 것이다. 이때 중요한 것은 내가 속한 시스템이 내놓는 출력물이 누구의 입력물이 되는가를 아는 것이다.

입력물이 양질이지 않을 때 출력물이 좋을 수 없으므로 내가 올바른 출력물을 내놓지 않으면 결국 이 프로세스의 끝에서 좋은 출력물이 나올 수 없을 것이다. 그것은 회사 전체의 가치 창출에 나쁜 영향을 미치게 됨을 알 필요가 있다. 그리고 나의 입력물을 출력물로 내놓은 사람이 누구인지 알고 그 사람, 그 부서와 소통하는 것이 중요하다. 이렇게 조직 구성원 모두가 하나의 프로세스에 속해 있음을 인지할 때 조직은 공동의 가치를 창출할 수 있는 것이다.

일반적으로 협력이란 하나의 일을 여러 사람이 도와가면서 함께 공동의 결과물을 내놓은 것을 뜻한다. 그러나 조직에서는 하나의 일을 여러 사람이 함께하는 경우는 거의 없다. 각자가 개별적으로 일을 수행할 뿐이다. 따라서 조직에서는 협력의 의미가 프로세스 내에서 내 역할을 올바르게 수행하는 것으로 바뀌게 된다.

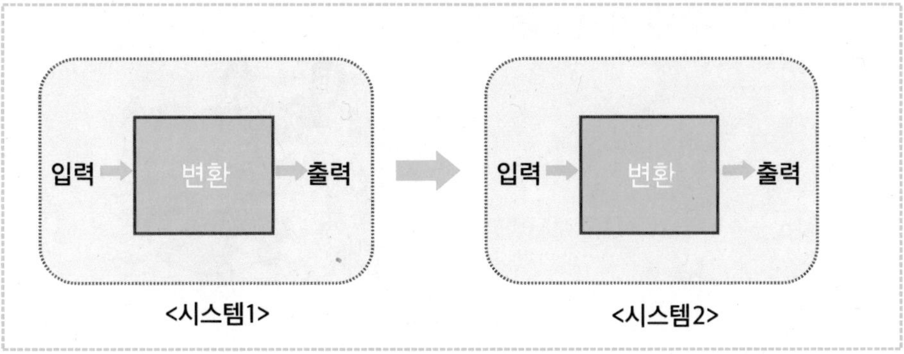

시스템과 시스템이 연결된 프로세스

그런데 조직에 있는 사람들 보고 자꾸만 협력하라고 한다. 이때 협력의 의미는 각자가 누군가의 입력물이 되는 올바른 출력물을 내놓으라는 이야기다. 즉 프로세스에서 자신의 역할을 최종 가치에 부합되게 하는 것, 그것이 바로 협력인 것이다.

나는 올바른 협력을 실천하고 있는가?

회사가 나에게 기대하는 것

월급 받는 만큼 밥값 하라는 구시대적 이야기를 하려는 것은 아니다. 사람 한 명 뽑아서 쓰면 월급에 보험료에 복리후생비까지 수천만 원이 들어가니 그 몫을 해내려면 1인당 얼마의 매출을 올려야 한다는 지주와 농노 같은 이야기를 하려는 것도 아니다. 지금 이 순간 예비 직장인이거나 신입사원이라서 회사에서 사람들이 무슨 일을 하는지 잘 모른다면, 또는 대리, 과장임에도 불구하고 아직도 업무에 감을 잡고 있지 못한 사람, 스스로는 일을 열심히 한다고 생각하지만 주위의 시선이 곱지 않은 사람이라면 이 질문을 하기 바란다.

'회사는 나에게 무엇을 기대하는가?'

질문의 의미를 고용하는 사람과 고용된 사람의 관계에서 나오는 것으로 오해하면 안 된다. 회사가 나를 고용하는 것이 아니라 수많은 내가 모여 회사를 구성하는 것이다.

회사는 경영자와 구성원 공동의 사업장이며 우리 모두의 부의 원천이다. 우리 모두는 가치 있는 제품을 만들기 위해 역할을 달리하고 있을 뿐이다. 회사는 공동의 결과물인 가치를 만들기 위해 기능별 시스템들이 연결된 조직체이다. 이때 내가 속한 시스템은 무엇이며 내가 산출해야 할 출력물은 무엇인가를 늘 질문해야 한다. 그 질문을 다른 말로 '회사는 나에게 무엇을 기대하는가?' 라고 하는 것이다.

회사는 우리에게 두 가지를 원한다.

첫째, 회사는 모든 부서가 협력해서 회사가 원하는 최종 가치를 만들어내길 원한다.

직원 개인이 혼자만의 산출물을 극대화하길 바라는 것이 아니다. 그러기 위해서 앞에서 설명한 가치사슬을 다시 한 번 떠올려 보라. 내가 속한 시스템의 앞뒤에는 어떤 시스템이 있는가? 앞뒤가 아니더라도 내 업무에 도움을 주거나 내가 도움을 주어야 할 시스템은 무엇인가?

만약 내가 자재 구매팀이라면 내 앞에 있는 시스템은 영업팀이 된다. 영업팀이 수주한 만큼 자재를 구매해야 하는 것이다. 내부적으로는 영업팀이 내 앞에 있지만 외부적으로는 자재 공급회사가 내 앞의 시스템이 된다. 따라서 영업팀 직원과는 수시로 대화하고 업무를 공유하면서 앞으로 예상되는 수주 현황까지 미리 파악하고 있어야 한다. 그리고 외부에 있는 내 앞의 시스템 즉 원자재를 공급하는 회사와도 연락하면서 그 회사의 생산 능력, 품질 문제까지 알고 있어야 한다. 이러한 문제는 영업팀과도 늘 공유해야 한다.

영업팀도 수주에 앞서 자재 구매팀, 생산팀과 대화하면서 우리 회사의 수주 대처 능력이 얼마나 되는지 알고 있어야 한다. 무작정 수주해

놓고 나는 영업팀으로서 할 일을 다 했으니 나머지는 알아서 하라는 식은 안 된다. 이럴 경우 자재 조달 능력과 생산 능력이 안 되어 납기를 못 맞추면 회사의 신뢰도가 무너진다. 또 급히 납기를 맞추기 위해서 일시적으로 생산을 위탁할 수 있는 외주업체를 개발함으로써 제품 원가를 높이게 되기도 한다.

회사는 여러 시스템이 사슬처럼 연결되어 가치를 창출하는 곳이다. 회사는 직원들에게 서로 협력하여 하나의 가치를 만들기를 원한다. 우리 회사의 가치사슬 구조는 무엇인지 나는 어느 시스템에 속해 있는지 파악하라.

둘째, 회사는 직원들이 개인에게 부여된 직무에서 성과를 내길 원한다. 여기서 직종, 직무, 과업의 의미를 살피면서 이야기를 풀어나가 보자.

위에서 살펴본 가치사슬의 팀 단위를 우리는 직종이라고 한다. 따라서 가치사슬은 영업직종, 자재 구매직종, 생산직종 등으로 연결된다. 직종 아래서 한 사람이 수행하는 일은 직무라고 한다. 직무는 다시 과업들로 구성된다.

예를 들면, 인사 직종은 노무 직무, 교육 직무 등으로 나누어진다. 교육 직무는 교육 설계, 교육 수행, 교육 결과 평가라는 과업으로 구성된다. 모든 직원들은 저마다의 직무가 있으며 해당 직무에는 조직이 요구하는 성과 수준이 있다. 정상적인 회사라면 이러한 성과 수준을 기술해 놓고 그것에 준해서 직무를 수행하고 있을 것이다.

이렇게 직무의 종류와 과업의 성과 수준을 명시한 문서를 직무기술서라 부른다. 하지만 안타깝게도 많은 회사의 직무기술서는 인사 담당자의 서랍 속에서 곤히 잠자고 있다. 그러다가 외부 평가 기관 또는 인

증 기관에서 방문해서 감사를 실시할 때 잠시 잠에서 깨어나곤 한다. 이 대목에서 우리는 '회사는 나에게 무엇을 기대하는가'의 두 번째 대답을 할 수 있다.

회사는 구성원들이 직무기술서에 기재된 과업을 수행하고 그에 요구되는 성과 수준을 달성하길 원한다.

지금 당장 인사 담당자에게서 자신의 직무기술서를 찾아와라. 그리고 나의 직무와 과업이 무엇인지 확인하라. 만약 그것이 형식적이거나 불합리하게 작성되었다면 팀장과 협의하여 직무를 다시 설계하고 성과 수준을 명시해야 한다. 그런 다음 책상에 붙여 놓고 확인하면서 일을 해야 한다. 그래야 엉뚱한 일을 하지 않고 가치 창출에 기여할 수 있게 된다.

이렇게 일한다면 조직이 원하는 성과를 내는 것은 물론 직무기술서와 관련해서 외부 평가 기관의 감사도 따로 준비할 필요가 없게 된다.

정리해 보자.

회사는 나에게 무엇을 기대하는가?

회사는 개인이 자신에게 부여된 성과를 달성하되 그것이 조직 전체 목표에 부합하도록 모든 부서와 구성원들이 협력해서 결과를 이끌어 내길 원한다.

우리 회사는 좋은 회사일까?

『알쓸신잡』이라는 TV 프로그램에 출연한 작가 유시민은 이런 말을 했다.

"2013년에 내가 정계를 은퇴한 이유는 그때 사진으로 본 나의 얼굴이 너무 괴로워보였기 때문이다. 어느 날 인터넷에서 10년 치 내 사진을 검색해 본 적이 있는데 '과연 내가 이 얼굴로 10년을 살았단 말이야?' 라고 할 정도로 고통스러워 보였다. '아! 내가 이렇게 살았구나!' 하는 생각이 들면서 '정치는 여기서 그만 정리하자' 마음먹게 되었다. 그래서 사람들에게 이런 말을 전해 주고 싶다. 주변 사람들끼리 서로의 사진을 몰래 찍어서 일주일 치를 보내주라고. 그리고 사진을 받은 사람은 그것을 쭉 넘겨보면서 자신의 얼굴이 마음에 든다 싶으면 그대로 살면 되고 표정이 좋았다 나빴다 한다면 무언가를 고칠 생각을 하고 표정이 계속 안 좋다면 직장을 바꾸라고."

회사에서 나의 표정은 어떠한가? 내 표정이 편안하고 의욕이 넘친다면 우리 회사는 좋은 회사다. 사람들 중에는 좋은 회사인지 여부를 일이나 회사 자체에서 찾기보다 내가 먼저 회사와 일을 대하는 태도를 바꾸면 환경도 그에 따라 변한다고 말하기도 한다. 그러나 좋은 회사의 기준은 그게 아니다.

좋은 회사는 나를 웃게 만드는 회사이다. 나를 웃게 만드는 회사의 조건은 돈, 일, 리더이다.

첫째는 돈이다. 월급은 많이 줄수록 좋겠지만 회사의 업종 특성에 따라 영업이익률이 다르므로 무턱대고 많이 달라고 할 수는 없다. 원재료 비용이 많이 드는 회사, 광고비용이 많이 드는 회사, 대기업의 협력업체로 판매단가 결정에 자유로움이 없는 회사는 급여를 많이 주고 싶어도 마음대로 되는 것이 아니다. 그래서 동종 업계의 회사들은 급여 수준이 비슷하다. 처음 입사할 때 이 업종의 급여 수준이 어느 정도인지는 이미 알고 입사했기 때문에 나중에 월급명세서를 보고 속았다고 말하는 사람은 없을 것이다. 문제는 그 급여가 납득성이 있냐는 것이다. 직원들 급여는 낮은데 경영진은 연봉이 그들의 수십 배에 달하면 안 된다. 사원들은 얼마 받지도 못하는데 팀장, 중역들에게는 업무추진비, 출장비 등의 항목을 따로 만들어 급여를 편법으로 보전해주고 있다면 그곳은 좋은 회사가 아니다.

급여는 내가 일한 만큼 합당하게 받고 있는지 앞으로 열심히 하면 인상될 희망이 있는지가 만족도를 결정한다. 그래서 홀푸드처럼 좋은 회사라고 소문이 자자한 곳은 동료의 월급이 얼마인지 전 직원에게 공개되는 것이다.

좋은 회사는 재무제표의 세부 내용을 모두 직원에게 공개하여 우리 회사가 얼마 벌어 어디에 쓰는지 알게 하는 회사다. 그래서 지금 내 월급이 이 만큼이구나 납득이 가게 한다. 회사의 재무 흐름을 그게 무슨 대단한 비밀인 것처럼 숨기기보다 직원들에게 공개할 때 직원들은 매출이 오르면 그것이 나에게도 돌아오겠구나 하고 신뢰를 갖게 된다.

조직행동론에서는 이것을 회사에 대해 갖는 직원들의 심리적 계약이라고 한다. 내가 이만큼 하면 회사도 그만큼 보상해 주겠구나 하는 믿음인 것이다. 당신의 회사는 심리적 계약을 잘 지키고 있는가?

둘째는 일이다. 좋은 회사는 가치를 창출하기 위해 우리 회사에 필요한 직무가 무엇인지 정확히 아는 회사다. 각각의 직무에서 내야 할 성과와 그 담당자가 갖추어야 할 능력이 무엇인지 정의하고 있는 회사다.

그렇지 않으면 마땅히 수행되어야 할 직무가 없게 되어 최상의 가치를 창출할 수 없게 된다. 가치에 근거하여 직무가 정렬되어 있지 않으니 부서 간에, 그리고 사람 간에 업무 분담이 명확할 리 없다. 누락되는 일이 있을 뿐만 아니라 그 일을 누가 해야 되는지를 가지고도 다툼이 일어난다. 늘 사람이 부족한 듯 느끼며 누구는 놀고 누구에게는 업무가 몰리기도 한다. 이런 회사에서는 적성이 반영되지 않는 직무를 수행해야 할 경우가 많으므로 성과도 나지 않고 사람도 힘들다. 회사가 직무의 성격을 정확히 정의하고 있어야 그 직원에게 필요한 교육도 할 수 있고 적성과 능력에 맞게 직무 배치도 할 수 있다.

우리 회사는 내가 직무에서 성과를 낼 수 있도록 무엇을 지원하고 있는가? 내가 최고의 성과를 창출할 수 있도록 내 적성과 능력에 맞는 직무를 주고자 관심을 가지는가?

셋째는 리더다. 여기서 리더란 회사의 최고경영자를 말한다. 최고경영자는 회사의 모든 것을 결정하는 사람이다.

대통령은 국가의 모든 것을 결정할 수 없다. 대통령이 제출한 법안조차도 국회에서 통과되지 않으면 폐기되고 만다. 하지만 회사는 아니다. 인사 정책, 근무 규칙 등 모두 최고 경영자가 결정할 수 있다. 심지어 조직문화까지도 최고경영자가 만든다. 권한이 이양된 자율적 조직문화를 만들고자 해도 그 시작은 최고경영자의 결단이 있어야 하는 것이다.

맹자가 양 혜왕을 만나 이런 말을 하였다.

"왕께서 어찌해야 내 나라에 이익이 되겠는가 하시면 대부들은 어찌해야 내 봉토에 이익이 될까 할 것이고 일반관리와 백성들도 어찌해야 내 한 몸에 이익이 될까 할 것이니, 이와 같이 위아래가 서로 이익을 추구한다면 나라가 위태로워질 것입니다. 중요한 것은 오직 인의뿐입니다."

여기서 맹자의 말은 왕은 아랫사람의 모범이 되어야 하며 그의 행동이 나라 전체에 영향을 미친다는 것이다.

기업은 더 말할 것도 없다. 기업은 최고경영자의 영향력이 국가의 왕보다 더 크다고 할 수 있다. 최고경영자 아래의 중역은 최고경영자에게 잘 보이기 위해 정책 방향을 함부로 거스를 수 없다. 팀장은 중역 눈 밖에 나지 않기 위해 노력한다. 결국 최고경영자가 먼저 변하는 방법밖에 없다. 우리 회사 최고경영자의 관심사는 무엇인가? 그의 경영철학은 어떠한가?

다음은 유시민의 『후불제 민주주의』에 나오는 리더의 정의다.

"리더의 일은 남들이 일하게 만드는 것이다. 일도 공부도 운동도 즐기는 사람이 제일 잘할 수 있다. 머리 좋은 사람이 열심히 하는 사람을 당하지 못하고 열심히 하는 사람이 즐기는 사람을 당하지 못한다. 직원이 즐겁게 일하도록 만드는 CEO는 반드시 성공한다."

또한 훌륭한 리더가 만들어낸 일하기 좋은 환경은 계속해서 새로운 리더를 양성한다. 진정한 리더라면 자신이 물러났을 때 그 난 자리가 표시 나지 않는다. 자신의 리더십을 조직 속에 녹여 놓았기 때문이다.

우리 회사의 최고 경영자는 우리에게 비전을 제시하는가? 비전을 향해 가도록 환경을 조성하는가? 그리고 나는 점점 리더로 변해 가고 있는가? 이 질문에 예 라고 답할 수 있다면 우리 회사는 좋은 회사다.

앞의 세 가지 조건에서 보았듯이 결국 좋은 회사란 직원들이 현재 일에서 성과를 내게 만들고 미래를 위해 성장하게 하는 회사인 것이다. 돈, 일, 리더는 모두 그런 역할을 한다.

인간은 납득 가능한 보상에서 만족하며 내가 열심히 하면 보상이 늘겠구나 하는 마음에서 희망을 갖는다. 적성에 맞는 직무와 회사가 나의 성장을 지원하고 있구나 하는 믿음에서 조직에 몰입할 수 있다.

코이의 법칙이 있다. 물고기 코이는 서식지의 크기에 따라 제 몸을 키운다. 어항보다 강물에 풀어 놓으면 더 크게 자라는 것이다. 조직과 리더가 직원이 클 수 있는 환경을 만들지 못한다면 그들은 떠나고 말 것이다.

우리 회사는 좋은 회사인가? 리더와 구성원이 함께 묻고 답을 찾자. 그것이 직원과 조직을 모두 살리는 길이다.

조직에서 벌어지는 코미디들

회사에는 이런저런 이유로 여러 가지 제도와 규칙이 존재한다. 이것들은 함께 일하는 사람의 수가 늘어남에 따라 의사소통을 일사분란하게 한다는 목적으로 생겨나기도 하고, 더 큰 목표를 달성하기 위해 사람을 동기부여하려고 생겨나기도 한다. 경쟁사가 어떤 제도를 도입하여 매출이 늘었다는 소문이 들리면 벤치마킹을 하기도 하고 유명한 대학 교수나 경영 컨설턴트가 새로운 경영 전략을 개발했다고 하면 도입하기도 한다. 다른 회사가 유행처럼 한다니 우리만 안 하면 뒤처질 것 같아서 하기도 한다.

KPI, 6시그마, 개인별 인사평가, 성과급제도, 분임조활동, 개선제안제도 등이 그것이다.

하지만 이런 제도의 대부분이 동기부여나 성과창출에 별다른 도움이 되지 못하고 단지 우리 회사도 무언가를 하고 있다는 위안만 경영진에게 제공할 뿐이다. 이런 사실은 모든 직원들도 이미 알고 있다. 그런데 왜 할까? 본질적인 해법은 없는 걸까?

실제 조직에서 벌어지는 일들

구매팀 C팀장은 다섯 명의 부하직원을 두고 있다. 팀장은 여간 힘든 직책이 아니다. 팀 실적도 달성해야 하고 다섯 명 부하직원의 승진도 골고루 챙겨야 하기 때문이다. 어느 한 명만 편애해서는 안 된다.

C팀장의 아픈 손가락 D대리는 벌써 과장 진급에 두 번이나 누락되었다. 올해마저 누락되면 거의 알아서 나가라는 뜻이다. D대리가 올해 과장으로 승진하기 위해서는 팀 내에서 KPI 달성 평점이 가장 높아야 한다. 그래서 D대리에게 올해 KPI 목표를 낮게 잡으라고 세심하게 조언한다. 평소에 모든 업무에 열정적인 E과장에게는 내년에 평점 1등 줄 테니 올해는 D대리에게 1등 자리를 양보하라고 말해 둔다. E과장은 별다른 불만 없이 그러겠다고 한다. 우리는 같은 팀이고 팀은 화합이 중요하기 때문이다. 그리고 내년에 1등은 내 차례니까.

사내 분임조활동 총 책임을 맡고 있는 생산팀 F과장은 기획팀으로부터 특명을 받는다. 사장님 지시로 올해는 우리 회사도 전국 품질 분임조 경진대회에서 상을 받아야 한다는 것이다. F과장은 고민에 빠진다. 분임조 경진대회에서 수상하기 위해서는 생산성 향상에 기여하는 개선활동을 1년 내에 수행하고 그것을 발표 자료로 만들어야 한다. 발표 자료로 만드는 것은 어렵지 않은데 그런 테마를 찾고 완수하는 게 어디 쉬운 일인가? 더군다나 현장 담당자들은 각자 본업을 하기도 바쁜데 별도로 개선 활동을 하기 위한 시간을 내기란 쉽지 않다. 일단 오늘 저녁에 현장분들과 술 한 잔하면서 얘기해 보기로 했다.

한 잔하고 출근한 다음날 F과장의 표정이 몹시 밝다. 역시 문제는 혼자 끙끙 앓을 것이 아니라 함께 대화하고 소통하며 푸는 것이 맞다. 어제 술자리에서 어느 배려 깊은 작업자 한 분이 작년에 자기가 우연히 개선해 놓은 게 한 건 있으니 그것으로 테마를 잡고 발표 자료를 만드는 게 어떻겠냐는 것이다. 당연히 좋다. 어차피 작년에 개선 실적으로 보고한 것도 아니니 문제 될 것이 없다. 원래 분임조활동이 현시점에 새로운 테마를 잡고 개선해 나가는 것이긴 하지만 이게 어디 나만 그렇겠냐는 자기 위안이 가슴을 따뜻하게 한다.

인사팀 G과장은 직원들의 교육을 설계하고 강사를 섭외하거나 워크숍을 기획하여 직원들의 역량 향상을 꾀하는 중요한 업무를 맡고 있다. 자신이 회사에 기여하는 것은 직원들마다의 특성을 파악하여 부족한 부분을 채워 줄 수 있는 교육을 설계하는 일이다. 이 과제를 올해 KPI로 정하려 하니 측정하기가 곤란하다. 그래서 측정이 쉬운 직원 한 명당 교육 횟수를 KPI로 정했다. 회사를 위해서는 바람직하지 않은 일이라는 것은 알고 있지만 회사도 이런 문제를 알면서도 KPI 제도를 개선하지 않으니 자신도 어쩔 수 없다.

우리 회사는 개인별 인사 평가에 의한 차등적 성과급 제도를 실시하고 있다. 조직 목표 달성은 개인별로 배분된 목표가 이루어졌을 때 가능한 것이다. 따라서 개인에 대한 동기부여가 몹시 중요하다. 인간을 무엇으로 동기부여할까?

그 옛날 세종대왕은 '밥은 백성의 하늘이다.'라고 말씀하셨다. 밥이란 오늘날에는 돈이다. 연말 성과급을 개별성과에 따라 A, B, C, D 등급으로 나누어 지급하면 경쟁도 유도하고 동기부여도 시킬 수 있을 것 같다. 다행히 우리 회사에는 차등적 성과급제도를 뒷받침할 KPI라는 훌륭한 목표관리체계도 있으니까 말이다. 연말이 되었고 잘 평가된 KPI 결과에 따라 성과급을 차등적으로 지급하였다. 올해 C, D 등급을 받은 직원들이 내년에는 더욱 분발할 것으로 생각하니 뿌듯하다. 성과급이 지급된 영업팀 직원들은 저녁에 모임을 갖기로 하였다. 모임에서 A차장이 말한다.

"오늘 지급받은 성과급은 내일까지 모두 제 통장으로 보내 주세요. 1/n 해서 다시 보내 드릴게요. 다 같이 고생했는데 누구는 A이고 누구는 D라는 게 말이 되나요? 내일도 당장 얼굴 보면서 서로 도우며 일할 사이인데." 역시 영업팀은 끈끈하다.

조직의 목적은 생존과 성장이다. 조직 목적에 기여하는 모든 과정과 결과는 성과라고 부른다. 조직이 목적을 달성하기 위해서는 구성원들이 성과를 내야 한다. KPI, 개별 평가, 차등적 성과급 제도는 왜 생겨났을까? 일부 경영자들이 그러한 제도가 성과 달성의 수단이 된다고 믿었기 때문이다. 경영자는 조직의 리더다. 리더의 역할은 구성원들을 동기부여 시켜 성과를 내도록 하는 것이므로 각종 제도들은 자신의 신념에 충실한 결과로 생겨난 것이다. 나름 한다고 한 것이다.

그런데 그 신념에 한계를 짓고 있다. 구성원은 지배의 대상이지 동반자까지는 아니라는 생각이다. 동반자에게는 조직의 모든 정보를 제공해야 한다. 우리가 얼마를 벌어 어떻게 쓰고 이익이 이렇게 남았다. 이 중에 미래 투자를 위해 이 만큼만 남겨 놓고 나머지는 이러한 비율로 나눠 가지자. 이러한 정보를 제공받는 사람을 우리는 동반자라 부른다. 동반자에게는 평가의 잣대를 들이댈 필요가 없다. 구성원들이 조직의 모든 정보를 제공받고 그들이 진정한 회사의 주인이라고 생각한다면 왜 내년의 성과 건수를 위해 올해 신규 발굴한 거래처와의 계약을 미루겠는가? 미루는 이유는 내년에 그들의 지배자로부터 평가받기 위해서이다. KPI에 의한 개별 평가, 차등적 성과급제도는 자발적으로 움직이지 않는 직원들을 움직이도록, 강제 동기부여 시키기 위해 나온 수단일 뿐이다.

홀푸드의 자율적 작업 집단 제도

만약 직원이 동반자의 대우를 받는다면 어떤 일이 생길까? 1998년부터 일하고 싶은 기업 순위에 매년 상위 랭크되며 15조 원이 넘는 매출을 기록하고 결국 아마존에 인수된 유기농 슈퍼마켓 홀푸드를 보자.

게리 해멀은 『경영의 미래』에서 그들이 업계 평균보다 3배의 점포당 매출을 기록하는 이유를 이렇게 설명하고 있다.

"그곳의 근로자는 자신이 작은 사업을 꾸리고 있다고 생각하며 일한다. 모든 직원의 급여가 공개되고 해산물팀, 농산물팀 등의 8개팀은 팀 스스로가 어떤 제품을 얼마만큼 들여놓을지 결정한다. 업무에 대한 압력은 상관이 아닌 동료에게서 온다. 팀원으로 함께 일 할 신입직원에 대해 채용거부권도 갖는다. 신입직원은 4주간 인턴을 거친 후 팀원의 투표에 의해 채용이 결정된다. 가격결정, 홍보방식 또한 팀별로 자율권을 갖는다. 모든 팀의 매출이 공개되며 성과급은 팀별로 지급된다. 자율권을 위해 회사의 모든 재무데이터와 원가자료가 공개된다."

홀푸드 사례에서 보듯 모든 사람은 존중받고 그것이 자신의 것이라는 생각이 들면 잘 해낼 수 있는 잠재력이 있다. 홀푸드는 충분한 재량권을 직원에게 주었고, 그 권한을 직원들이 잘 사용할 수 있도록 회사의 모든 정보를 제공했다. 그리고 그들이 잘하고 있는지 조직의 목표를 공유하고 피드백을 준다. 모든 직원의 급여를 공개하여 자신이 타당한 대우를 받고 있는지 알 수 있게 했다.

이런 조직은 구성원을 지배할 이유가 없다.

이것은 홀푸드만의 특별한 이야기는 아니다. 미국의 고어, 브라질의 셈코, 일본의 메이난제작소, 미라이공업, 쥬켄공업도 직원이 자율적 작업 집단을 이루는 곳이다. 그들은 행복하며 실적도 좋다. KPI, 개별 인사 평가는 필요없다. 지배의 대상이 아닌 동반자이기 때문이다.

이 글을 읽는 독자가 경영자라면 기업문화를 홀푸드로 변화시키는 것을 목표로 삼기 바란다. 그러기 위해서는 회사의 모든 정보를 직원과 공유해야 한다. 회사의 비용을 공개해야 하며 원가정보를 모든 직원에게 제공해야 함을 잊지 말아야 한다.

독자가 팀장급이라면 직원에게 최대한 자율을 주기 바란다. 그리고 방임이 아닌 그들이 올바른 길을 가고 있는지 피드백 하는 것을 잊지 말기 바란다.

이 글을 읽는 독자가 조직문화를 바꿀 수 없는 사원이라면 우선 자신의 일에 전문가가 되길 바란다. 조직에 대체 불가능한 전문가가 되면 조직 문화를 바꿀 권한이 생기기 때문이다.

모든 인간은 그들에게 맞는 자리와 재능이 있다. 따라서 일본의 쥬켄 공업처럼 선착순으로, 이력서를 보지 않고 채용해도 급여와 정년보장이라는 안심과 희망을 주고 직원에게 무한신뢰를 보내주면 세계 최고의 기업이 될 수 있다.

우리의 기업들도 KPI와 인사평가로 직원을 감시하지 말고 신뢰의 조직문화를 만들기를 기대해 본다.

혹자는 말한다. 그런 조직문화는 미국에서나 가능한 거라고. 우리나라의 독특한 사회 상황에서는 맞지 않는다고.

생각해 보자. 고려 때 혁명을 시도한 만적은 자신의 죽음 이후 1000년이 지나도록 신분제가 철폐되는 세상이 오지 않을 것이란 걸 상상이나 했을까? 조선의 전봉준은 그의 투쟁 이후 100년이 지나도록 완전하게 백성이 주인 되는 세상이 오지 않을 것을 상상이나 하고 목숨 바쳐 동학농민운동을 일으킨 것일까?

하지만 우리는 안다. 그들이 역사에 찍은 한 점이 모여서 오늘의 민주화가 온 것을. 그러니 우리도 변화를 두려워하지 말자. 우리의 오늘 작은 시도가 변화의 씨앗이 되리라는 믿음 갖고 나부터 실천해 보자.

조직 정치와 부패

영화로도 만들어진 소설『우리들의 일그러진 영웅』에서 병태는 아버지의 전근으로 서울에서 시골학교로 전학을 오게 된다. 그곳에서, 반 아이들의 맹종을 받으며 마치 담임선생님과도 같은 권력을 행사하고 있는 반장 석대를 만나게 된다.

병태는 석대의 악을 바로 잡고자 필사적으로 저항해 보지만 힘에서도 공부에서도 역부족이다. 병태는 결국 석대의 그늘로 편입되고 권력의 단맛을 보게 되면서 누구보다 충실한 부하로 변해 간다.

영화를 보는 내내 마음이 씁쓸하고도 불편했다. 그런데 그게 다가 아니었다. 영화 후반에 시골학교로 부임하여, 석대의 비리를 파헤치고 응징했던 정의로운 김 선생이 30년 후 부패한 정치인이 되어 나타나는 장면을 보는 순간 자리에서 쉽게 일어설 수 없었다. 그 찝찝한 여운이라니.

신입사원으로 입사한 우리는 한때 누구나 기존 질서에 저항 의식이 있는 병태였다. 조직의 모순에 의심을 품고 상사의 부당한 지시에 반발하고 무능에 절망했다. 그러나 개혁은 피로하고 단맛으로 무장한 관습은 이내 나를 길들이고 만다.

작년에 연구개발팀에서 구매팀으로 자리를 옮긴 A대리는 구매업무에 재미를 느끼기 시작했다.

매입처별로 단가를 비교해서 품질은 비슷하지만 가격이 저렴한 제품을 구매하여 회사 비용을 절감하는 데서 기쁨을 느꼈다. 그의 일은 그가 회사에 많은 기여를 하고 있다는 자부심을 갖게 했다. 일을 할수록 구매팀의 그동안의 불합리한 업무방식도 눈에 보이고, 이런 식이라면 내년에는 더 많은 비용을 절감할 수 있겠다는 자신감이 생긴다. A대리는 연말에 사업계획을 수립할 때 구매 예산 10% 절감을 목표에 반영했다. 1사분기까지 무리 없이 계획대로 진행되었다.

일의 결과로 그동안 다소 높은 단가로 우리 회사와 거래해오던 B상사의 납품 금액이 많이 줄었다. 어쩔 수 없다. 일방적으로 거래선을 바꾼 것도 아니고 합당하게 비교견적표를 보여 주고 B상사의 제품이 비싸니 다른 회사로 거래선을 바꾸겠다고 말했기 때문이다. 그리고 저렴한 좋은 제품이 있으면 언제든지 납품 검토를 해주겠다고 제안도 했다.

그런데 어느 날 전무님이 부르신다. 가보니 요즘 B상사의 매출이 많이 줄었다고 하던데 잘 좀 챙겨 주란다. A대리는 거래처별 매입단가를 전무님께 보고하고, 공정하게 거래처를 바꾼 사실과 그 결과로 회사의 비용도 많이 절감되었음을 설명했다. 알았으니 나가 보라고 하시며 내일 저녁식사나 같이 하자고 하신다.

식사자리에는 B상사 사장이 나와 있고 전무님을 형님이라 부른다.

분위기가 어째 이상하다. 내년에 과장 승진인데 전무님이 인사에 막대한 영향을 미친다. A대리는 저항할 힘을 잃는다. 이것은 부패다.

소설 같은 이야기지만 현실에서 어렵지 않게 볼 수 있는 사례다.

우리 회사는 호주에 지사를 두고 있다. 현지에서 채용된 직원 외에 2년마다 국내 본사에서 직원 3명을 파견한다. 해외 파견 근무의 경우 1.5배의 연봉이 나오는 데다 자녀들에게 영어 공부의 기회도 자연스레 주어지므로 많은 직원들이 가고 싶어 한다. 회사는 엄격한 기준을 가지고 파견자를 선발하는 것으로 알려져 있다. 업무능력과 외국어 실력이 주된 기준이다.

B과장은 파견을 가고 싶지만 자신이 기준에 못 미친다는 것을 알고 있다. 올해는 이미 세 명이 내정되었다는 얘기가 들린다. 세 명의 면면을 보니 딱히 나보다 나을 것도 없는 사람이다. 나중에 들리는 말에 의하면 파견자 선발은 인사담당 전무님의 개인 의견이 절대적으로 영향을 미친다고 했다. 실력보다 우리 팀장님이 전무님과 얼마나 친한가에 달려 있었던 것이다. 이것은 조직 정치다.

부패와 정치는 회사를 망하게 하는 주된 원인이다. 이유는 부패와 정치 자체가 회사에 손실을 주기도 하지만 직원들이 일할 의욕을 잃게 만들기 때문이다. 리더십이란 구성원이 목표를 향해 가고 싶은 마음이 생기도록 하는 것이다. 가기 싫은 마음이 들게 해서는 안 된다.

우리 회사의 지금 모습은 어떠한가?

정의로웠던 병태가 석대의 충복이 된 것은 병태만의 잘못이 아니다. 석대가 교실을 장악하도록 내버려 둔 영화 초반부에 나왔던 최 선생의 잘못이 더 크지 않았을까? 더 무서운 것은 소설에서는 그렇지 않았지만 병태가 훗날 최 선생의 모습으로 바뀌는 건 아닐까 하는 상상이다.

하지만 현실에서는 그런 경우가 많이 있다. 조직의 부패와 정치는 반복된다. 우리가 끊어 내야 하지 않을까?

혁신기업이란 무엇인가?

'인텔 인사이드'라는 카피로 유명한 마이크로프로세서의 최강자 인텔의 주력 제품은 원래 메모리 반도체였다.

1968년 설립되어 메모리 반도체로 승승장구하던 인텔은 1980년대에 들어 일본 기업의 강력한 도전을 맞이하게 된다. 일본의 저가 공세에 견디다 못한 인텔은 1985년 영업적자가 1억 달러를 넘어서게 되어 존립의 위기까지 몰리게 된다. 이때 사장이었던 앤디 그로브는 최고경영자인 고든 무어를 찾아가 다음과 같이 묻는다.

"지금 상황에서 주주들이 우리를 새로운 경영진으로 교체한다면 그들은 인텔에 와서 가장 먼저 무슨 일을 할까요?"

"아마도 지금까지 우리가 해놓은 것을 다 없애고 새로운 시스템과 제품을 만들지 않을까?"

"그럼 교체되기 전에 우리가 먼저 그렇게 해보는 건 어떨까요?"

이것이 인텔 인사이드 신화의 시작이었다. 혁신이란 개선이 아니다. 고쳐서 좋게 만드는 것이 아니라 새롭게 바꾼다는 뜻이다. 이렇게 힘든 혁신을 하겠다는 기업이 참 많다. 사훈(社訓)에 경영혁신이 들어가 있을 정도다. 그런데 혁신에 성공했다는 기업은 많이 못 봤다. 가죽을 뒤집어 까듯이 완전히 바꾼다는 뜻이 혁신이니 말처럼 쉽게 될 리가 없다. 인텔과 비슷한 방법으로 혁신을 한 IBM처럼 주력 사업을 바꾸는 정도가 되어야 혁신이라 할 만한데 그것도 어디 자신들이 하고 싶어서 했던가? 미국 기업 역사상 최악의 적자를 기록하고 살기 위해 바꾼 것이니 자발적 혁신이라 할 수도 없다.

무엇이든 갑자기 한 번에 바꾸는 건 어려운 일이다. 혁신을 판을 뒤집는 것이라 생각하고 그 정의에 매몰되어 있으니 자꾸만 어렵게 된다. 인텔과 IBM도 문 닫기 직전 위기에 몰리고 나서 살기 위해 전신을 변화시키고서는 마치 자발적 혁신의 대명사인 것처럼 대접을 받고 있다.

이제 혁신의 정의를 바꾸자. 혁신은 새로 부임해온 경영자가 나타나 외치는 구호가 아니다. 평소에 조직원들이 자율적인 업무환경에서 아이디어를 쏟아내고 시행착오를 겪고 적용하는 소소한 과정이 진정한 혁신이다. 그래서 혁신을 외치는 경영자가 할 일은 일상에서 직원들이 아이디어를 자유롭게 개진하고 적용하여 실패할 수 있는 분위기를 만들어 주는 것이다. 소소한 혁신의 일상화, 이런 회사는 어디 있을까?

미국의 고어 앤 어소시에이츠, 홀푸드, 3M, 브라질의 셈코, 일본의 쥬켄공업, 메이난제작소가 그런 곳이다. 그중 메이난제작소를 통해 일상적인 혁신이란 어떤 모습인지 살펴보자.

카마다 마사루가 쓴 『메이난제작소 이야기』에서 내용을 가져왔다.

경영자 혁신 환경을 만든다 + **직원** 평소에 혁신을 행한다 = **결과** 성과를 내고 성장한다

혁신의 공식

혁신기업 메이난제작소

먼저 메이난제작소를 간단히 소개하면, 1953년 하세가와 가쓰지 사장이 자본금 4천5백만 엔으로 창업하였다. 주력 제품은 목공용 기계이다. 전기 대패, 나무에 구멍 뚫는 기계, 합판 붙이는 기계 등을 생산한다. 1963년 창업 10년 후 매출액 2억7천만 엔, 1970년 매출액 22억 엔 2013년 매출액 62억 엔으로 지속적으로 성장하고 있다.

이러한 성장의 비결은 혁신의 일상화이다. 메이난의 혁신은 다음과 같은 모습을 보인다.

사장을 포함한 임원들은 직원들이 일을 잘할 수 있는 환경을 조성해 준다. 메이난의 경영진은, 사람은 자기 향상의 욕구가 있고 그 욕구가 충족되었을 때 만족을 느낀다는 믿음을 가지고 있다. 그런데 분업화된

시스템에서는 만족을 느낄 수 없다. 이런 신념의 결과로 메이난은 통상적인 관료형 조직이 아닌 '유니버설 풀 잡' 시스템을 도입했다.

소집단 사업부제로서 각 사업부에 속한 사람들은 기본적으로 업무가 총무, 회계, 생산 등으로 정해져 있긴 하지만 모두가 제품 개발에 참여하고 바쁠 땐 모두가 회계업무를 할 수도 있으며 모두가 생산업무를 할 수도 있다. 리더는 리더가 되고자 하는 지원자에 의해 수시로 바뀐다.

창업하기 전 대기업 협력업체에 근무하면서 많은 불이익을 경험해 본 하세가와 사장은 메이난의 협력업체에 대해서도 다른 생각을 가진다. 협력업체의 경쟁력이 곧 메이난의 경쟁력이다. 따라서 절대 근거 없는 단가 인하를 하지 않고 일정 수준의 이익률을 보장해 준다. 또한 메이난에서 실시하는 교육과 사원여행, 각종 행사에 협력업체 직원들도 참여할 수 있게 한다. 조직에서 일하는 직원들은 자신들이 믿고 따를 만한 사장과 임원들과 함께 일할 권리가 있다. 이에 부응하기 위해 메이난 주주총회는 1주당 1표가 아닌 1인 1표로써 사장과 임원의 신임을 묻는다. 주총에서 사장과 임원이 직원들에 의해 해임될 수도 있으며 20대 임원이 탄생할 수도 있다.

메이난의 직원들은 경영자가 제공하는 환경에서 혁신을 일상적으로 수행한다. 하세가와 사장은 기계를 만드는 제조기업으로서 메이난이 살아남을 수 있는 방법은 기술 개발뿐이라고 생각하였다.

전 사원을 개발엔지니어로 만들겠다는 신념으로 매주 월요일 아침 8시부터 12시까지 전화 받는 직원 1명만 빼고 물리 교육을 듣게 했다. 교육은 참여하는 직원 모두가 일일 강사가 되어 자신이 준비해온 주제를 발표하고 질의응답을 하는 것으로 이루어진다. 창업 초기부터 이루어진 이 교육이 시작될 무렵, 직원 대부분은 중졸 또는 고졸이었다. 그럼에도 리더로부터 인간적으로 대접 받는다고 느낀 직원들은 적극적으로 참여했고 그 결과 지금 메이난 직원들의 물리 실력은 도쿄대 물리학과 학생들보다 높다고 한다. 이 교육의 이름은 메이난 물리 연구회이다. 지금도 계속 이어지고 있으며 협력업체 직원들도 자발적으로 참여하고 거래 은행 직원에다 심지어 근처 공과대학교 학생들도 참여한다. 직원들은 주로 회사 제품 개발, 성능 향상과 관련된 주제를 선정해 온다. V벨트와 평벨트의 장력 차이, 선반에 의한 절삭 가열, 주철과 강철의 차이점 등이 주제가 된다. 이런 메이난을 보고 다른 회사 사람들은, 가장 바쁜 월요일 오전을 통째로 교육으로 보내는 데다 명령도 없고 지시도 없는 조직에서 어떻게 납기는 지켜내고 신제품은 또 어떻게 개발하는지 궁금해한다. 그런데 메이난 직원들은 성취 본능이 있는 인간이 존중받을 때 얼마나 무서운지 보여 준다.

공장이 바쁘면 사무직 직원이 알아서 작업복으로 갈아입고 일한다. 영업이라는 직무가 정해져 있는 사람은 영업사원이기는 하지만 재고조사로 자재직원이 바쁘면 알아서 도와준다. 마치 한 가족이 식당을 운영하면서 서빙 하던 아들이 주방에 가서 바쁜 어머니를 도와주고 밖에서 숯불 피우던 아버지가 들어와 알아서 주문을 받는 모습과 흡사하다.

메이난은 개발회의를 수시로 한다. 그런데 참석 대상이 지정되지 않는다. 회의가 있다는 방송이 있으면 관련 있다 생각하는 사람, 관심 있는 사람은 알아서 참석한다. 이런 자발성과 물리 교육의 결과로 메이난은 직원 한 명당 10건의 특허를 보유하고 있다.

제조 기업이 지속적으로 성장하기 위해서는 제품 라이프 사이클 상에 도입기, 성장기, 성숙기 제품을 다양하게 보유하고 있어야 한다. 그러기 위해서는 꾸준한 기술 개발로 신제품이 계속 투입되어야 한다. 물리 교육과 전 직원의 엔지니어화로 인해 메이난은 신제품이 끊이지 않는다. 공동체 의식을 느낀 협력업체 직원들도 납기를 어기는 법이 없고 불량을 최소화 하려고 노력한다. 덕분에 메이난은 창업 후 매출이 계속해서 오르고 있으며 차입금은 제로다. 세계 전체가 불황이었던 1970년대 초반 오일 쇼크 때 사내 유보금만으로 신사옥을 지었을 정도다. 이때도 하세가와 사장은 직원들이 일을 편하게 할 수 있는 건물 구조를 위해 건축 설계를 직원들에게 맡겼을 정도다.

이런 것이 바로 일상화된 혁신의 모습이다. 파괴적 혁신이라는 용어로 유명한 『How will you live your life?』의 저자 하버드경영대학원의 클레이튼 M 크리스텐슨 교수는 혁신에 성공하고 시장을 평정한 기업의 번영이 왜 오래 못 가는가에 대한 질문에 이렇게 답한다.

"한 번의 혁신으로 시장을 장악한 기업은 자신의 위치를 유지하기 위해 새로운 혁신을 행하기보다 기존 제품을 개선하는 데 주력한다. 이때 어딘가 차고에서 뚝딱 뚝딱 신제품을 만들어 등장한 새로운 혁신기업에게 그 자리를 내주고 마는 것이다. 혁신은 한번으로 끝나는 것이 아니라 기존 제품을 계속 파괴해 가는 것이다"

어디서 들어본 얘기가 아닌가? 메이난이 이미 행하고 있는 모습이다. 물리학으로 무장하고 자율이라는 날개를 단 직원들이 끊임없이 제품을 개발하고 있는 메이난이야말로 판을 뒤집는 혁신이 아닌 일상적인 혁신을 행하는 기업인 것이다.

3장 업무력② _ 대인관계력

“결국 이해할 수 없는
사람들은 없다.”

인간은 합리적이지 않다

상사, 그들은 누구인가?

부하직원, 어떻게 리드할까?

의사소통 메커니즘, 결국엔 이해해야 한다

인간은 합리적이지 않다

구글 비디오(Google Video), 아이 구글(iGoogle), 구글 노트북(Google Notebook), 놀(Knol), 구글 버즈(Google Buzz)는 지메일(Gmail), 구글 지도(Google Maps), 구글 어스(Google Earth), 유튜브 인수 등 구글의 성공 뒤에 숨겨진 실패작들이다. 구글은 이러한 실패작을 애써 숨기려 하지 않는다. 도리어 성공을 위한 그들의 시행착오였을 뿐이라고 말한다(『미타니 고지의 경영전략 논쟁사』, p367).

소비자의 욕구가 변화무쌍해진 현대 사회에서 제품을 시장에 내보낼 때마다 성공하기란 불가능한 일이다. 그러니 하나의 제품에 회사의 모든 역량을 거는 것은 위험 부담이 몹시 크다.

이걸 두고 일부 경영학자는 작은 실패의 반복으로부터 성공하라는 거창한 말도 했지만 그걸 모르는 사람이 있을까? 기업의 모든 경영자도 알고 직원들도 안다. 많이 시도하고 빠르게 실패하고 피드백하여 새롭게 도전하라고. 알면서도 그 반복의 과정을 잘하지 않는다. 실패가 두려워 괜히 긁어서 부스럼 내는 일은 하지 않겠다는 것이다. 이해는 가지만 합리적인 행동이라고는 말하기는 어렵다.

이를 심리학 용어로 '부작위 편향(不作爲偏向, Omission Bias)'이라고 한다. 마땅히 해야 할 것을 일부러 하지 않는 것을 의미한다. 가만히 있으면 중간은 갈 것을 괜히 모험해서, 회사 자원을 낭비했다는 비난을 듣기 싫기 때문이다. 어지간한 중역이 되어도 '내가 책임질 테니 마음껏 해 봐!' 하고 말하긴 쉽지 않다. 함부로 비난할 수도 없는 일이다.

인간은 제한적으로만 합리적이다

인간은 이론상으로는 어떤 문제가 발생했을 때, 파악할 수 있는 모든 정보를 확인하고 적용 가능한 모든 대안을 도출하여 그중에서 자신에게 가장 유리한 것을 선택한다. 그래서 인간을 합리적 동물이라고 말한다. 그런데 정말 그런가?

우리는 항상 우리에게 유리한 것만을 택할까? 그렇다면 로또에 당첨될 확률이 벼락을 두 번 연속으로 맞을 확률과 같다는데 사람들은 그 돈 버리는 일을 왜 할까? 유명한 사례가 있다.

어떤 사람이 A라는 사람에게 10만 원을 주면서 B와 나눠 가지라고 말했다. 나누는 비율은 A가 정하며 B는 수용할지 말지만 선택할 수 있다. 단 B가 수용하지 않으면 10만 원은 원래의 주인에게 돌려주어야 한다. A가 9만 원은 자신이 갖고 B에게는 1만 원만 주었다면 B는 어떻게 할까? 인간이 합리적이라면 자신의 최대 이익을 추구하여 행동하는 것이 맞으므로 B는 수용해야 한다. 그런데 당신이라면 어떻게 하겠는가? '고작 1만 원? 내가 못 먹었으면 못 먹었지 네가 잘되는 꼴도 못 보겠다.' 하고 거부할 것이다. 실제 실험 결과에서도 B의 경우 자신의 몫이 최소한 20%가 되지 않는다면 거의 대부분이 거부하는 것으로 나타났다. 인간이 합리적인 것이 아니라 때로는 제한된 이기심을 갖는다는 것이다.

이와 같이 안 될 줄 알면서도 로또를 사는 푼돈을 버리는 행위, 제한된 이기심, 다이어트를 내일로 미루는 행위와 같이 인간의 합리성을 벗어난 행위를 '제한된 합리성'이라고 한다.

완전하게 합리적인 존재가 아니라 제한적으로만 합리적인 존재라는 것이다. 인간은 복잡한 문제에 봉착했을 때 최선의 해법을 도출하기 위해 모든 정보를 검토하고 절제된 이성으로 대안을 선택하기 몹시 힘든 존재다. 정보를 다 수집하고 검토하기도 힘들뿐더러 감정적으로도 불완전한 존재이기 때문이다. 따라서 최적해(最適解)를 찾기보다 상황에 따라 이만하면 됐다는 만족해(滿足解)를 찾는다.

그렇다면 이제 생각해 보자. 내가 경영자로서 또는 상사로서 우리 구성원들이 제한적으로 합리적일 수밖에 없도록 조장한 것은 없는지. 내가 조직원으로서 작위적이든 부작위적이든 합리적이지 못한 결정을 내린 적은 없는지 말이다. 최적의 의사 결정 대안을 도출하기 위해 더 많은 정보를 수집할 수 있었음에도 이쯤이면 되겠지 하고 적당히 타협한 적이나 타부서 또는 팀 내 동료와의 경쟁에서 제한적 이기심을 발동한 적은 없는지 말이다.

조직에서 존재하는 대표적 제한된 합리성 사례를 꼽으면 다음을 들

수 있다. 바로 접근 회피 갈등을 조장하는 상사다.

좁다란 통로 끝에 전기충격기와 소시지를 함께 두고 쥐를 풀어 놓는다. 쥐는 소시지가 먹고 싶기도 하고 다가가면 목숨을 잃을 것 같기도 해서 갈등한다. 오도 가도 못 하고 통로의 중간쯤에 갇히고 만다.

조직에서 상사는 부하 직원에게 혁신을 위해서 도전적인 직원이 되라고 말한다. 그래놓고 구성원이 새로운 시도를 하다가 예산을 많이 쓰거나 실적 없이 시간을 보내면 인사 평가에서 좋은 점수를 주지 않는다. 직원들은 더 이상 도전하지 않는다. 부작위 편향이 발동한다. 도전하지 않는 것이 낫기 때문이다.

접근 회피 갈등을 유발하는 상사는 곧 직원의 제한된 합리성을 부추기는 것과 같다. 아니 어쩌면 도전하지 않는 게 합리적이라고 생각하게 만드는 것일지도 모른다.

직원들 중에 제한된 합리성을 보이는 사례는 딱 요기까지만 일하는 사람을 들 수 있다.

회사에서 실적을 내고 자기계발을 통해 전문가가 되는 것은 결과적으로 자신을 위한 것이다. 그런데 누구 좋으라고 회사에 충성하느냐는 말로 자신의 제한된 합리성을 방어한다.

『마흔세 살에 다시 시작하다』에서 구본형은 조직이 원하는 직원의 조건으로 다음을 이야기한다.

첫째, 자신의 일에서 분명한 목소리를 내는 전문가다.

둘째, 편향되지 않은 인적 네트워크를 가진 사람이다.

셋째, 늘 학습하여 과거의 자신과 경쟁하는 사람이다.

넷째, 세상의 흐름을 대략이라도 알기 위해 노력하는 사람이다.

제한된 합리성을 가져서는 이 네 가지에 절대 부합할 수 없다. 네 가지 모두 감동적으로 읽히는 요건들이지만 우리 모두 알고 있는 내용이지 않은가? 그런데 저렇게 직장생활하고 있다고 자신 있게 말할 수 있는 사람은 사실 별로 없다.

역시 구본형의 말을 빌리자면, 위대한 하루 없이는 위대한 인생도 없건만 많은 사람이 하루하루를 마치 잃어도 아까울 것 없는 푼돈처럼 낭비하고 있는 것이다.

조직이 최적의 해법을 실행하는 곳이 되기 위해서는 직원이 제한된 합리성에 빠지지 않도록 환경을 조성함과 동시에 직원도 그에 부응해야만 할 것이다. 다시 한 번 말하지만 조직에서의 합리성이란 나와 조직이 동시에 발전할 수 있는 최적해를 수행하는 것을 뜻한다. 만족해는 합리성과 거리가 멀다는 것을 알기 바란다. 나는 합리적인가?

상사, 그들은 누구인가?

나는 회사생활을 하면서 여러 명의 상사를 만났다. 상사를 여러 명 겪을 수 있었던 건, 내가 회사와 팀을 여러 번 옮겼기 때문이기도 하고 그들의 자리 이동 때문이기도 했다.

여기서 상사라 함은 대등한 업무를 수행하는 선임이 아닌 내가 속한 팀의 성과를 책임지는 팀장을 말한다. 상사를 대하는 법의 내용을 다룸에 있어서 팀장을 상사로 국한하는 이유는 그들이 인사 평가자이면서 목표를 공유하는 사람들이기 때문이다. 인사평가자라는 것은 내가 신뢰를 주어야 할 대상이라는 뜻이고, 목표를 공유하는 사람이라는 것은 그들이 업무수행을 위해 협력해야 할 대상이라는 뜻이다.

따라서 상사를 대하는 법의 초점은 그들과 어떻게 인간적 신뢰를 구축할 것인가와 어떻게 함께 목표를 달성할 것인가에 맞춰져야 한다.

나에겐 두드러진 세 유형의 상사가 있었다.

① 인간적인데다가 능력과 의욕 넘치는 상사

첫 번째 상사는 내가 신입사원일 때 만났다. 그 부장님은 자신이 입사해서부터 그때 내가 속했던 그 부서에서 쭉 일하고 승진해 왔기 때문에 업무에 능숙했다. 내가 일하다가 실수를 하면 어떤 이유로 실수했는지 다 알고 있을 정도로 업무 전체를 꿰뚫고 있었다. 타부서와 대립할 때는 무서울 때도 있었지만 원래 착한 성품이라서 팀원들에게는 몹시 관대했다. 한 가지 단점이 있다면 일에 대한 의욕이 넘치다 보니 팀원들에게 두서없이 과제를 던지는 경우가 많았다.

실무자 입장에서는 그 업무가 해도 안 되는 것이 빤한데 일단 해보라니 업무량만 쌓여갔다. 가끔은 지난번에 자신이 시킨 일조차 잊어버리고 그 일이 완료되지 않았는데 새로운 일을 얹어 주는 경우도 있었다. 그 사람과 오래 일하지는 못했지만 안 좋았던 기억보다는 좋았던 기억이 더 많다. 내가 만약 그 시절로 돌아간다면 부장님이 막 던지는 업무라도 좀 더 적극적으로 임해보고 싶다. 부장님이 회사에서 열심히 일하고 능력이 있는 것으로 소문이 나 있었으므로 그가 지시하고 허락한 일은 자원을 마음껏 투입할 수 있었고 다른 팀의 협조도도 높았다. 또한 자신이 지시한 일에 대한 책임을 회피한 적이 없었다. 따라서 나는 책임에 대한 부담보다는 위임받은 권한을 누리는 이점이 더 많았으므로 업무 역량을 키우고 경험을 쌓을 수 있는 기회가 많이 생기게 되는 것이다. 능력 있고 책임감 강한 상사를 적극적으로 활용하지 못한 것이 아쉽다. 그 부장님을 통해서 내가 얻은 상사를 대하는 방법 첫 번째는, '상사가 가진 권한을 최대한 이용하라는 것'이다. 상사는 권한과 경험을 가진 사람이다. 경험과 의욕 있는 상사가 믿어 줄 때 마음껏 일을 저질러 보지 못한 것이 후회가 된다. 그 의욕에 부합하는 것이 결국 그 사람과 신뢰를 쌓는 길이고 나의 역량을 키울 수 있는 길이었던 것이다.

② 무능해도 상사는 상사다

두 번째 상사는 줄곧 타부서에 있다가 실수가 좀 있어서 발령받아 온 사람이었다. 일종의 문책성이었다. 겪어 보니 왜 왔는지 알 수 있었다. 원래 부장쯤 되면 한두 달 지나면 업무를 파악하게 된다. 패턴 인식 능력이 있는 것이다. 세부적인 부분의 문제 해결은 못하더라도 해법을 위해 어떤 권한이 필요한지 알고 그 부서의 구성원을 잘 리드하는 것이다. 그런데 이 상사는 우리 팀의 업무를 원래부터 몰랐을 뿐만 아니라 알려고도 들지 않았다. 부서원을 동반하지 않고는 팀장 회의 참석이 불가능할 정도로 말이다. 몇 달이 지나도 부장님은 새로운 업무에 적응하지 못했고 결국 모든 걸 팀원에게 맡기고 마는 상황이 되었다.

그때 그 상황에서 내가 실수한 것은, 무능해도 그가 내 상사임을 망각한 것이다.

나는 사소한 일은 보고 없이 처리하는 경우가 잦아졌다. 보고해 봤자 그대로 하라고 할 게 뻔했기 때문이다. 그런데 이런 일이 잦아지자 부장님이 꼭 알아야 할 일을 모르고 있는 상황에서 문제가 발생해 버린 것이다. 부장님은 팀장회의나 간부회의에서 자기 팀 일을 남의 팀 사람에게 듣는 경우가 발생했다.

그런 일은 부장님의 자존심을 건드렸고 결국 나는 스스로 힘든 상황을 만들고 말았다. 앞으로는 아무리 사소한 일이라도 일일이 다 보고하고 확인받으라는 것이었다.

내가 이때 경험한 것으로 말할 수 있는, 상사를 대하는 법 두 번째는, '무능할지언정 상사는 내가 속한 부서의 리더이고 인사권자이므로 절대 무시해서는 안 된다는 것'이다.

직장생활을 하다 보면 무능한 상사를 만날 수도 있다. 사람은 자신의 가장 무능한 단계까지 승진한다는 피터의 원리에 걸려 있는 사람일 수도 있기 때문이다. 이럴 경우에도 나의 회사생활은 계속되어야 한다. 이때 필요한 것은 이 상사와 함께 어떻게 목표를 달성할 것인지 고민하는 것이다. 상사도 자신이 무능하다는 것을 안다. 그럴수록 부하 직원에게 더 의지하게 되고 자신은 세세하게 간섭하는 사람이 아니라 권한을 위임하는 사람이라고 스스로를 위로하게 된다. 이 상황에서 부하직원이 상사를 건너뛰고 월권하게 되면 역린을 건드리게 되고 조직 또한 목표를 달성할 수 없게 된다.

피터 드러커는 그의 저서 『자기 경영노트』에서 상사를 대하는 방법으로 크게 두 가지를 언급한다. 상사를 과소평가하지 말 것과 상사의 강점을 활용해 목표를 달성하라는 것이다. 상사를 과대평가하는 것의 결과는 실망 정도에 그칠 뿐이지만 과소평가의 결과는 보복이라는 것이다.

상사의 강점 활용 부분에 대해서는 다음과 같이 언급한다.

'나의 상사가 정말 잘할 수 있는 것은 무엇인가? 그가 지금까지 잘해 오고 있는 것은 무엇인가? 그가 자신의 강점을 활용하기 위해 알아야 할 것은 무엇인가? 그가 성과를 올리도록 하기 위해 내가 도와줄 일은 무엇인가? 목표를 달성하는 사람은 상사가 할 수 없는 것에 대해서는 고민하지 않는다.'

상사는 나와 목표를 공유하는 사람이며 그 자리에 결코 공짜로 오른 게 아니다. 그만의 비법 하나는 있다. 무능할지언정 인간으로서 자존심은 있다. 그때의 나를 만날 수 있다면 상사를 과소평가하지 말고 단점보다 강점에 주목하라고 말해주고 싶다.

그래서 그와 함께 목표를 달성하라고 말이다.

③ 능력은 있어도 진취적이지 못한 상사

내가 만난 마지막 팀장님은 자유방임형이었다. 타부서에서 온 부장님은 그 부서에서 오래 근무했고 능력도 인정받았고 조직 내 인간관계도 좋았다. 그런데 함께 일해 보니 새로운 부서에서 낯선 업무를 맡아서인지 상당히 보수적이었다. 새로운 목표에 도전하기보다 연초에 수립한 목표를 달성하는 것에 만족하는 분이었다. 게다가 원래 부하 직원에게 믿고 맡기는 스타일이라 가끔씩 업무 진행 상황만 확인할 뿐 자유롭게 내버려 두었다.

나는 부장님이 게으르다 해도 능력이 있는 분이라는 걸 알고 있었기 때문에 그의 존재를 무시할 수는 없었다. 업무보고를 충실히 했고 문제가 발생했을 때 숨기기보다 적극적으로 도움을 청했다. 그는 기대대로 방향을 제시하면서 자신의 책임을 다했다. 평화의 시절이었다. 일은 목표에서 벗어나지 않았고 나도 스트레스 없이 일할 수 있었다.

그런데 지금 돌아보면 그때는 몰랐지만 그런 팀장님을 따라서 나 자신도 보수화되었다는 것이다. 능력은 있지만 게으른, 타부서에서 온 팀장님은 나에게도 진취성을 요구하지 않았고 큰 방향은 제시해 줄 수 있어도 세세한 업무 코칭은 불가능했다. 그런 그 앞에서 나도 굳이 새로운 일을 만들 필요가 없었다.

그런데 그때 삼십대에 불과한 나는 미래를 위해서라도 더 많은 도전과 실패로 인한 경험이 필요했다. 그럼에도 내가 마치 회사생활 다한 사람처럼 안정을 추구했던 것이다.

비록 부장님은 내 업무의 세부적인 것까지는 몰랐지만 능력 있고 책임감 또한 있는 분이었기에 내가 좀 더 주도적으로 업무 혁신을 기했어야 했다. 그랬다면 부장님은 나에게 자율과 함께 피드백을 주었을 것이다. 그때 만약 내가 일을 더 많이 벌였더라면 지금 이 책에 쓸거리가 더 많지 않겠는가?

회사생활을 하면서 능력이 있어서 피드백은 가능하지만 게을러서 일일이 간섭하지 않는 상사를 만나기란 쉽지 않다. 흔히 말하는 멍부(멍청하고 부지런한 상사), 멍게(멍청하고 게으른 상사), 똑부(똑똑하고 부지런한 상사), 똑게(똑똑하고 게으른 상사) 중에 똑게 상사다. 자유롭고 안전한 방패막 아래서 상사의 강점을 좀 더 활용하지 못한 게 아쉽다.

그 부장님을 통해서 내가 얻은 상사를 대하는 방법 세 번째는, '상사의 성향에 동화되지 마라. 상사는 나와 같은 팀에 있고 목표를 공유하기는 하지만 결국에 그가 가야 할 길과 나의 길은 다르다'라는 것이다. 상사의 특성을 잘 파악하고 그에게서 내가 얻을 수 있는 것을 끌어내어 나의 자산을 만들어 가라.

게으른 부장님 아래서 함께 게을렀던 나를 반성한다.

부하직원, 어떻게 리드할까?

『서번트 리더십 원전』의 저자 그린리프는 헤르만 헤세의 소설 『동방순례』의 주인공을 통해 '서번트 리더십'의 개념을 이렇게 설명한다.

"지도자로서의 서번트라는 개념은 동방순례를 읽으면서 불현듯 떠오른 생각이었다. 이 소설은 신비로운 순례길에 나선 여행단의 이야기다. 어쩌면 헤세 자신이 직접 여행한 것을 그린 것일지도 모른다. 주인공 레오는 여행단의 잡일을 도맡아 처리하는 서번트로서 여행단의 일원이 되지만 여행단이 지치고 힘들어할 때에는 노래를 불러 활기를 불어 넣어준다. 그는 평범한 존재가 아니었다. 덕분에 여행길은 순조로웠다. 그러나 레오가 사라지면서 여행단은 혼란에 빠지고 결국 여행 자체를 포기하기에 이른다. 여행단의 일원이자 이 소설의 화자는 몇 년을 방랑한 끝에 마침내 레오를 만나고 그 여행단을 후원한 교단을 찾게 된다. 그는 그때 비로소 서번트로만 알던 레오가 실제로는 그 교단의 우두머리

이자 정신적 지도자라는 것을 알게 된다. 위대한 리더는 처음에는 서번트처럼 보인다. 이 간단한 사실이 리더를 진정으로 위대하게 만든다. 레오는 처음부터 리더였지만 기본적으로 서번트였기 때문에 얼핏 보아서는 서번트처럼 보였던 것이다. 지도자로서 자질은 선천적으로 서번트적 기질이 있는 사람에게만 주어진다. 리더인 레오는 처음에는 서번트였던 것이다."

그린리프의 설명에서 알 수 있듯이 순례단의 지도자였던 레오는 자신의 존재는 부각하지 않은 채 먼저 헌신했다. 그의 행동은 구성원들의 잠재력을 끌어내고 목표를 달성하게 한다.

리더십이란 조직에서 구성원이 목표를 향해 움직이도록 영향력을 행사하는 행위이다. 그렇다면 레오의 행위란 곧 헌신이다. 이상적인 리더십임는 틀림없지만 복잡한 경영환경 아래에서 구성원들의 역량을 끌어내야 하는 현대 조직에서 헌신만을 이야기하는 것은 설득력이 부족하다. 가정에서 부모가, 혹은 민중 앞에서 지도자가 감정적 동화를 끌어내어 행동을 유도하기에는 리더의 헌신이 유용하지만 기업의 리더에게는 좀 더 구체적인 리더십 원칙이 필요한 것이다.

리더십의 네 가지 조건

리더십에 대한 답을 찾기 위해 리더십 개념을 분해해 보자. 조직의 목표는 현재 경영환경에서 생존하면서도 미래를 위해 꾸준히 발전하는 것이다. 현재와 미래를 모두 감안한 리더십이 필요한 것이다. 먼저 기업의 현재를 위해서는 구성원이 성과 목표를 달성하도록 하는 것이 리더십의 핵심이 되어야 한다.

어떻게 하면 구성원이 목표 달성을 위해 움직일까? 목표가 명확히 눈에 보일 때, 내가 노력한 만큼 공정한 보상이 있을 때, 나의 존재와 능력을 인정해줄 때이다. 그리고 기업의 미래를 위해서 리더는 무엇을 해야 할까? 바로 구성원이 새로운 리더로 성장할 수 있도록 돕는 것이다.

위에서 나온 리더의 조건 네 가지를 요약하면 다음과 같다.

리더십의 조건①: **목표의 제시**

첫 번째 리더의 조건은 명확한 목표의 제시다. 나는 회사 다닐 때 한 번도 사장님의 육성으로 우리 회사의 비전과 단기 목표에 대해 들은 적이 없다. 믿기지 않겠지만 사실이다. 하지만 어디선가는 봤다. 회사 홈페이지와 연초 기획팀으로부터 내려오는 회사 경영방침에서였다. 단지 화면과 종이에서만 본 것이다. 이런 상황에서 조직 구성원은 무엇을 이정표 삼아 일을 하는가? 목표를 눈으로 보긴 했지만 마음으로부터 열정이 일어날까? 절대 아니다.

케네디 대통령의 "1960년대가 끝나기 전에 달에 사람을 보내겠다."는 말은 대표적인 리더의 목표 제시 사례다. 콜럼버스의 "동쪽으로 가는 것보다 더 빨리 인도에 도착하겠다."라는 확신은, 원래 동쪽으로 가던 배들과는 반대 방향으로 가는 가운데서도 선원들을 두려움으로부터 버티게 했다. 등산을 할 때 땅만 보며 걷는 사람과 가끔씩 고개를 들어 정상을 확인하고 걷는 사람이 어떻게 발걸음의 무게가 같을 수 있겠는가? 리더가 목표를 제시하는 것은 이정표를 제시하는 시각적 효과뿐만 아니라 '우리 리더는 뭔가 확신이 있구나." 하는 신뢰를 심어 준다.

16강 진출 후 히딩크가 "나는 아직 배가 고프다"라고 말하며 8강전에서 만날 스페인의 경기를 참관한 것은 선수들에게 엄청난 믿음을 심어 주었다. 히딩크의 말과 행동은 리더의 목표 제시와 확신을 이야기할 때 자주 언급되는 이야기다. 경영학에서는 로크의 목표설정 이론이라는 연구 결과를 통해 도전적이고 구체적인 목표가 성과를 높인다고 오래전부터 주장해오고 있다.

자신이 리더라면 목표를 명확히 제시하고 그 목표가 실현 가능한 것임을 구성원에게 인지시켜줘야 한다.

리더십의 조건②: **공정한 보상**

두 번째는 공정한 보상과 투명성이다. 조직은 내가 일을 통해 성취를 얻는 곳이면서 내 삶의 근본이 되는 소득을 얻는 곳이다.

내가 노력한 만큼 얻는 것이 없다면 누가 목표를 향해 움직일까? 내가 얻은 보상이 공정한 과정을 통해 책정되었다는 신뢰가 없는데 누가 지속적으로 헌신하겠는가? 리더는 회삿돈을 많이 쓰면서 구성원에게만 원가 절감하라고 하면 일할 맛이 나겠는가?

내가 회사 다닐 때 팀장 이상의 직급이 되면 업무 추진비라는 돈이 월급 외에 별도로 나왔다. 그렇다면 그 돈은 업무를 추진하는 데 써야 맞지 않을까? 하지만 대부분의 팀장이나 중역은 그 돈이 마치 자기 개인의 복리후생비라고 생각하고 썼다. 당연히 부하직원들은 말은 못 해도 곱지 않은 시선으로 그들을 바라봤다. 이런 상황에서 팀장의 업무지시를 납득하겠는가?

그런 의미에서 나는 나의 A부장님께 감사드린다. 그는 업무 추진비를 정말 업무를 추진하면서 썼다. 가끔은 부하 직원들이 거래처 사람들과 식사를 한 영수증도 그것으로 처리해줬다. 나는 그를 위해 일하고 싶었다. 인간이라면 그런 마음이 들지 않겠는가?

고어텍스로 유명한 고어 앤 어소시에이츠가 등산복 원단에서 우주복까지, 기타 줄에서 수술용 실까지 다양한 제품을 만들면서도 세계 최고의 품질을 끌어낼 수 있는 이유는 합리적인 보상과 투명성 때문이다. 고어는 수직적 조직 구조가 아닌 수평적 창살 구조를 통해 조직의 모든 정보를 공유한다. 인사 평가는 한 명의 상사가 독단적으로 하는 것이 아니라 20명의 동료들로부터 수집한 자료를 기초로 한다. 보상은 연공서열이 아니라 기여한 정도에 따라 결정한다. 동료 간의 지나친 경쟁을 막고 협력을 유도하기 위해 근무 년 수에 따라 주식이 지급되고 이것은 노후 걱정을 덜어 준다. 이것이 바로 창립자 고어의 리더십이다.

회사가 나에게 돈을 조금 준다고 화나는 게 아니라 나보다 일 덜한 사람이 더 많이 가져갈 때 화가 나는 것이다. 일한 만큼 보상해라. 투명하게.

리더십의 조건③: **존중과 인정**

리더의 세 번째 조건은 구성원에 대한 존중과 인정이다. 인정이란 인간은 자신을 믿어 주고 마음껏 일할 수 있는 환경을 제공하면 성과를 낼 수 있다는 믿음에서 출발한다. 실존주의 철학자 사르트르의 주장에 충실한 믿음이다.

사르트르가 말하길 칼이나 연필과 같은 물건은 존재하기 전부터 그들의 본질이 정해져 있다고 했다. 어떤 사람이라도 칼이란 걸 만들고 나서 너는 날카로우니까 종이를 자르는 일을 해라. 연필이란 걸 만들고 나서 너는 종이에 선이 그어지는 흑연을 품고 있으니 글씨 쓰는 일을 하라고 하지 않는다는 것이다. 본질을 규정해 놓고 만드니 그와 같은 물건은 자신의 본질을 스스로 바꿀 수 없다. 그러나 인간은 그렇지 않다.

태어나면서 규정된 본질은 없다. 일단 세상에 던져진다. 의지로 태어난 사람은 없다. 그런데 태어나 보니 딱히 정해진 역할이 없다. 왜 사느냐가 아니라 어떻게 살아야 할 것이냐고 물어야 하는 이유다. 정해진 본질이 없으므로 우리의 본질을 우리가 채워 가야 한다. 따라서 인간의 성취욕은 본능이다. 이러한 성취욕을 인정하는 것이 바로 믿음의 리더십인 것이다.

『선착순 채용으로 세계 최고 기업을 만들다』를 쓴 쥬켄공업의 사장 마츠우라 모토오의 이야기를 통해 인간을 믿는다는 것이 어떤 의미인지 살펴보자.

쥬켄공업은 직경 0.149mm, 무게 0.000001g의 세계에서 가장 작고 가벼운 기어를 만드는 첨단 회사이다. 일본에 본사를 두고 한국, 대만, 싱가포르, 중국, 태국, 말레이시아, 인도에 자회사와 공장을 두고 있다. 쥬켄의 마츠우라 사장은 회사는 직원에게 매일 정해진 날에 월급이 나온다는 안심과 고용이 보장된다는 희망을 주어야 한다고 믿는다. 그런 안심과 희망 위에서 인간적 경영 환경과 마음껏 일할 수 있는 기회가 제공된다면 학력, 성별, 인종에 관계없이 성과를 낼 수 있다는 것이 그의 경영철학이다. 따라서 쥬켄의 채용 과정은 무시험, 국적, 성별, 학력 불문이며 이력서를 가져오는 선착순으로 이루어진다. 첫 월급은 학력에 상관없이 나이에 따라 정해진다. 주5일 근무에 하루 일하는 시간은 7시간이다. 출퇴근 체크도 하지 않으며 출장은 필요하면 알아서 간다. 출장보고서는 전화, 구두보고, 또는 간단한 메일로 하면 된다. 그는 왜 이렇게 회사를 운영하는 걸까?

선착순으로 뽑는 이유는 우리 회사를 선택해준 것만으로도 고맙기 때문이다. 성별, 학력, 국적 구분 없이 선발하는 이유는 그래야 회사가 다양성과 창의성으로 가득 차기 때문이다. 지원자들을 하나의 필터로 거르면 그저 평균적인 집단이 되고 만다. 출근부를 기록하지 않고 출장 보고도 별도 양식으로 하지 않는 것은 불필요한 규칙은 생산성을 떨어뜨린다고 믿기 때문이다. 임원회의는 없다. 임원회의가 있게 되면 조직 정보를 임원만 공유하게 된다. 대신 전 직원이 참여하는 경영회의가 있다. 물론 참석은 자유다. 중간에 들어왔다가 끝나기 전에 나가도 된다.

그렇다면 이렇게 다양성을 가진 직원들을 어떻게 마음껏 능력을 발휘하게 할까? 쥬켄은 첨단 기술을 무기로 하는 회사다. 남들보다 높은 기술과 품질이 요구된다. 이를 위해서 연구 개발 부서 사람만 개발자가 되어서는 안 된다. 전 직원이 개발자인 것이다. 다음은 쥬켄의 제품 개발 매뉴얼이다.

1. 개발 계획서는 쓰지 않는다. 목적은 신기술 개발이다. 아이디어가 떠오르면 시작하고, 시작하면 될 때까지 한다. 점심을 먹으면서 나누던 이야기가 그대로 개발 계획과 개발 행동으로 발전한다.
2. 개발 책임자는 따로 없다. 아이디어를 내면 책임자가 된다.
3. 개발 방향은 수시로 바뀌어도 좋다. 잠수함을 계획했는데 만들다 보니 비행기가 되어도 상관없다.
4. 예산은 무계획, 돈 떨어질 때까지 한다.

보았다시피 다른 회사는 도저히 생각하기도 힘든 개발 매뉴얼이다. 인사 발령은 더 심하다. 경영회의에 참석한 여직원이 "여자직원도 현장 기술직으로 보내주세요"라고 요구한 일이 있었다. 당시 일본은 아직도, 여직원은 사무직이라는 의식이 강하던 때였다. 사장은 대답한다. 회의 중에 즉시 "오케이, 바로 발령을 내지요." 발령은 즉시 났다. 공부를 위해 휴직을 한다고 해도 즉시 허락한다. "뉴욕에 가서 반년 정도 영어 공부하고 싶습니다." "다녀오게. 대신 돌아올 때 트럼본 연주자 그린비의 CD 좀 사다주게." 어학연수 휴직이다.

리더가 갖추어야 할 중요한 덕목인 존중과 인정을 마츠우라 사장은 한마디로 이렇게 표현한다.

"사람이란 어디에 어떤 재능을 감추고 있는지 모르는 존재다. 나의 역할은 그들이 기회와 동기를 가질 수 있도록 환경을 제공해 주는 것이다."

리더십의 조건④: **새로운 리더의 양성**

리더의 네 번째 조건은 새로운 리더의 양성이다. 그린리프는 『서번트 리더십 원전』에서 리더의 덕목 중에 하나로 '구성원들이 점점 리더로 변해 가는가?"를 제시했다. 진정한 리더는 그가 없을 때도 조직이 운영될 수 있도록 인재를 양성해야 하는 것이다. 그렇다면 리딩을 받던 사람이 점점 이끌어 가는 사람으로 변하기 위해서는 무엇이 제공되어야 할까'?

내가 회사 다닐 때 전산 팀 소속으로 생산 설비의 컴퓨터 수치 제어 프로그램을 설계하고 그 프로그램이 고장 났을 때 수정도 잘하는 B과장이 있었다. 회사의 현장에 있는 거의 모든 장비가 수치 제어 장비이고 제품이 다 그 기계들에서 만들어지므로 프로그래밍 기술은 몹시 중요한 지식이었다. 그 역시 회사의 소중한 자산이었던 것이다. 그런데 그 일은 누가 봐도 과장이나 대리 정도의 직위에서 수행할 일이었다. 그런데 B과장은 자신이 차장으로 승진하면서도 프로그래밍 기술을 부하 직원에게 가르쳐 주지 않았다. 회사 내에서 자신의 존재감을 계속 유지하기 위해서였다. 차장이나 된 사람이 장비 고장 났다고 라인 현장에 내려와서 프로그램을 수정하는 모습이란 안쓰러워 보이기까지 했다. 만약 그가 부하직원인 대리에게 기술을 전수하고 자신은 차장에 맞는 직무를 수행하기 위해 보다 더 상위의 지식을 습득하려는 노력을 했었더라면 어땠을까? 회사 입장에서는 프로그래밍 기술자를 두 명 보유하는 것이 되며 새로운 지식을 습득한 전산 팀 차장을 갖게 되는 것이다.

그는 결국 더 이상 승진하지 못했다. 상위의 직무를 수행할 능력이 없었기 때문이다. B차장의 부하직원도 더 이상 성장하지 못했다. 그 부하직원도 자신의 운명을 알았는지 얼마 있지 않아 회사를 떠났다. B차장의 부하로서는 자신이 리더로 바뀌어 갈 수 없음을 알았기 때문이다.

리더가 리더를 양성하는 방법은 권한과 기술의 이전이다. 이것을 실천하지 못하는 사람은 조직에서 승진해서는 안 된다. 권한을 이양하지 않으면 부하 직원이 성장할 수 없는 것은 물론 자기 스스로도 성장을 포기하는 것이다. 회사 입장에서는 B차장의 리더십 부재로 결국 여러 가지 손실을 보게 되었던 것이다.

알리바바의 마윈도 "3년 동안 리더를 했는데 3년 뒤에도 그 일을 자신이 제일 잘한다면 그 사람은 리더라 말할 수 없다"라고 하지 않았던가.

지금까지 리더의 조건 네 가지를 알아보았다. 명확한 목표 제시, 공정한 보상과 투명성, 존중과 인정, 새로운 리더 양성이 그것이다.

나는 과연 리더인가? 우리 조직의 상급자는 진정 리더인가? 생각해 볼 일이다.

의사소통 메커니즘, 결국엔 이해해야 한다

오늘 저녁, 팀 회식이 있다. 마침 비가 내린다. K대리는 치킨에 시원한 맥주가 먹고 싶어진다. 이때 부장님이 “비 올 때는 파전에 막걸리지!” 하며 앞장선다.

12월, 인사고과의 계절이다. K대리는 부장님으로부터 모든 부문에서 A를 받았다. 목표 달성 A, 문제 해결력 A, 책임감 A, 성실성 A, 협력 정신 A. 그는 올해 영업 실적에서 목표 달성은 물론 전체 영원 사원 중에 1위를 차지했다. 이로 인해 목표 달성 부문은 당연히 A다. 그러자 부장님은 K대리 인사 평가 과정에서 ‘실적이 A인데 다른 항목은 볼 것도 없지’ 하면서 제대로 확인도 안 하고 모두 A를 주었다.

생산팀, 구매팀, 연구개발팀이 모여 신제품 샘플 제작 회의를 했다.

원소재는 언제까지 조달할 것인지, 어떤 라인을 잠시 생산 중단하고 샘플 작업을 할 것인지, 설계도면은 언제 배포할 것인지에 대해 의견을 나누고 회의록도 작성했다. 회의록이 배포되자 세 팀의 참석자들은 비슷한 반응을 보인다. "나는 이런 말을 한 적이 없는데?"

위의 사례들 모두가 정상은 아닌 것으로 보인다. 언뜻 보기에 별개의 원인으로 발생한 일인 것처럼 보이지만 그 원인은 하나다. 사람, 현상, 대상과 소통이 안 되었기 때문이다.

의사소통(意思疏通) : 뜻 의, 생각 사, 트일 소, 통할 통.

화자의 의도하는 바가 청자와 통했다는 의미다. 소통의 성공을 위해서 화자는 자신의 메시지를 객관적으로 형상화하여 청자가 알아들을 수 있는 언어로 전달해야 한다. 청자는 고정관념을 배제하고 메시지를 있는 그대로 받아들이는 자세를 취해야 한다. 위의 세 가지 사례가 어떤 문제로 의사소통에 실패한 것인지 알아보자.

부장님은 치킨을 먹고 싶은 팀원들의 마음을 헤아리기는커녕 의견을 물어보지도 않고 막걸릿집으로 향했다. "오늘 마침 비가 오는데 회식 메뉴로 뭐가 좋을까?" 하고 한 번만 물어봤어도 소통이 되었을 것을 왜 당연한 듯 끌고 갔을까?

부장님은 화자로서 자신의 메시지를 객관화하지 못했기 때문이다. 객관화란 메시지를 생성할 때 자신의 감정을 배제하는 것이다. 그런데 부장님은 비 오는 날이면 형성되는 음식에 대한 자신의 감정을 타인에게 투사하여 메시지를 만들었다. 비 오는 날이면 자신이나 막걸리가 먹고 싶지 다른 사람은 아닐 수도 있다는 생각을 하지 않고 자기감정을 타인에게 그대로 뒤집어씌운 것이다. 그렇게 만들어진 메시지로는 올바른 소통을 할 수가 없다.

지난번과 똑같이 받아쓰기에서 70점 받았는데 퇴근한 아빠에게 오늘만 혼나는 이유는 오늘 아빠가 회사에서 좋지 않은 일이 있었기 때문이다. 이것도 의사소통 투사의 오류다. 더 정확하게는 의사소통의 매개가 되는 인지과정의 지각 오류인데 자세한 것은 뒤에서 살펴보기로 하자.

부장님이 K대리에게 모든 항목에 A를 준 것은 어째서 의사소통 오류일까? 소통은 사람하고만 하는 것은 아니다. 사물, 현상도 소통의 대상이 된다. 문제를 해결하기 위해서는 현상이 어느 수준인지 문제 정의를 잘해야 한다. 현상을 꿰뚫어 본다는 것은 현상과 소통이 잘되었다는 것이다. 올바른 인사 평가를 하기 위해서는 평가 항목 하나하나에 대해서 개별로 그 본질을 파악해야 한다. 그런데 부장님은 가장 두드러진 항목인 목표 대비 실적만 보고 나머지도 모두 좋을 것이라고 생각하였다. 눈에 띄는 하나의 현상에 대한 소통이 끝나자 다른 개별 항목들은 평가도 하지 않고 모두 좋은 것으로 해석해버린 것이다. 이것은 후광효과의 오류이다. 이 또한 인지과정에서 지각을 잘못한 경우이다. 신입사원 면접에서 외모나 출신 학교만 보고 다른 모든 것도 좋을 것이라고 생각하는 경우도 대표적인 후광효과의 오류이다.

마지막으로 같은 장소에서 회의를 하고 나온 사람들이 받아들인 사실은 왜 모두 제각각일까? 사람들은 현상을 보고 자신이 인지한 내용을 사실이라고 생각한다. 하지만 그것은 엄밀히 말하면 사실세계가 아니라 지각세계이다. 사람은 현상을 지각하는 과정에서 경험으로 얻은 고유한 지각체계를 통해 현상을 인지한다. 그런 이유로 사실세계와 지각세계는 정확히 일치하기가 어렵다.

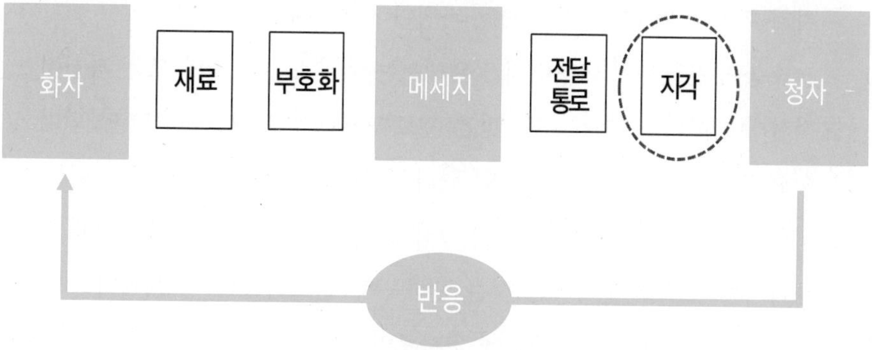

쉐논(Shannon)과 웨버(Weaver) 의 의사소통 모델

응답하라 1988에서 정봉이와 미옥이가 종로 반줄에서 만나자고 약속한 후에 만나지 못한 이유는 정봉이의 지각세계는 반줄 2층이었고 미옥이가 애초에 보유한 사실세계는 반줄 1층이었기 때문이다.

따라서 같은 공간에서 회의를 하고 같은 화면을 바라보고 소리를 듣고 있어도 저마다의 이해관계, 지각 체계에 따라 사실을 다르게 받아들이는 것이다. 회의에서 일어난 사실들을 참석자 모두가 올바르게 지각하기 위해서는 당사자 간에 정확한 의미를 확인하고 회의록을 작성해야 한다. 그리고 나중에 다른 말 하지 않게 회의 참석자에게 일일이 서명을 받는 것이 좋다.

위 그림은 의사소통의 과정을 모델화한 것이다.

의사소통이란 화자가 자신이 전할 재료를 부호를 이용해 메시지를 구성하고 적절한 통로를 통해 청자에게 전달하는 것을 말한다. 이때 청자가 화자의 메시지를 인지하는 과정이 지각이다.

소통이 온전하게 이루어지기 위해서는 의사소통 모델의 모든 과정이 적절해야 한다. 화자가 너무 많은 재료를 메시지로 만들어서도 안 되며 중요한 재료가 누락되어서도 안 된다.

부호화는 재료를 언어, 숫자, 그림 등 당시 소통에 가장 적합하다고 생각되는 것으로 구성하는 것을 말하는데, 말보다 그림이 효과적일 때는 그래야 할 것이다. 보고서에 숫자로만 구성된 표를 제시하기보다 그래프를 사용하는 것이 좋은 예다.

전달통로는 소통을 만나서 할 것인지 전화로 할 것인지 편지로 할 것인지를 말한다. 그런데 이 모든 것이 다 잘 이루어지더라도 마지막 단계인 지각에서 오류가 발생한다면 소통은 실패하고 만다. 더군다나 지각은 인간의 복잡한 인지 행위이므로 각종 오류가 생기기 쉽다.

지각은 왜 이렇게 어려운 걸까? 지각은 인간이 오감을 통해 외부자극을 받아들여 해석하는 과정을 말한다. 인간은 인지 능력의 한계로 인하여 자극 중에서 익숙하고 유익하고 선명한 것을 선택적으로 받아들인다. 이렇게 화자의 메시지가 다 전해지기가 쉽지 않은 데다 전해졌다 하더라도 각자의 경험과 욕구, 가치에 따라 다르게 인식하기도 한다. 이런 이유로 지각은 완전하기가 쉽지 않다.

지각에 대한 이해

지각은 순간적으로 이루어지는 것이지만 이 짧은 과정에 지각선택, 지각조직, 지각해석이라는 세 가지 단계를 거치게 된다. 인간은 각 단계마다 오류를 일으키기 쉬우며 세 가지를 모두 무사히 거쳐야만 올바른 소통의 길에 이르게 되는 것이다.

단계 ① 지각선택

인간은 사물, 현상, 타인의 말을 접했을 때 대상을 전체 다 받아들일 수도 있지만 부분만 받아들이기도 하고 전혀 감지하지 못하기도 한다. 이를 선택적 지각이라고 한다.

독일어를 모르는 한국인에게 독일어로 메시지를 전하면 지각선택이 전혀 안 된다. 한국어로 전달하더라도 작은 목소리로 말하면 선택이 되지 않는다. 한국어로 큰 소리로 말하더라도 청자가 익숙하지 않은 용어이거나 관심 없는 이야기라면 지각선택이 잘 안 될 것이다.

방금 식사를 한 사람은 식당 골목을 지나가더라도 음식 냄새에 별 반응을 보이지 않는다. 엄마가 자식에게 아내가 남편에게 잔소리하는 것은 제발 내 말 좀 들으라는 것이다. 잔소리는 청자가 메시지를 잘 선택하도록 하는 노력이다. 이러한 노력 중에 가장 중요한 것은 청자의 언어로 말하는 것이다. 자신만 아는 언어, 자신만 아는 전문 용어, 자기만의 경험으로 메시지를 전달해 봤자 알아듣지 못한다. 그럼 청자의 언어로 말한다는 것은 어떤 의미일까?

시인 곽재구가 포구를 여행하며 쓴 『곽재구의 포구기행』에 나오는 한 장면을 보자.

나는 조금 더 나이가 든 어부를 찾았다.
"한 배의 어획량이 얼마쯤 되죠?"
"오백만 원."

그는 아주 알기 쉽게 대답했다. 어림하기 힘든 몇 톤이라는 대답보다는 오백만 원이 훨씬 알아듣기 쉽잖은가? 연륜은 사물의 핵심에 가장 빠르게 도달하는 길의 이름이다.

이 어부가 말한 "오백만 원"이 청자의 언어인 것이다. 아마 어부도 처음에 관광객이 와서 어획량을 물었을 때는 몇 톤이라고 말했을 것이다. 그때 관광객은 몇 톤이면 얼마나 되는 거냐고 재차 물었을 것이다. 연륜은 쌓였고 몇 톤은 청자의 언어가 아님을 알았을 것이다.

앞으로 누군가에게 나의 메시지를 전할 때는 그들이 내 메시지를 잘 선택하도록 알아듣는 말로 좀 더 큰 목소리로 반복해서 말해보자. 의사소통이 한결 좋아질 것이다. 지각 선택을 잘하게 된다는 것은 화자의 말이 청자에게 잘 수용된다는 의미이기도 하다.

그런데 화자가 아무리 반복해서 말해도 청자가 귀를 닫고 들으려 하지 않는다면 의미가 없다. 청개구리처럼 반대로 해야겠다고 마음먹게 해버린다면 의사소통을 안 하는 것이 더 나을 수도 있는 것이다.

청자의 언어와 함께 수용성을 높이는 또 하나의 비결은 바로 존중의 언어다. 상대를 존중하지 않는 반말이나 명령으로 움직이게 하기는 어렵지 않겠는가?

법정 스님이 좋아한 매화나무가 있는, 선암사라는 절에 가면 이런 알림판이 있다.

'걸음은 조용조용', '말씀은 가만가만'

'뛰지 마시오' '정숙'과 같은 명령조의 표현보다 조용히 하는데 더 효과가 있다고 한다.

사람은 강압하면 오히려 반동이 형성되고 존중받지 못하면 애써 귀를 막아 버리기도 한다. 의사소통이 되려면 상대가 일단 내 말을 받아들여야 한다. 존중의 언어가 수용성을 높임을 잊지 말자.

단계 ② **지각조직**

자극이 내 눈에 내 귀에 선택되었다고 지각이 끝나는 것이 아니다. 선택된 것을 해석하기 위해 머릿속 작업대 위에 올리는 과정이 필요하다. 이 과정을 굳이 언급하는 이유는 인간은 선택된 자극을 자기가 해석하기 편한 쪽으로 변형하는 습관이 있기 때문이다. 있는 그대로 머릿속 작업대에 올리지 못하고 변형하는 순간 지각 오류에 의해 의사소통은 실패하고 만다. 선택된 자극을 있는 그대로가 아닌 변형해서 받아들인다는 것은 무슨 의미일까?

앞에서 언급한 똑같이 받아쓰기 70점을 받아왔는데 오늘만 혼난 이유는 아빠가 70점이라는 대상을 그대로 머릿속 작업대 위에 올린 것이 아니라 회사에서 있었던 안 좋은 감정을 덧씌워 올렸기 때문이다. 투사의 오류다.

부부 사이에 새로운 화제로 대화할 때 자꾸만 과거의 잘못을 불러내서는 곤란하다. 회사에서 상사가 부하 직원에게 업무를 부여하고 데드라인을 예상보다 짧게 잡는 이유도 대상에 자기감정을 덧씌운 결과다. 아직 경험이 부족한 부하직원의 업무능력과 해당 업무의 난이도를 있는 그대로 바라본 것이 아니라 경험 많은 자신의 능력을 기준으로 판단했기 때문이다.

투사 외에도 지각폐쇄 역시 지각 조직에서 범하는 대표적 오류이다.

범죄를 의심 받고 있는 사람일지라도 재판이 끝나고 형이 확정되기 전까지는 유죄가 아님에도 사람들은 무죄와 유죄 사이의 빈 공간을 허용하기 싫어한다. 부족한 부분을 채워서 머릿속 작업대 위에 올리려 하기 때문이다. 이것을 지각폐쇄라고 한다.

과반을 간신히 넘겨서 당선된 정치인이 당선된 후에는 마치 만장일치로 당선된 것처럼 느끼는 것 역시 지각 폐쇄에 해당한다. 왜곡된 대상에서 올바른 해석이 나올 리 없다.

기억하자. 지각 선택된 대상에 변형을 가하지 말고 있는 그대로 머릿속 작업대 위에 올리자.

단계 ③ **지각해석**

화자가 쉬운 용어와 함께 큰 소리로 청자에게 메시지를 전했다. 청자는 변형 없이 머릿속 작업대 위에 잘 올렸다. 그런데도 화자가 의도한 사실과 청자가 지각한 내용이 다르다면 무슨 이유일까?

마지막 지각해석 단계에서 오류를 범했기 때문이다. 대표적 해석 오류는 고정관념이다.

고정관념이란 사람을 대할 때 내면적 특성은 무시한 채 출신, 종교, 연령, 직업을 기준으로 삼고 '저 직업을 가진 사람은 대체로 이렇더라.' 하고 판단해 버리는 것이다. 의사소통 대상에 대해 고정관념을 갖고 해석을 한다면 그동안 잘 해왔던 지각선택과 조직은 아무런 의미가 없다.

직장에서 상사를 '꼰대'라고 규정하고 대한다면 소통이 될 수가 없다. 노사협상이 어려운 이유도 고정관념의 오류가 개입되었기 때문이다.

고정관념이 사람을 전반적인 이미지로 예단하는 것이라면 후광효과는 한 가지 특성만 보고 다른 것도 모두 좋을 것이라고 생각하는 것이다. 반대 개념은 역후광효과 또는 뿔효과라고 한다. 영업실적이 좋으니 기획력, 책임감, 협동심도 모두 좋을 것으로 생각하고 인사평가 하는 경우는 조직에 만연된 후광효과의 오류이다. 고정관념과 비슷한 의미로 닻효과라는 것도 있다. 닻효과는 항구에 정박한 배가 닻의 반경 안에서만 움직이듯이 사람이 자신이 아는 만큼만 대상을 해석하는 것을 말한다.

고정관념, 후광효과, 닻효과는 선택된 대상을 종합적이지도 않고 객관적이지도 않게 해석하는 대표적 오류이다.

의사소통의 해법

그렇다면 각종 방해꾼들이 도사리고 있는 의사소통을 어떻게 하면 잘할 수 있을까?

의사소통을 가장 잘하는 방법은 역설적이지만 말이 통하는 사람하고만 소통하는 것이다. 그냥 사는 것도 힘든데 싫은 사람, 말 안 통하는 사람하고 굳이 말 섞고 살 이유가 뭐가 있을까? 그냥 무시하되 피해만 주지 않고 살면 된다. 초원에 사는 사슴무리가 사자와 같은 공간에 있되 관계하려 들지 않는 것처럼 말이다. 선악의 문제를 떠나서 인간은 필연적으로 서로 다를 수밖에 없다. 나와 잘 맞는 사람하고만 잘 지내면 된다.

그렇다면 어쩔 수 없이 소통해야 하는 경우는 어떻게 할까?

가정에서 직장에서 거의 이런 상황일 것이다. 소통의 해법을 묻는 사람에게 지각 선택, 조직, 해석 각 단계의 세부적인 오류들을 범하지 마세요라고 말하는 것은 너무 번거로운 해법이다. 화자와 청자의 역할, 지각 오류를 한꺼번에 정리할 수 있는 표현이 있다.

바로 '대인춘풍 지기추상(待人春風 持己秋霜)'이다. 타인을 대할 때는 봄바람처럼 관대하게 대하고 나에게는 가을 서리처럼 엄격하게 대하는 자세다.

소통의 과정에서 나에게는 지각 선택, 조직, 해석의 책임을 엄격하게 적용하고 상대에게는 관대하게 적용하는 것이다.

'내가 좀 더 크게 말해야지. 내가 먼저 상대가 알아들을 수 있는 쉬운 용어로 말해야지. 상대가 잊기 전에 한 번 더 문자 메시지 보내 놔야지. 내가 혹시 닻효과에 빠져서 현상을 대하고 있는 건 아닐까? 내가 지금 이해한 내용이 정말 상대한 의도가 것이 맞을까? 상사가 지시한 내용을 한 번 더 질문해서 원하는 성과 수준과 데드라인을 확인해 보자.'

이런 것들이 모두 대인춘풍 지기추상의 자세이다. 불통의 원인을 상대에게 돌리지 않는 것이다.

개미연구로 유명한 최재천 교수가 어느 강연에서 소통에 대해 한 말이다.

"여러분, 주변 사람들하고 말 참 안 통하시죠? 그런데 말입니다. 소통은 원래 잘 안 되는 겁니다. 잘되면 이상한 겁니다. 여러분들은 소통하려고 어디까지 노력해 보셨나요? 요즘 서늘한 가을밤에 귀뚜라미 소리 때문에 잠 못 이룬 적 많으시지요. 어제 밤 9시에 들리던 귀뚜라미 소리가 아침 7시에 일어났더니 아직도 들립니다. 아니 이 녀석이 밤새 울었나? 네 귀뚜라미 밤새 웁니다. 수컷이 암컷하고 소통하려 양 날개를 10시간 동안 비비는 것입니다. 여러분 소통하려고 10시간 비벼본 적 있으세요?"

귀뚜라미야말로 대인춘풍 지기추상을 실천하고 있는 표본인 것이다. 이렇게 오래 비볐는데 왜 내 말을 안 들어 주냐고 푸념하지 않고 묵묵히 비빈다. 아침까지. 소통이 잘 안될 때 귀뚜라미를 한 번 떠올려 보는 건 어떨까?

4장 업무력③ _ 성과창출력

"문제의 핵심을 파악하는 것이 시작이다."

다시 신입사원이 된다면

내 업무에 전문가가 되는 비법

회사에서 인정받는 하이 퍼포먼스

업무력의 본질은 일이 즐겁다는 것이다

효율보다 효과에 집중하라

난제 해결의 업무력

업무력을 돋보이게 하는 보고서 작성법

시간 관리, 류비셰프 따라하기

다시 신입사원이 된다면

다시 그 시절로 돌아간다면 나는 이렇게 일하고 싶다. 30대 초반에 내가 일한 곳은 제조업 회사의 자재관리팀이었다. 회사는 금속을 깎아서 제품을 만드는 곳으로 많은 원자재와 소모성 공구가 필요했다. 그것은 제품의 주요 원가 요소였고 품질에도 많은 영향을 미쳤다.

나의 일은 생산 현장에서 사용하는 소모성 공구와 자재를 구매하고 재고관리하며 성능을 개선하고 원가 절감 활동을 하는 것이었다. 상세한 내용은 이렇다.

연초에 작년의 소모성 공구와 자재 사용 실적을 바탕으로 생산팀으로부터 받은 올해 연간 생산계획에 맞추어 예산을 수립한다. 예산은 연간 예산과 더불어 월 단위 예산으로 세분된다.

업무는 일상적 업무와 전략적 업무로 나누는데 먼저 일상적 업무는 매 월초에 그달에 사용할 소모공구와 자재를 주문한다. 수십 개의 거래처로부터 수천 종류의 제품들이 입고되면 재고 관리를 하고 필요시 추가 주문을 한다. 재고 부족은 곧 라인 중단을 의미하기 때문이다. 한 달이 지나면 사용한 자재의 원가 내역을 정리하고 계산서를 마감하여 거래처에 비용이 지급되도록 한다.

전략적인 업무로는 소모성 공구와 자재 중에서 생산 라인에서 사용하기에 원가가 너무 높은 것, 제품 품질에 나쁜 영향을 미치는 것, 작업자가 사용하기 불편한 것, 소모 공구의 수명이 짧아 교환이 잦은 것, 수입 제품이라 납기가 오래 걸리는 것들의 개선 계획을 수립하고 테스트하는 것이다. 그 소모성 공구나 자재가 보편적으로 구입할 수 있는 것이라면 바로 구매해서 테스트할 수 있지만 우리 회사의 라인에만 사용할 수 있도록 특별히 제작된 것이라면 테스트 품 역시 별도로 제작하게 된다. 테스트에서 성공한 것은 테스트 보고서와 4M 변경 신고서 등을 작성하고 다음 달부터 양산에 적용하게 된다.

그때 당시 직무기술서라는 것은 서랍 속에나 존재하는 것이고 나의 업무가 막연히 저런 것이려니 하고 일할 뿐 조직의 가치가 무엇이며 내가 공헌해야 할 것은 무엇일까를 심각하게 고민하지 않았다. 지금 생각하니 당시 회사의 일차적인 목표는, 고객이 원하는 수준에 부합하는 치수와 품질의 제품을 정해진 납기까지 만드는 것, 그리고 그것을 준수하는 가운데 회사의 이익을 극대화할 수 있게 비용을 절감하고 생산성을 높이는 것이었다. 이 목표에 공헌하기 위해 나는 자재관리팀의 일원으로서 원가를 절감하고 제품 품질을 높이고 현장 작업자에게 사용상 편의를 주는 자재를 구매하고 개발하는 것이었다.

그때 이런 목적의식을 갖고 일했으면 좋았겠지만 지금 돌아보니 나는 하루살이 같은 삶을 살았다. 미래는 없이 오직 현재만을 사는 사람. 조직에서 사람은 자신의 가장 무능한 단계까지 승진한다는 피터의 원리에 적용되기 딱 알맞은 삶을 살고 있었다.

만약 다시 그 시절로 돌아간다면 나는 이렇게 일하고 싶다. 우선 나의 일을 현재를 위해 할 일과 미래를 위해 할 일로 나누겠다.

현재의 일이란 그 순간에 내가 부여 받은 일로서 직무기술서에 명시되어 있는 일이다. 이 일들은 내가 수행함으로써 회사의 현금창출에 기여하는 것이다. 미래를 위한 일이란 내가 회사에서 더 중요한 역할을 하기 위해 지금 준비해야 할 것은 무엇인지 고민하는 것을 말한다. 그러기 위해 현재의 내 업무 중에 부하 직원에게 넘겨줄 일은 무엇이며 내가 추구해야 할 상위의 업무가 무엇인지 고민할 것이다. 그리고 그 상위의 업무를 위해 계발해야 할 역량이 무엇인지 찾아 공부할 것이다.

회사 안에서 얻어야 하는 지식은 무엇인가? 어느 부서의 사람과 더 많은 대화를 나눠야 하는가? 회사 밖에서 얻어야 할 지식은 무엇인지도 고민해야 한다. 자기계발이라고 영어만 붙잡고 있을 것이 아니라 내가 진정으로 얻어야 할 지식은 무엇인지 파악하여 외부 교육도 받고 책을 읽을 것이다.

이것을 표로 정리해 보면 다음과 같다.

내용은 경영학의 아버지로 불리는 피터 드러커의 저서 『자기경영 노트』의 질문을 기준으로 작성했다.

현재 업무	미래 업무
-납기 준수를 위해 라인 중단 없는 재고 관리를 한다. -고객 가치 만족을 위해 고품질의 자재를 공급한다. -생산성 향상을 위해 성능과 편의를 만족시키는 자재를 공급한다. -원가 절감을 위한 자재를 개발한다.	-재고 최소화, 결품 제로의 현장을 위해 자재 관리부터 간판 시스템을 도입한다. -우리 회사 특성에 맞는 소모 공구와 자재를 직접 설계한다.

현재 성과를 위한 노력	미래 성과를 위한 노력
-자재 관리 전산 시스템을 개선한다. -고품질, 저비용, 사용편의를 개선할 수 있는 자재를 개발, 테스트한다. -생산 설비와 원소재 특성에 대해 공부한다. -관련 팀, 특히 품질 팀, 생산 팀과 소통한다.	-간판 시스템 적용을 위한 현장 연구, 전산 시스템을 개발한다. -제품 설계를 위해 설비, 자재 , 설계 도구에 대한 공부를 하고 외부 교육을 받는다. -부하 직원을 교육하며 그가 잘 할 수 있는 업무의 권한을 이양한다.

현재와 미래에 내가 기여할 것과 노력할 것

1.우리의 고객은 누구이며 그들은 어떤 가치를 원하는가?
2.내가 창출해야 할 것으로 기대되는 결과는 무엇인가?
3.현재 나의 일 가운데 부하직원이 최소한 나만큼은 할 수 있는 일은 무엇인가? 권한 이양은 진정 자신이 수행해야 할 과업에 집중하기 위해서 하는 것이다.
4.새로운 지위에 부응하기 위해 어떻게 변신해야 하는가?

위의 내용은 회사의 최종 목표에 대한 나의 미션을 기준으로 정리한 것이다. 미션이란 임무라는 뜻에서 알 수 있듯 조직에서 내가 마땅히 수행해야 할 일이며 그것을 수행함으로써 존재 이유가 있는 것이다.

위 표에서 현재의 업무와 현재 성과를 위한 노력은 직무기술서에 다시 상세히 표시될 것이다.

미래의 업무와 그것을 위한 노력은 현재의 미션이 아닌 미래의 미션을 위한 것이다. 이것을 안 한다고 해서 당장 표시가 나지는 않겠지만 나 스스로가 도태되어 피터의 원리를 증명하게 될 것이다. 회사 입장에서는 한 사람의 직원이 밟아 가기로 기대되었던 경력 경로를 이탈함으로써 인력 개발의 실패를 가져올 것이다.

당장 질문해 보자.

우리의 고객은 누구인가? 그들은 우리의 제품에서 어떤 가치를 원하는가? 그 가치를 위해 내가 만들어야 할 결과는 무엇인가? 장기적으로 회사는 나에게 어떤 역할을 기대하는가?

내 업무에 전문가가 되는 비법

일을 한다는 것은 성과가 동반될 때 의미의 완결성을 갖는다. 그렇다면 성과를 내기 위해서 구체적으로 무엇이 수반되어야 할까?

첫째는 과제의 해법 즉 문제의 해결책을 도출하는 것이다. 일상적으로 해야 하는 일인 자재관리 업무의 경우, 주문하고 재고관리 하는 과정은 해법이 별도로 필요 없이 정해진 절차를 따르기만 하면 된다. 그러나 전략적으로 추진하는 일이거나 갑자기 발생한 문제에 대해서는 해법을 먼저 도출하고 일정에 맞게 추진해야 한다.

둘째는 도출한 해법을 실행하는 일이다. 실행은 완수해야 할 데드라인을 지키는 것과 도출해야 할 결과물에 초점을 맞추는 것이 중요하다. 그러나 회사에서 일을 할 때 중간 과제별로 일정을 정확히 맞추는 것은 쉬운 일이 아니다. 또 일을 잘해 놓고도 마땅히 남겨야 할 기록이나 문서를 남기지 않아 낭패를 보는 경우도 많다. 이럴 경우 다음과 같이 일할 것을 권한다.

일이란 문제 해결 과정이다

먼저 문제 해결이다. 흔히 창의성, 창조에 대해서 이야기할 때 '하늘 아래 완전히 새로운 것은 없다. 원래 있던 것을 다른 방식으로 연결하는 것만 있을 뿐이다"라는 말을 많이 한다. 문제 해결도 마찬가지다. 조직의 문제 중에 하늘 아래 완전히 새로운 것은 없다. 거의 대부분은 과거에 발생했던 문제가 다시 일어나거나 우리 회사에 없었던 문제라면 다른 회사, 다른 나라에서 한 번 정도 일어났던 문제일 가능성이 크다.

따라서 문제가 발생했을 때 가장 낭비는 과거에 있었던 문제인데도 불구하고 처음부터 다시 해법을 찾기 시작하는 것이다. 또는 담당자가 바뀔 경우, 담당자가 출장 가서 부재중일 경우에 문제를 마치 처음 보는 것처럼 대하기도 한다. 분명히 말하지만 우리 회사에서 일어나는 문제의 대부분은 언젠가 한번 일어났거나 다른 회사에서 겪었던 문제이며, 또 그 문제의 최고 전문가는 바로 현재 그 일을 담당하고 있는 나 자신이라는 것이다.

『후불제 민주주의』에서 작가 유시민도 그의 보건복지부 장관 시절 있었던 경험을 통해 나의 생각에 근거를 보태고 있는데 그의 말을 옮겨 보면 다음과 같다.

"나는 공무원들에게 늘 이렇게 말했다. 대한민국 보건복지 정책에 관해서는 여러분이 세계 최고의 전문가입니다. 여러분이 해법을 찾지 못하는 문제는 세계 어느 나라 어떤 전문가한테 가도 답을 얻을 수 없습니다. 우리 스스로 조사 연구하고 토론해서 답을 찾읍시다."

유시민의 말대로 내 일의 최고 전문가는 바로 나다. 그래서 어떠한 문제를 접하게 되면 이렇게 하기를 권한다.

최초에 어떤 문제가 발생할 경우 문제의 원인과 해법을 로직트리(Logic Tree)로 만들어 놓는 것이다.

로직트리란 논리의 나무라는 뜻으로 현상의 원인과 해법을 마치 나뭇가지가 뻗어 가듯 종이에 써놓는 것을 말한다.

한번 만든 로직트리는 그것으로 끝이 아니고 새로운 원인과 해법이 발견될 때마다 계속해서 추가해 나간다. 그리고 이 로직트리를 나만 가지고 있을 것이 아니라 관련 담당자와 모두 공유해야 한다. 또한 언젠가 내가 이 업무를 위임하고 승진했을 경우 후임자가 이 로직트리를 보고 바로 해법을 실행할 수 있게 해야 한다. 그러면 결국 이것은 우리 회사만의 문제해결 족보가 되는 것이다.

내가 회사 다닐 때 그려 놓았던 문제 해결 로직트리 사례를 하나 소개한다.

다음 사진은 금속에 구멍을 뚫을 때 사용되는 드릴이다. 우리 주변을 돌아보면 자동차는 물론이고 선박, 각종 기계류까지 금속이 들어가지 않은 물건이 없을 정도로 금속은 우리 생활과 밀접한 소재이다.

금속이 제품으로 기능하기 위해서는 그곳에 구멍을 내고 나사를 체결할 수 있어야 한다. 이때 드릴이 사용된다.

많은 금속 가공회사에서는 드릴링머신 또는 머시닝센터라는 장비를 이용해서 금속 제품에 구멍을 뚫게 되는데 이때 드릴에 요구되는 조건은 다음과 같다.

드릴의 모양

첫째는 구멍의 지름을 허용 공차내로 맞출 수 있어야 하며 가공면의 매끄럽기 역시 표면조도 규격에 부합할 수 있어야 한다. 즉 드릴의 품질이 중요하다.

둘째, 드릴을 만드는 소재는 텅스텐으로 매우 고가이다. 회사의 제품 제조원가에 중요한 비중을 차지한다. 따라서 하나의 드릴을 오래 쓰는 것이 중요하다.

셋째, 쉽게 부러져서는 안 된다. 드릴이 장비에 장착된 채로 금속을 가공하다 부러질 경우 장비를 멈추게 한다. 생산 라인이 중단되는 것이다. 그러면 부러진 드릴을 뽑아내고 새 드릴을 장착해야 한다. 이때 생산의 비가동시간이 발생한다. 당연히 시간당 생산량이 줄어들고 생산계획에도 차질을 빚게 된다. 따라서 드릴을 사용하는 제조회사에서는 드릴이 부러지면 큰 문제가 되는 것이다.

로직트리

드릴이 부러질 경우 문제를 어떻게 해결할까? 드릴이 부러질 때마다 처음부터 원인을 새로 찾을까? 담당자가 바뀌면 원인을 다시 찾아야 할까? 아니다. 로직트리를 그려 놓고 그것을 관련 부서가 다 공유하고 대물림하면 된다. 내가 작성한 로직트리는 다음과 같다.

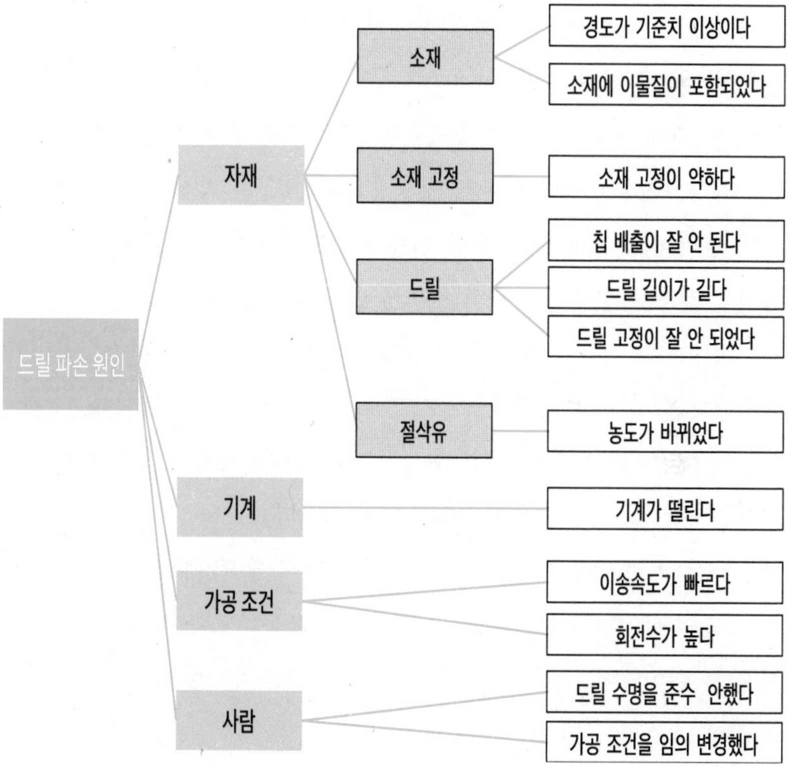

로직트리 – 드릴 파손 원인

나는 내 업무 경험으로 이 로직트리를 작성하고 항상 책상에 붙여 놓았다. 나중에는 굳이 이 표를 보지 않아도 되었지만 말이다. 이 책을 읽고 있는 독자 중에 나와 같은 업무를 하고 있는 분은 이 로직트리에 부족한 부분을 채워서 업무에 활용하길 바란다.

내 업무 중에서 특별히 문제가 되는 소모공구와 자재에 대해서는 모두 이렇게 작성했다. 덕분에 문제 발생 시 해결에 많은 시간을 줄일 수 있었다. 그리고 그러한 사례들은 회사를 나와서 강의에도 활용하고 있으니 현업을 열심히 해서 독립 후에도 도움이 되도록 한다는 걸 몸소 실천한 셈이 되었다.

내가 나의 업무에서 전문가였듯이 모든 직장인은 자신의 분야에서 전문가다. 우리가 살면서 문제 해결에 대한 요구는 자신의 관련 분야에서만 받게 되어있다. 예를 들어 미세먼지에 대한 대책은 환경부 직원이 세우도록 요구받지 통일부 직원에게 요구하지 않는다. 회사원도 마찬가지다. 자재팀 직원에게 마케팅 해법을 묻는 법은 없다. 회사에서 내가 해결해야 할 문제는 내가 늘 해오고 내가 잘하는 분야인 것이다.

문제 해결이라는 말에 괜히 주눅들 필요 없다. 어차피 우리 회사에서 그것을 해결할 사람은 나밖에 없으니까 말이다.

오늘부터 내 업무에서 고질적이고 빈번하게 발생하는 문제에 대해서는 나만의 로직트리를 만들고 전 직원에게 공유하도록 하자. 그래서 혹시 다른 아이디어가 있는 사람은 누구나 의견을 제시할 수 있도록 회사의 오픈 소스가 되게 하면 어떨까?

이것이 바로 학습하는 조직이다.

실행을 관리하는 차트법

다음은 일하는 방법 중 해법 실행에 관한 것이다. 문제 해결을 통해 해법을 도출하는 것도 중요하지만, 실행 특히 정해진 시간까지 마치는 것이 몹시 중요하다.

『생각을 경영하라』에서 민재형은 실행의 중요성을 보여 주고자 다음의 일화를 소개한다.

미국 4대 은행 중 하나인 웰스파고의 CEO를 지낸 리처드 코바세비치는 출장 중 회사의 중요한 전략계획서를 비행기에 놓고 내린 적이 있다. 많은 사람이 회사의 중요한 기밀문서가 유출된 것에 대해 크게 우려했지만 그는 태연하게 이렇게 말했다.

"괜찮습니다. 어차피 그 계획을 실행할 기업은 없을 테니까요. 우리의 성공은 우리가 세운 계획이 아니라 우리의 실행력에 달려 있습니다."

아무리 문제의 해법을 잘 찾아도 그것을 실행하지 않으면 아무 소용이 없다. 그리고 실행 과정에 대한 기록과 문서를 남기는 것도 잊어서는 안 된다.

여기서는 어떤 툴을 활용하면 좋을까?

보통 사람들이 많이 쓰는 간트 차트보다는 좀 더 진보한 CPM법을 추천한다. 그래도 먼저 현재 업무일정표로 많이 쓰이는 간트 차트부터 살펴보자.

헨리 간트가 고안해서 붙여진 이름으로 실행 과제와 데드라인을 표시하는 기능을 한다.

No	추진 내용	5월 1주	2주	3주	4주
1	테스트용 드릴 제작	→			
2	현장 테스트		→		
3	결과 분석 후 개선 드릴 설계			→	
4	개선 드릴 제작				→

간트 차트

보다시피 간트 차트는 해야 할 과제가 무엇이며 과제별로 언제 시작해서 언제 완료해야 하는지를 주로 보여 준다. 그런데 여기서 좀 더 진화한 방법이 있다.

CPM법(Critical Path Method, 임계경로법)이라고 하고 건설회사에서 주로 많이 쓰는 방법이다.

과제의 순서는 물론 과제 사이의 선행, 후행 관계와 작성할 문서까지 표시한다.

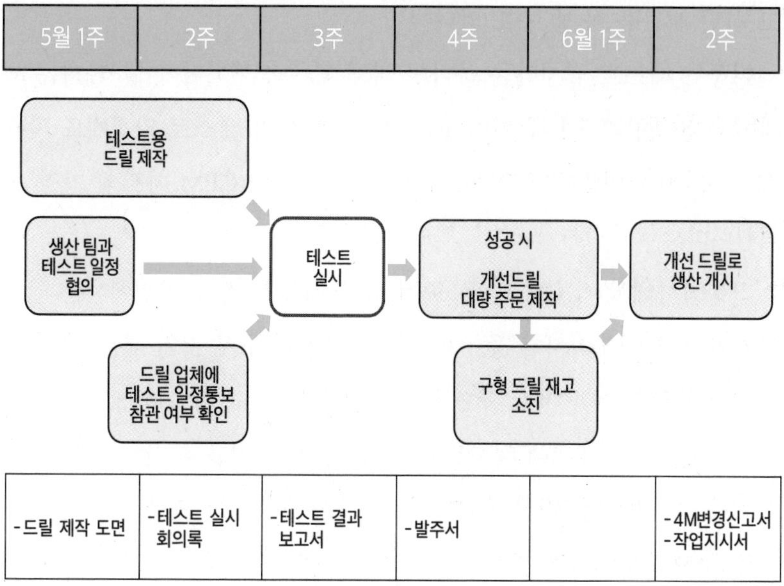

CPM 차트

그림의 CPM 차트를 살펴보자.

5월 3주에 개선 드릴 테스트를 실시하기 위해서는 테스트용 드릴 제작만 중요한 것이 아니다. 생산 라인을 총괄하는 생산 팀과 협의가 반드시 이루어져야 한다. 만약 개선 드릴이 입고되었는데 생산 팀에서 테스트를 위해 시간을 내줄 수 없다고 하면 곤란하기 때문이다.

그리고 테스트 일정이 나오면 드릴 제조업체에도 미리 통보해 줘야 한다. 그래야 테스트 과정 중에 발생하는 문제를 해당 전문가와 함께 파악할 수 있기 때문이다. 드릴 제작 업체 직원들도 모두 나름의 스케줄이 있기 때문에 막상 테스트 날짜가 다 되어서 우리 회사로 와 달라고 하면 시간을 못 낼 수도 있다.

이렇듯 테스트 실시라는 하나의 과제 앞에 선행되어야 할 과제는 세 가지가 존재한다. 이 세 가지가 선행되지 않으면 테스트 일정에도 차질을 빚게 된다. 이것들의 관계를 나타내 주는 것이 CPM 차트의 가장 큰 역할이다.

건축회사에서 이 CPM법을 즐겨 사용 이유가 건축 과정에서는 앞의 과제가 먼저 이루어지지 않으면 낭패를 보는 경우가 많기 때문이다.

예를 들어 전기 콘센트 구멍을 만들어 놓지 않고 벽에 콘크리트를 부어서는 안 된다. 천정에 형광등 선을 뽑아 놓은 것을 확인한 뒤 마감을 할 수 있는 것이다. 건설의 과정은 업무 순서가 바뀔 경우 최악의 경우 건물을 허물어야 할 수도 있다.

여기에 CPM을 좀 더 쉽게 이해하고자 미역국 끓이는 법을 CPM법으로 나타내 보았다. 물론 요리에 남겨야 할 문서는 없기에 따로 표시하지 않았다.

미역국을 끓이는 법에는 여러 가지가 있다. 굴 미역국, 바지락 미역국, 들깨 미역국, 소고기미역국, 전복 미역국 등 넣는 재료에 따라 다양하지만 여기서는 생일 때 먹는 소고기미역국을 예로 들어 본다.

미역국을 끓이는 본격적인 작업은 3번부터 시작된다. 그러기 위해서는 삶은 고기와 불린 미역, 육수가 준비되어 있어야 한다.

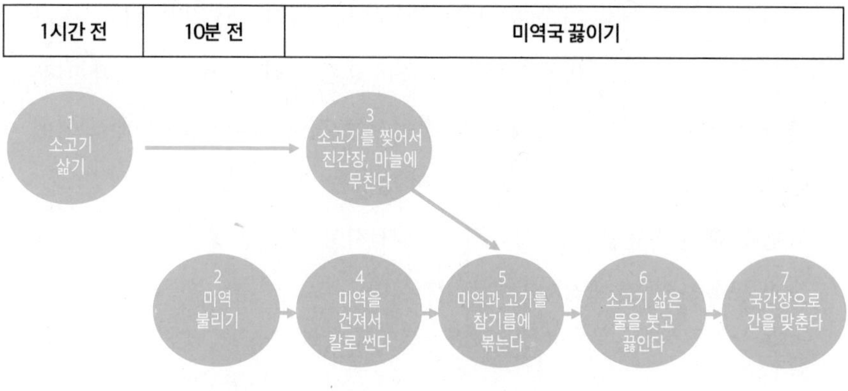

미역국 끓이는 순서

그런데 이 세 가지는 금방 준비되는 것이 아니다. 소고기는 1시간 정도 삶아야 하고 미역도 최소한 10분은 불려야 하기 때문이다. 따라서 메뉴를 소고기미역국으로 선정했다면 최소한 1시간 전에는 일어나서 고기를 삶아야 한다. 그게 싫다면 전날 밤에 삶아 놓고 육수도 상하지 않도록 식혀서 냉장고에 넣어 놓아야 하는 것이다.

이와 같이 CPM 임계경로법은 일의 순서에서 반드시 선행되어야 할 것이 무엇인지 알려줌으로써 일을 그르치는 상황을 막게 한다.

사용하는 사람에 따라 표를 변형하여 담당자 이름을 써넣어도 되고 소요되는 예산도 표시해 놓아도 좋을 것이다.

좀 더 다양한 업무 관련 툴을 얻고자 한다면 요시자와 준토쿠의 『생각정리 프레임워크50』이라는 책을 참고하면 많은 도움이 된다.

일을 한다는 것은 결국 문제를 해결한다는 것과 같은 의미이다. 또한 문제를 해결한다는 것은 해법을 도출하고 실행하는 것까지 포함한다. 회사 일에서 문제는 하늘에서 뚝 떨어지는 것이 아니라 과거에 발생했던 문제가 반복되거나 패턴을 바꿔서 생기는 경우가 많다.

평소 해결한 문제들을 차곡차곡 나의 지식 창고에 쌓자. 그리고 동료들과 공유하자. 그게 일 잘하는 비결이다.

회사에서 인정받는 하이 퍼포먼스

식사에 앞서 "잘 먹겠습니다"라는 말은 왜 하는 걸까? 사람에 따라 이 음식을 마련한 부모님께 하는 감사의 말일 수도 있고 종교적인 의미일 수도 있다. 그러나 내 생각은 조금 다르다. 만약 오늘 식탁에 갈치구이가 올라왔다고 하자. 갈치는 어떻게 여기까지 왔을까?

먼저 어부가 배를 타고 바다에 나가 낚시로 잡았을 것이다. 그곳이 제주도라면 경매를 마치고 난 뒤 운송기사가 공항으로 실어 나르고 비행기는 갈치가 은빛을 잃기 전에 육지로 옮겼을 것이다. 무사히 시장으로 왔다면 나의 어머니 또는 가족 누군가의 주문을 받고 시장 상인이 갈치 비늘을 쓱쓱 밀고 지느러미는 가위로 자르고 구이에 알맞게 네 토막 정도 냈을 것이다. "오늘 드실 건가요?" 한 번 물어보고 오늘 먹을 거라면 소금을 조금 많이, 내일 먹을 거라면 그보다는 덜 뿌린 다음 비닐봉지에 넣어 손에 건네줬을 것이다. 그리고 나의 가족 누군가가 구워서 식탁에 올렸기에 나는 오늘 이 갈치구이를 먹을 수 있는 것이다.

하나의 갈치에 얼마나 많은 사람이 그들만의 역할을 하였을까? "잘 먹겠습니다"라는 말은 "이 음식이 나에게 오기까지 많은 분들이 수고하셨습니다. 많은 분들이 자신들의 역할을 잘 수행하셨습니다. 감사히 먹고 저도 저의 역할을 잘 수행하겠습니다. 저도 이 사회가 운영되기 위한 하나의 역할을 잘하겠습니다."라는 감사이자 다짐인 것이다.

이와 비슷한 의미로 『나를 지키며 일하는 법』에서 강상중은 '일이란 사회로 들어가는 입장권이다.'라고 말하였다.

이 사회는 사회 구성원이 다양한 역할을 수행할 때 잘 운영될 수 있다. 역할을 수행한다는 것은 사람이 자신만의 일을 한다는 것이다. 따라서 일을 한다는 것은 사회의 구성원이 된다는 것이다. 이게 바로 일의 사회적 의미이자 인간적 의미이다.

그렇다면 조직에서 일의 의미는 무엇일까? 일을 한다는 것은 조직의 돈을 번다는 것이다. 물리학에서 일은 물체에 힘을 가해서 움직이게 하는 것을 말한다.

조직에 이것을 대입하면 문제 또는 과제에 해법을 실행하여 성과를 내는 것이 된다. 여기서 성과는 조직 목적에 기여하는 모든 행위이다. 조직의 궁극적 목적은 계속적으로 생존하고 발전하는 것이다. 생존과 발전의 수단은 지속적인 현금 창출이다. 우리 회사의 현금은 제품에서 가치를 느낀 고객이 지급하는 것이므로 조직에서 일이란 고객이 돈을 지급할 만한 가치를 만드는 행위가 된다.

조직에서 가치를 만들기 위해 개인은 어떤 종류의 일을 해야 할까? 내가 만약 생산팀 소속 직원이라고 가정해 보자.

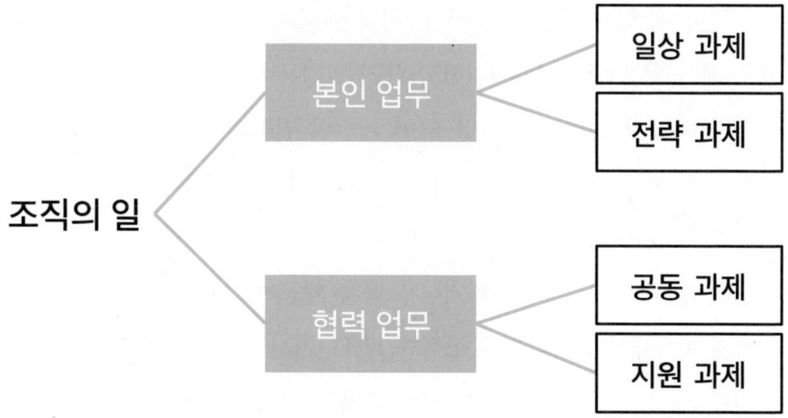

류랑도가 정의한 일의 종류 재구성

원가팀에서 제품 원가를 산출해야 하니 지난달 원재료 투입내역을 메일로 보내 달라고 한다. 이 자료를 메일로 보내주는 행위, 이것은 일인가? 일이라면 어떤 종류의 일인가?

『하이퍼포머』에서 류랑도가 정의한 일의 종류를 조금 변형하고 추가해 보면 다음과 같다.

생산팀 직원을 예로 들어보자. 본인 업무란 성과에 대한 책임이 나와 나의 팀에 있는 일을 말한다. 협력 업무란 성과 책임이 동료나 다른 팀 또는 임시로 구성된 TFT팀에 있는 일이다.

본인 업무에서 일상 과제는 비가 오나 눈이 오나 수행해야 하며 당장 안하면 회사의 프로세스 상에 차질을 빚는 일이다. 생산팀 직원이라면 일일 생산계획을 수립하고 라인에 전달하며 그날 생산된 수량을 확인하고 전산에 입력하는 일 등이다. 이것은 하지 않으면 바로 표시가 나고 문제가 발생하며 여기저기서 전화가 걸려온다.

전략 과제란 일상적인 일을 넘어 개선이 필요하거나 연초에 설정한 목표를 달성하기 위해 추진하는 일이다. 당장 안 해도 큰일은 나지 않지만 회사의 미래를 위해 반드시 해야 하는 일이다.

협력 업무는 동료와 함께하거나 도움을 제공하는 일이다. 그중에 공동 과제는 회사에서 일시적으로 조직한 TFT팀에서 수행하는 일을 말한다.

지원 과제는 동료가 자신의 일상 과제나 전략 과제를 수행하기 위해 나에게 요청하는 일로서 내가 회사 동료에게 도움을 주는 일이다.

내가 생산팀 직원인데 원가팀에서 원가 산출을 위해 자료를 보내 달라고 한다면 내 입장에서 그것은 지원 업무가 되는 것이다. 조직의 가치는 나의 본인 업무만 잘해서 되는 것이 아니라 동료들 또한 그들의 본인 업무를 완수해야 창출되는 것이므로 지원 과제도 나의 일상 과제나 전략 과제만큼이나 중요함을 잊어서는 안 된다. 그런데 일부 직원들은 그러한 요청을 받으면 자신의 일을 다 마친 후 퇴근하기 직전에야 메일로 보내 주기도 한다. 어쩌면 그 자료를 기다리고 있던 동료는 야근을 해야 될지도 모를 일이다. 회사는 능력 있는 개인들이 협력할 때 지속가능성을 보장받을 수 있다. 이런 회사는 개인들이 자신의 가치사슬 위치에서 내놓아야 할 출력물을 잘 내놓음과 동시에 동료의 출력물을 위해서도 지원을 아끼지 않는다.

아침에 출근하면 종이에 적어 보자. 오늘 우리 회사의 가치 창출을 위해 내가 수행해야 할 일상 과제, 전략 과제, 공동 과제, 지원 과제는 무엇인가? 달성해야 할 성과 수준과 마감 시한은 언제인가?

업무력의 본질은 일이 즐겁다는 것이다

최인철의 『나를 바꾸는 심리학의 지혜, 프레임』에 나오는 일화다.

환경미화원으로 일하는 아저씨가 있었다. 이른 새벽부터 악취와 먼지를 뒤집어쓴 채 쓰레기통을 치우고 거리를 청소하는 일을 평생 해온 사람이었다. 누가 봐도 쉽지 않은 일에다 사람들에게 존경받는 직업도 아니고, 그렇다고 월급이 많은 것도 아니다. 그런데 신기한 것은 표정이 늘 밝다는 점이다. 하루는 그 점을 궁금하게 여기던 한 젊은이가 이유를 물었다. 힘들지 않으시냐고. 어떻게 항상 그렇게 행복한 표정을 지을 수 있느냐고. 젊은이의 질문에 대한 환경미화원의 답이 걸작이었다.

"나는 지금 지구의 한 모퉁이를 청소하고 있다네!"

심리학에서는 이 이야기를 두고 긍정의 프레임, 의미 중심의 프레임을 가진 사람이 더 행복하다고 해석한다. 같은 상황을 경영학에서는 이렇게 설명한다. 사람은 자신의 일이 중요하다고 느낄 때 더 만족하고 성과를 낸다. 이야기 속 환경미화원은 스스로가 일에 대해 중요성을 부여하고 있다. 그리고 그것은 그의 표정을 밝게 한다. 거리도 더 깨끗하게 관리된다.

업무력의 본질은 일이 재미있고, 즐겁다는 것이다. 일을 하면서 행복함과 만족함을 느낀다면 그 성과는 불을 보듯 명확하다. 경영학자 해크만(Hackman)과 올담(Oldham)은 직무특성이론에서 사람은 자신의 직무에서 직무중요성을 포함해 다섯 가지 특성이 발견될 때 만족하며 성과를 낸다고 말한다.

그 다섯 가지는 기술의 다양성, 직무정체성, 자율성, 직무중요성, 피드백, 바로 업무력의 핵심 요소이다.

특성 ① – 기술의 다양성

축구에서 필드 플레이어의 포지션은 수비수, 미드필더, 공격수로 나뉜다. 이기기 위해서는 모든 역할이 다 중요하겠지만 가장 중요한 포지션을 꼽으라면 미드필더라고 말하고 싶다.

공격수에게 찬스를 만들어 주기 위해 전방으로 공을 공급하고 반대로 상대가 공격으로 전환할 경우 공이 우리 측 위험지역으로 가는 것을 미리 차단해야하기 때문이다. 특히 경기 상황에 따라 드리블로 상대 진영을 파고들지, 크로스를 올려 수비라인을 무너뜨릴지, 공을 뒤로 돌려 한 박자 쉬어야 할지도 생각해야 한다. 경기 흐름은 그들의 발끝에서 결정된다. 미드필더가 마에스트로(지휘자)라고 불리는 이유다.

축구 전문가에 따라 의견이 엇갈릴 수 있으나 역사상 최고의 마에스트로를 꼽으라면 대체로 프랑스의 지네딘 지단과 덴마크의 미카엘 라우드럽을 꼽는다. 이들이 최고로 평가받는 이유는 무엇일까?

그중 하나는 드리블 기술 때문이다. 지단은 전매특허인 마르세유 턴으로 라우드럽은 팬텀 드리블로 상대 진영을 자유롭게 파고들었다. 언제든 수비수 한 두 명은 쉽게 제쳐낼 수 있는 기술 덕분에 새로운 공간을 창조했고 수비수들이 자기 자리를 지킬 수 없게 만들었다. 이들은 축구가 재미있고 미드필더라는 역할에 만족했을 것이다. 내 역할을 위한 강력한 기술을 가짐으로써 성과를 낼 수 있었기 때문이다.

일도 마찬가지다. 나의 일에서 사용할 수 있는 기술이 다양할 때 더 재미있다. 재미가 있으니 성과는 날 수밖에 없다. 문서를 작성할 때 워드만 사용할 수 있는 사람보다 엑셀의 수식과 그래프를 사용할 수 있는 사람이 더 자신감 있게 일을 한다. 된장찌개만 끓일 줄 아는 사람보다 갈비와 파스타까지 할 수 있는 사람의 요리는 더 즐겁다. 손님을 초대하고 싶은 마음이 더 생긴다.

내 업무의 성과를 위해 필요한 기술은 무엇일까? 그것부터 정의해보자. 정의가 끝나고 나면 자기계발의 1순위가 영어가 아니란 걸 알게 된다. 마케팅이 업무라면 통계분석 툴을 사용할 수 있으면 도움이 된다. 홍보팀 직원이라면 인포그래픽이나 프레지를 다룰 줄 알면 프레젠테이션 할 때 더 당당해진다. 내 업무의 성과에 직결되는 기술을 익히면 일이 재미있어진다. 당장 찾아보고 모르면 물어서라도 찾자. 이제부터 그것을 자기계발 과제로 삼자.

특성 ② - 직무정체성

정체성이란 사물이 원래 가진 특성을 말한다. 부분적인 특징이 아닌 전체를 아우르는 성격이다. 정체성을 알 수 없다는 것은 대상의 온전한 모습을 모르겠다는 뜻이다. 분업은 정체성이 없는 일이다.

자전거를 만드는 회사에서 하루 종일 핸들만 끼우는 일은 정체성이 없다. 신제품 개발 프로젝트에서 상사가 낸 아이디어의 도면만 대신 그려주는 사람은 직무 정체성을 느끼지 못한다. 일이 재미없고 만족하기도 어렵다. 직무 정체성이 없는 일을 오래 하게 되면 인간의 정체성에 대해서도 회의를 느끼게 한다. 직장을 떠나는 이유다. 직무정체성이란 나의 일이 시작과 끝이 있는가 아니면 부분만인가의 의미다.

직무특성이론에서는 사람은 정체성이 있는 일을 할 때 더 만족한다고 주장한다. 밀가루를 반죽하고 숙성하고 빵을 만들고 오븐을 예열하고 굽고 꺼내는 제빵사는 팥소만 만드는 사람보다 만족한다. 일을 통해 살아 있음을 느낀다.

따라서 조직에서는 직무를 설계할 때 정체성의 개념을 유의해서 설계하고 일을 부여해야 한다. 직원들도 자신의 일이 정체성 없는 일이라면 새로운 직무 설계를 요구해야 한다. 하지만 조직의 업무 중에는 컨베이어 벨트 위의 분업과 같이 어쩔 수 없이 부분만을 수행해야 하는 경우도 있다. 이 경우에는 정체성을 부여하는 대신 직무 순환으로 그 부족함을 채워 주기도 한다. 그런데 한 달은 자전거 핸들을 끼우고 한 달은 뒷바퀴를 끼운다고 해서 업무에서 얼마나 만족할까?

이렇게 정체성을 심어 주기 힘든 업무라면 직무특성이론 5요소 중 자율성으로 보완할 수 있다.

특성 ③ – 자율성

회사에서 사원으로 일할 때의 일이다. 상사와 함께 세계 공작기계 박람회를 다녀온 다음 날이었다.

"이거 작년에 다녀온 사람이 쓴 출장보고서인데 사진하고 내용 조금 바꿔서 제출해."

공작기계란 쇳물을 일정 모양으로 응고해서 만든 금속을 정해진 치수로 깎아서 제품을 만드는 기계이다. 세상의 많은 물건들이 금속으로 된 것인 만큼 공작기계도 많이 사용되고 시장도 크게 형성되어 있다. 그런 이유로 매년 세계 곳곳에서 새로운 장비를 전시하고 시연하는 박람회가 열린다. 제조업에 종사하는 사람들은 으레 그곳에 가서 자신의 회사에 적용 가능한 신기술의 장비가 출시되었는지 확인한다. 내가 처음 기계 박람회에 갔을 때는 신입사원의 티를 벗지 못한 때라 큰 목적의식 없이 가서 "세상에 이런 장비도 있구나!", "이렇게 큰 기계를 전시하려면 고생 좀 했겠는데?" 같은 철없는 질문이나 던지면서 구경했다. 출장이라기보다 견문의 느낌으로 다녀왔다. 당연히 보고서 같은 걸 쓸 것이라고는 상상도 못 했다. 미리 언질도 없었고. 그런데 웬걸? 상사는 생소한 용어가 잔뜩 쓰인 보고서 하나를 툭 하고 던져주며 고쳐서 쓰란다. 황당하기도 했고 화도 났다.

업무에서 자율성이란 그냥 자율적으로 일한다는 뜻이 아니다. 직무 자율성은 일에서 요구되는 결과물을 명확히 인지하며 성과를 내기 위해 계획에서 실행까지 나의 책임 하에 수행하는 것을 말한다. 그래서 자율성을 위해서는 업무에 대한 정보와 권한이 필요하다.

내가 상사가 던져 준 보고서를 보고 화가 난 이유는 무엇일까? 보고서 작성에 대한 사전 정보가 전혀 없었기 때문이다. 그러니 출장에 대한 계획을 세울 수도 없었다. 물론 회삿돈과 시간을 쓰면서 박람회를 간다면 스스로 이번 출장을 통해서 무엇을 보고 얻어 와야지 하는 마음으로 가는 것이 마땅하다. 그러나 당시 사원이었던 나에게 미리 출장의 성격과 도출해야 할 결과물을 인지시켜 줬더라면 하는 아쉬움이 컸던 것이다. 보고서를 내가 주체적으로 쓸 수 없었음은 말할 것도 없다. 남의 보고서를 보고 수정하는 동안 많은 자괴감이 들었다.

내가 하는 일의 의미가 무엇인지 모르고 누가 시키는 대로만 일하는 사람보다 직접 계획하고 실행하는 사람이 더 큰 자율성을 느낀다. 자부심도 생기고 책임감도 동반되기에 일이 더 즐겁고 도출되는 성과수준도 높다.

조직의 상사는 부하 직원에게 업무를 부여할 때 업무 속에 직무특성이론의 다섯 가지 특성을 주입하여야 한다. 경영학에서는 이것을 '직무충실화에 의한 직무설계'라고 말한다.

직무확대, 직무순환이 외형적 설계방식이라면, 내적으로 직무에서 책임감, 성취감, 성장의 기회를 가질 수 있도록 설계하는 방식이 바로 직무충실화다. 직무특성이론 다섯 가지 중에 앞서 언급한 기술의 다양성은 개인의 노력으로도 얻을 수 있지만 정체성은 회사의 업종, 업무 성격상 그러기가 쉽지 않다. 이때 정체성 부여에 한계가 있는 직무는 직무충실화를 통해서 자율성을 부여하는 것으로 보완할 수 있다. 직원 모두가 회사 일 중에 처음과 끝이 명확한 일을 할 수는 없다. 그러므로 상사는 정체성이 없는 분업과 같은 일을 하는 직원에게는 더더욱 그 일에 대한 많은 정보를 제공하고 스스로 계획할 수 있는 재량권을 부여하여 직무만족도를 높여 주어야 하는 것이다.

간혹 이런 주장을 펼치면 그게 소프트웨어 회사 또는 일반 회사의 부서 중에서도 기획팀, 연구개발팀에서나 가능한 것이지 제조현장 같은 곳은 불가능하지 않느냐고 반박하는 사람도 있다. 그런데 이미 많은 제조업 현장에서 직무충실화를 통해 자율성을 부여하고 있다. 의지의 문제일 뿐이다.

브라질의 펌프 제조 회사 셈코 사례를 보자.

일반적으로 우리나라 제조 기업은 아침 8시에 모든 라인이 일괄적으로 생산이 시작되지 않으면 안 된다고 믿는다. 그런데 셈코는 현장 라인의 근무 시간과 생산량을 해당 작업자들이 결정한다. 리카르도 세믈러의 『셈코 스토리』의 내용을 인용해본다.

"유연 근무시간을 조립라인 근로자들에게까지 확대했을 때 우려의 목소리가 터져 나왔다. 직원들에게 업무시간을 결정하게 하면 혼란을 피할 수 없을 것이라는 이유에서였다. 하지만 직원들은 어린아이가 아니라 성숙한 어른이었다. 직원들은 스스로 원재료의 양, 생산 물량, 타 라인 작업 상황을 확인했고 개별 직원들이 다음 날 몇 시에 출근할지도 조율했다. 몇 달이 지나도록 라인에는 아무런 문제가 없었다."

회사의 직원은 나이가 많든 적든 사무실에서 일하든 현장에서 일하든 모두가 성숙한 어른이며 그들만의 놀라운 잠재 능력이 있다.

자율성은 신뢰를 바탕으로 구축될 수 있다. 물론 직원들도 자율성이 부여될 때를 대비해서 업무에 대한 능력을 꾸준히 키워나가야 한다. 또한 자신의 일이 무엇이든 책임감을 가질 때만이 자율성은 유효할 것이다.

특성 ④ – 직무중요성

직무중요성이란 수행하는 일이 내가 속한 조직에 얼마나 큰 영향을 미치는가의 의미다. 내 일의 결과로 조직이 목표를 달성하고 발전한다고 느끼면 자신의 직무에 더 만족한다. 조직의 모든 일은 가치 창출을 위한 한 퍼즐에 속해 있으므로 모든 일이 중요하다고 할 수 있다. 그러나 구성원들 간에 느끼는 업무의 중요도는 다르다. 회계팀 업무가 구매팀 업무보다 중요하다고 말할 근거는 없지만 직원들 간에는 선호하는 업무가 따로 있을 수 있고 경영자 또한 차별적으로 대우하기도 한다.

직무중요성은 조직에서 직무를 설계할 때 중요한 업무와 그렇지 않은 업무를 섞어서 설계할 수도 있고, 내 일이 어떤 일이든 상관없이 앞에서 나온 환경미화원 사례처럼 자기 스스로 중요성을 부여할 수도 있다.

직무를 설계하고 배치할 때 유의할 점이 있다. 그것은 모든 인간이 강한 성취 의욕과 책임감을 가진 것은 아니라는 것이다.

어떤 직원은 자율성보다 누가 시키는 대로 하는 것을 더 좋아할 수도 있고 그럴 때 더 나은 성과를 내기도 한다. 마찬가지로 조직에서 생각하는 중요한 업무를 맡을 경우 능력이 뛰어나지 않은 사람은 심한 스트레스를 받기도 한다. 따라서 성장 욕구가 강하고 성취 의식이 큰 사람에게 보다 중요한 업무를 맡기는 것이 조직 효과성을 위해서는 바람직할 것이다.

특성 ⑤ – 피드백

『대통령의 글쓰기』 저자 강원국의 회사원 시절 일화이다.

“나는 운 좋게도 신입사원 시절 좋은 상사를 만났다. 상사는 문제가 생기면 늘 내게 질문했다. ‘이 문제 어떻게 해야 해?’ 해법은 내가 내야 했다. ‘이렇게 하면 될 것 같은데요?’ ‘그래? 그럼 그렇게 해 봐.’ 상사는 나를 인정해줌으로써 그 일의 주인으로 만들었다. 그리고 중간보고를 하러 가면 한마디 더 물었다. ‘응 잘하고 있네. 그런데 꼭 그 방법만 있을까? 뭐 어련히 알아서 하겠지만….’ 그 말은 내가 문제에 대해 한 번 더 생각하게 했다.”

상사가 부하 직원에게 피드백을 준다는 것은 일의 진행이 잘되고 있는지 확인하고 조언해줌으로써 업무의 방향성을 알게 한다는 뜻이다.

피드백의 목적은 최종 결과가 더 나은 상태로 도출되도록 하는 데 있다. 피드백이 없으면 일이 잘되고 있는지 확신이 서지 않아 추진력 있게 밀고 갈 수 없다. 반면에 피드백이 지나치면 간섭이 된다. 자율성을 방해하여 일할 의욕을 떨어뜨리고 성장을 막는다.

피드백은 직무만족을 위한 마지막 퍼즐이다. 정체성 있고 중요한 업무를 맡아 다양한 기술을 동원하여 자율성 있게 추진하더라도 상사가 중간 점검을 해주지 않으면 내가 잘하고 있는지 알 수가 없다. 또 상사가 피드백을 해주지 않은 채 일이 잘못된 방향으로 흐르면 그 책임을 실무자가 져야 할 경우도 많다. 따라서 상사가 중간 점검을 잘해주지 않는 사람이면 부하직원이 먼저 중간보고를 해야만 한다.

피드백은 업무 성과와 직무만족을 위한 요소이기도 하지만 때로는 상사와 부하직원 사이를 긴밀하게 만들기도 한다.

같은 문제에 대해 고민하면서 우리가 한 팀이라는 일체감을 느끼게 해주기도 하고 상사는 자신의 존재감을 과시할 수 있는 기회가 된다. 또 자신에게 조언을 구하는 부하 직원에게 친밀감과 신뢰를 느끼기도 하는 것이다.

해크만과 올담은 직무특성이론의 다섯 가지 특성을 제시함과 동시에 이들의 관계식도 다음과 같이 내놓았다.

MPS(Motivating Potential Score, 잠재적 동기 지수)는 다섯 가지 특성들이 어우러져서 동기 부여의 크기를 구성한다.

다음에서 알 수 있듯 그들은 특히 자율성과 피드백을 강조하고 있다.

직무를 스스로 계획할 수 없거나 상사의 확인과 조언이 없다면 동기부여는 '0' 이 될 수도 있다는 것이다.

$$MPS = \left(\frac{기술다양성 + 정체성 + 중요성}{3}\right) \times (자율성) \times (피드백)$$

직무특성이론 5요소의 관계식

즉 일 자체의 성격도 중요하지만 수행 과정에서 얼마나 자율적이고 지원을 받는가가 직무만족에 큰 영향을 미친다고 주장한다.

직장인은 모든 면에서 선택이 자유롭지 않은 존재들이다. 회사는 내가 선택해서 들어왔을지 모르지만 부서와 직무는 반드시 내가 선택한 대로 되지는 않는다. 그런 상황에서 조직은 직원들에게 성과를 요구하고 직원들은 만족과 의미를 찾아야 하는 것이다. 이때 중요한 것이 내가 통제할 수 있는 것과 없는 것을 구분할 수 있다면 문제의 크기를 줄일 수 있다.

직무특성이론의 다섯 가지 특성은 내가 통제할 수 없는, 부서 선택과 직무 선택에 매달리기보다 직무를 설계하는 방식과 직무를 대하는 방식을 바꿈으로써 만족을 얻을 수도 있다는 힌트를 제시한다.

효율보다 효과에 집중하라

A자동차 회사의 고급 세단 모델S는 충성고객층이 두텁다. 그런데 판매량에 비해 영업이익은 높지 않았다. 이에 회사는 제품 제조원가를 낮추고자 협력업체에 납품단가 인하를 요구하였다. 영업이익은 바로 올랐다.

만족하고 있던 차에 어느 순간부터 협력업체들이 납기를 못 맞추는 일이 일어났다. 원인을 조사해보니 납품 단가인하로 수년째 임금 인상을 못 하고 있던 협력업체가 인력 부족에 시달려 라인 가동률이 낮아지고 계속되는 추가 야간작업으로 불량률이 높아졌기 때문이었다. 2010년 도요타 자동차는 캠리를 포함한 8종의 자동차 1000만대를 리콜하였다. 무리한 원가절감의 부작용으로 가속페달에 불량이 생겼기 때문이다.

B과장은 휴가를 맞아 아이들을 데리고 바닷가로 갔다. 목적지에 일찍 도착해서 아이들이 즐겁게 노는 모습을 보고 싶었다. 급하게 운전하

다 접촉사고가 났고 사고처리를 하느라 오히려 도착 시간이 늦어졌다.

손만두 가게에 취업한 C군은 만두를 빚는 일을 맡았다. 시간당 만드는 만두 수량을 늘리고자 노력하였고 그 수는 점차 늘어갔다. 오늘도 어김없이 최대 능력치를 발휘하여 많은 만두를 빚었다. 그런데 날이 더워서 손님이 뜸했다. 빚어둔 만두는 팔리지 않아 모두 버리게 되었다.

D병원은 더 많은 환자를 받고 싶었다. 의사들에게 환자 한 명당 진료 시간을 15분 이내로 제한하고 진료한 환자 수에 준해서 성과급을 지급하기로 하였다. 의사들은 15분을 지키기 위해 환자의 말을 많이 듣기 보다는 자신이 말하는 시간을 늘렸다. 몇 달 후 병원은 의사들이 권위적이어서 환자 말을 잘 안 듣는다는 소문이 나기 시작했다.

E병원은 심장 수술을 전문으로 하는 병원이다. 다음 달부터 수술 성공률로 인사고과를 한다는 방침이 내려왔다. 그러자 수술 성공률이 크게 올랐다. 그런데 알고 보니 의사들이 쉽고 성공 확률이 높은 수술만 실시했던 것이다. 병원은 환자들로부터 어려운 수술은 못 하는 실력 없는 곳이라는 평판을 듣게 되었다.

위 사례들은 공통점이 있다. 효율성을 추구하다 효과성을 망친 사례이다. 효과성이란 그 일의 궁극적 목적에 부합하는가를 의미한다. 효율성은 일을 하는 과정에서의 투입 대비 산출 즉, 같은 시간과 비용으로 얼마나 많은 양을 만들었는가? 반대로 하나의 결과를 내기 위해 시간과 비용을 얼마나 적게 썼는가의 의미이다.

F식당은 한 시간에 10그릇의 냉면을 만들 수 있다. 그리고 7그릇을 판다. G식당은 한 시간에 9그릇의 냉면을 만들어 8그릇을 판다. F식당이 G식당보다 효율은 높다. 1시간이라는 투입 자원으로 더 많은 양의 냉면을 만들기 때문이다. 하지만 효과성은 반대다. 식당은 음식을 만드는 것이 목적이 아니다. 파는 것이 목적이다. G식당은 더 많은 양의 냉면을 판다. 효과성이 좋아 더 많은 매출을 올리고 더 많은 돈을 번다.

회사 조직에서 효과는 매출과 이익이다. 매출과 이익의 극대화를 위해 사용되는 방법과 중간 단계에서 발생하는 결과들은 모두 효율에 해당한다. 제조 회사에서 생산을 많이 하는 것은 목적이 될 수 없다. 회사 업무의 모든 과정은 부서에 상관없이 매출액과 이익 증대에 맞춰져야 하는 것이다. 그러나 많은 회사의 직원과 개별 팀들이 이것을 망각하고 자신의 목표에만 초점을 맞춘다. 개인 성과와 팀 성과 역시 회사의 최종 성과와 연계되지 않으면 안 되는 것이다.

생산기술팀의 H과장은 회사에 대한 애착이 몹시 크고 자기 업무에 대한 책임감이 강하다. 그는 자신이 추진하는 신규 라인 설치 프로젝트가 일정대로 완료되기 위해서는 자재팀의 초기 원자재 공급이 아주 중요하다고 생각한다. 자재팀 직원에게 빨리 원자재를 공급해 달라고 독촉하는 게 다반사다. 개발 회의 때마다 큰소리가 오가곤 한다. 원자재는 언제까지 들어오느냐고. 그래서 생산기술팀과 자재팀의 신제품 개발 담당자는 늘 사이가 좋지 못하다. 이런 이유로 자재팀은 생산기술팀에 대해 반감을 갖게 되었고, 일상적인 협조 요구에도 적극적으로 대응하지 않는다. 이것은 결국 생산기술팀의 프로젝트 완료에도 영향을 미친다.

내가 맡은 프로젝트 완료를 위해 다른 부서와 갈등을 빚는 것은 옳은 일인가? 결국은 조직의 효과성이라는 큰 틀을 못 보고 있는 것이다.

아이가 다섯 살이 되도록 밥을 스스로 먹지 못하여 엄마가 먹여 주곤 한다. 이것을 고치기 위해 아빠는 정해진 시간 안에 밥을 다 먹지 못하면 밥그릇을 빼앗아 버리곤 했다. 밥을 스스로 먹게 하는 것이 목적인가? 아니면 성장기 아이가 골고루 많은 양을 먹게 하여 잘 자라게 하는 것이 더 큰 목적인가? 생각하고 결정해야 한다.

조직에서 개인과 개별 팀이 무엇이 진정 효과적인 업무 수행인지 알기란 쉽지 않다. 제도적으로 알지 못하게 만드는 경우가 있기 때문이다. 개인별 성과급제, 팀별 성과급제 등으로 개인과 부서 이기주의가 생겨나기 때문이다.

조직의 리더는 비전을 제시하고 직원들을 동기부여 하는 것이 그 역할이다. 동기부여의 방향이 효과를 위한 것인지 효율을 위한 것인지 잘 생각해 볼 필요가 있다.

물론 가장 좋은 것은 효율적이면서 효과적인 것이다. 적은 비용으로 많이 만들고 많이 파는 것이다. 둘 다 만족하기 어렵다면 우선시 되어야 할 것은 당연히 효과성일 것이다.

생각해 보자. 나의 효율은 효과를 위한 것인가?

난제 해결의 업무력

어제까지 잘 작동하던 휴대폰이 말썽을 부리면 "휴대폰에 문제가 있다."라고 말한다. 지난달까지 일정 수준을 유지하던 매출이 이번 달 들어 하락할 조짐이 보이면 "뭐가 문제지?"라고 하면서 원인을 찾고자 한다.

문제, 이렇듯 우리는 정상 상태에서 벗어난 것을 문제라고 한다. 현재의 모습이 기대되는 상태에서 벗어 난 것이 문제인 것이다.

현상이 문제로 정의되려면 다음의 두 가지가 있어야 한다. 첫째는 정상 상태에 대한 기준이다. 다른 말로 기대 상태라고도 하며 목표라고도 한다. 문제 해결의 시작은 정상 상태와 현 상태를 규정하는 것이다.

휴대폰의 정상 상태는 여러 가지가 있겠지만 배터리가 금방 닳지 않고 앱이 잘 실행되고 와이파이가 잘 잡히고 전화의 송수신이 잘되는 것이다. 물론 이것은 정의하는 사람에 따라 달라진다. 똑같은 휴대폰의 상태라도 누구에게는 문제가 되고 누구에게는 안 되는 이유다.

문제가 정의되기 위한 두 번째 조건은 현 상태에 대한 지각과 묘사다. 휴대전화 배터리가 한 달 전에는 완전 충전 상태에서 이틀은 사용 가능했는데 지금은 하루밖에 사용하지 못한다면 문제인 것 같지만 하루밖에 쓰지 못함을 내가 지각하지 못하면 문제가 아니다. 그리고 지각했다고 하더라도 배터리의 수명이 하루인지 하루 반나절인지 정확히 묘사될 수 없다면 문제의 크기가 얼마인지 알 수 없는 것이다. 문제의 크기를 모르면 해결을 위한 목표와 방법도 정확하게 도출할 수 없다.

이처럼 정상 상태에서 벗어난 상태를 우리는 문제라고 하는데 정상 상태에서 벗어나지 않더라도 문제라고 부르는 경우도 있다. 바로 정상 상태의 기준을 우리 스스로 더 높여 버리는 경우다.

수학 시험 점수가 90점이 목표인데 한번도 90점을 내려 간 적이 없다. 문제가 아니다. 그런데 내가 목표를 95점으로 높이는 순간 그것은 문제가 된다. 그래서 사람들은 문제에는 두 가지 종류가 있다고 말한다. 정해둔 정상 상태에서 벗어난 문제는 이미 발생한 발생형 문제 또는 과거형 문제이며, 멀쩡한 상태를 목표를 올려 잡음으로서 문제로 만들어 버리는 것을 설정형 문제 또는 미래형 문제라고 말한다.

어쨌든 우리는 비정상보다는 정상이 더 좋으므로 문제란 정상 상태로 만들어야 하는 것 다시 말해 '해결해야 하는 것'이다.

문제 해결 비법

문제를 해결한다는 것은 기대 상태와 현 상태를 일치시키는 것이다. 정상에서 벗어난 것을 다시 원래대로 돌려놓기 위해서는 원인을 찾는 것이 우선이다. 그리고선 그 원인을 제거할 방법을 찾아 실행하는 것이다.

따라서 문제 해결이란 인식된 문제의 원인과 방법을 찾아 정상 상태로 돌려놓는 것이다. 단 설정형 문제는 문제를 내가 만든 것이므로 원인이 없다. 높여 놓은 목표에 도달할 방법을 찾아 실행하는 것이다.

따라서 문제 해결의 순서는 문제 정의 – 원인 찾기 – 방법 도출이 된다. 그렇다면 먼저 문제 정의부터 살펴보자

비법단계 ① – 문제 정의

앞에서 휴대폰의 경우 배터리 사용 시간이 절반으로 줄었더라도 사람에 따라 문제가 되기도 하고 안 되기도 한다고 하였다. 그 이유는 사람마다 기대 수준이 다르기 때문이다. 정상 상태의 기준이 다르다면 문제로 인식되지 않을 수도 있다.

문제 정의란 현 상태를 정상이 아니라고 인식한 사람이 정상 상태와 현 상태를 객관적으로 묘사하는 것을 말한다.

휴대폰의 경우 문제 정의란 정상 상태는 배터리 사용 시간이 48시간인 것이 되고 현 상태는 배터리 사용 시간이 24시간인 것이 된다.

문제 정의 : 기대 상태(배터리 수명 48시간) Vs. 현 상태(배터리 수명 24시간)

따라서 문제 해결 목표는 배터리 수명을 두 배로 올리는 것이 된다. 문제 정의가 중요한 이유는 정의에 따라 해결할지 말지 해결을 한다면 어느 수준까지 할지를 결정하는 기준이 되기 때문이다. 다음의 예를 보자.

학교에 다녀온 초등학교 3학년인 딸아이가 오늘 학교에서 있었던 일

에 대해서 아빠에게 이야기를 하는데 과장이 좀 있는 듯하다. 피구 게임을 했는데 그 게임의 과정에서 자신의 활약을 많이 포장한다. 원래 그 정도 실력은 아닌데 말이다. 문제인가? 정상 상태 또는 기대 상태나 목표를 어디에 두느냐에 따라 문제가 되기하고 안 되기도 한다. 목표를 정직한 사람으로 한다면 현 상태는 거짓말을 하는 상태로 정의된다. 문제로 인식된다. 해결해야 한다. 그러나 목표를 창의성이 있는 사람, 스토리텔링이 되는 사람으로 한다면 현 상태는 이야기를 만들어내는 상태가 되어 문제로 인식되지 않는다. 해결할 필요가 없다. 더 두고 보면 되는 것이다. 언젠가 정도가 심해지면 다시 정의하면 되는 것이다.

이처럼 문제를 정의하기 위한 첫 번째 조건은 명확한 목표의 존재이다. 목표가 없다면 현 상태를 판단할 기준 자체가 없어진다. 이 책 앞부분에 언급되었던 어느 해양플랜트 회사로 돌아가 보자.

많은 해양플랜트를 해외로부터 수주하고 잘 만들어 납품해 놓고도 적자가 나서 파산할 위기에 처한 이유는 원가 수준에 대한 명확한 목표가 없었기 때문이다. 자신의 정상 상태가 무엇인지 모르는데 현 상태가 문제인지 어떻게 알 수 있을까? 이렇게 실제 상태는 문제이지만 목표가 없어서 문제로 인식되지 않았던 대표적인 사례가 바로 미세먼지다.

우리나라는 1995년부터 공기 중에 떠다니는 먼지 중에 지름이 10μm 이하인 것을 미세먼지PM10으로 규정하여 측정하기 시작했다. 그런데 최근 들어 보통의 미세먼지보다 크기가 훨씬 작은 초미세먼지가 몸에 더 해롭다는 것을 알고 2015년부터 지름이 2.5μm 이하인 것을 초미세먼지 PM2.5라 이름 짓고 측정하고 주의보도 발령하고 있다. 2015년 이전에도 초미세먼지라는 문제가 있었음에도 불구하고 기준이 없었기 때문에 문제로 인식하지 못했던 것이다.

이처럼 현상에 대해서 목표가 부재해서 그것을 문제로 인식하지 못한 경우가 우리 가정이나 조직에 없는지 살펴보자. 특히 성장기 자녀를 둔 부모는 자녀의 심리 상태나 건강 상태를 잘 주목해야 하는데 관찰하기 전에 중요한 것이 정확한 목표를 아는 것이다. 만 10세에는 키나 몸무게가 어느 정도가 정상 범위인지 기초 학습 수준은 어느 정도가 정상인지와 같은 경우이다.

기업도 마찬가지다. 기업에는 수많은 지표가 있다. 그중에서 무엇을 문제 인식을 위한 지표로 삼을지가 중요하다. 그다음이 목표 설정이다.

대표적인 지표는 매출액이나 영업이익률, 부채비율, 이자보상비율, 이직률 등이다. 그래서 많은 회사들이 재무제표의 중요성을 인식하고 분석하는 것이다. 그런데 그것 말고 기업 조직의 진정한 문제 인식 지표가 따로 있다면 어떻게 할 것인가? 우리 회사가 만약 정작 관리해야 할 지표는 관리하지 않고 남들이 다 한다는 매출액, 영업이익률만으로 문제 여부를 가늠하고 있는 것은 아닐까? 경영자의 역할 중에 하나는 그 지표를 찾고 관리하는 것이다.

3M 사례를 보자. 3M의 제품은 수만 가지가 넘는다. 그런 가운데서도 어떻게 그렇게 오랜 기간 최고기업의 지위를 유지할 수 있었을까?

바로 문제인식의 지표로 NPVI (New Product Vitality Index)를 적용했기 때문이다. NPVI는 회사 전체 매출액 중 최근 5년 내에 출시된 신제품이 차지하는 비율을 뜻한다. 만약 단순 매출액만을 문제 인식의 지표로 삼고 있는 회사가 있다고 하자. 그런데 매출 비중의 대부분이 10년 전에 출시된 구형제품 즉 시장 성숙기나 쇠퇴기 제품이라면 문제가 아니겠는가? 성숙기 제품으로 최고의 현금을 창출하고 있을 때 이미 시장 도입기 제품과 성장기 제품이 적절한 비율로 자리 잡고 있어야 기업의 영속성이 보장되는 것이다. 3M은 NPVI의 문제 인식 수준을 30%로 정해 놓고 있다. 회사 전체 매출액 중 최근 5년 내 신제품의 매출 비중이 30% 미만으로 떨어지면 문제인 것이다. 그런데 지금까지 최저 수준이 34%였다고 한다. 이처럼 조직의 목표 수준이 제시되면 그 목표인 정상 상태를 유지하기 위한 방법이 도출되는 것이다.

3M은 지속적인 신제품 개발을 위해 가장 필요한 것이 직원들의 창의성이라 보고 15%룰을 두고 있다. 창의성을 위해서라면 근무 시간의 15%를 직원들이 마음대로 사용할 수 있게 하는 것이다. 그것이 바로 100년 넘게 지속된 기업의 비밀인 것이다.

우리 회사가 산업 특성이나 현재의 경영 환경에 맞게 관리해야 할 지표는 무엇일까? 조직의 목표를 위해 팀으로서 개인으로서 가져야 할 목표는 무엇일까? 그것을 고민하고 수립하는 것이 문제 해결의 시작이다.

비법단계 ② – 원인 찾기 : 요소 분해에 의한 Why 질문법

어제 오랜만에 테니스를 쳐서 그런지 오른쪽 팔꿈치가 붓고 아프다. 문제인가? 문제다. 제 몸 아픈 것만큼 명확하게 인식되는 문제가 또 있을까? 문제라면 원인을 찾아 제거할 방법을 찾아야 한다. 그걸 해결이라 했다. 원인은 어디에 있는가? 원인은 문제가 발생한 곳에 있다. 여기서 발생한 곳은 어딘가? 팔꿈치다. 팔꿈치에서 원인을 찾으려면 팔꿈치를 이루는 전체 구성요소가 무엇인지 알아야 한다. 이것을 요소 분해법이라고 한다. 팔꿈치를 분해해 보자.

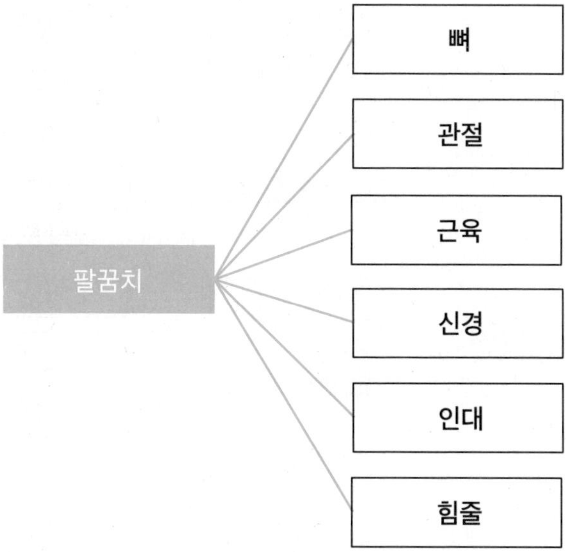

완벽하게 분해되었는가? 만약 무엇인가가 누락되었다면 더 채워 보길 바란다. 무엇인가 누락 된 경우는 운이 좋을 경우에만 문제를 해결할 수 있을 것이다. 팔꿈치를 구성하는 것이 만약 이게 전부라면, 통증을 유발하는 부분은 분명 뼈, 관절, 근육, 신경, 인대, 힘줄 중에 있을 것이다. 이렇게 요소를 분해하는 것이 중요한 이유는 요소마다 원인을 찾는 방법 즉 검사 방법이 다르기 때문이다. 때로는 엑스레이를 찍을 것이고 때로는 혈액을 검사를 해야 할 경우도 있다. 이렇게 요소로 분해되었다면 본격적으로 원인을 찾아보자.

원인은 Why 질문법을 통해서 찾을 수 있다. 분해된 구성 요소 하나하나에 '왜?'라는 질문을 해나간다. 뼈는 왜 아픈가? 어떤 경우에 아플 수 있는가? 그래서 엑스레이를 찍는다면 무엇을 볼 것인가? Why 질문법을 통해 완성된 대답을 다시 위의 로직트리에 추가해서 작성해 본다.

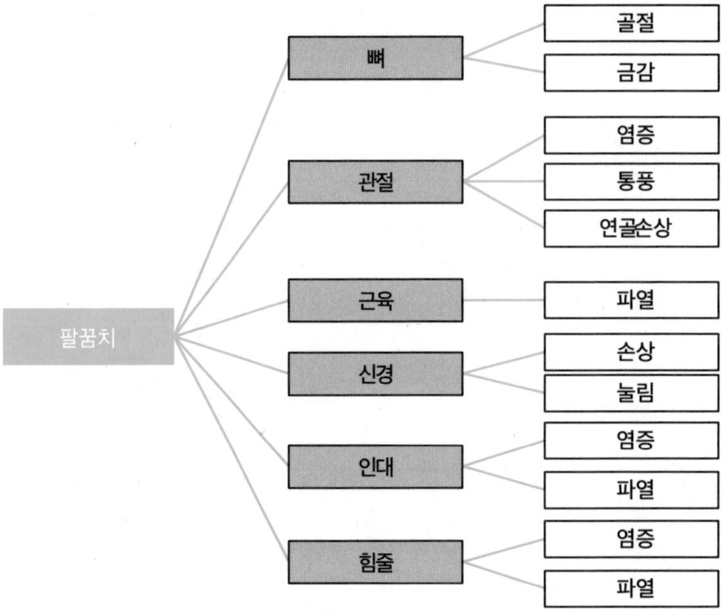

Why 질문법 : 왜 아픈가?

요소 분해가 잘되었고 Why 질문이 제대로 되었다면 원인은 이들 가운데 하나다. 이제 하나하나 증명하면 된다. 뼈가 부러져서 아플 수도 있으니 엑스레이를 찍어 보고 통풍으로 인해 아플 수도 있으니 혈액 검사를 해서 요산 수치를 확인하고 관절에 요산 결정이 있는지 보면 된다.

비법단계 ③ – 방법 찾기 : How 질문법

원인을 찾았다면 이제 방법이다. 원인이 Why 질문법이었다면 방법은 How 질문법으로 찾는다.

만약 원인이 통풍으로 밝혀졌다면 How 질문을 던진다. 통풍을 어떻게 없앨 것인가? 통풍을 없애는 방법은 대증요법과 근본 치료법이 있다. 먼저 당장의 증상을 없애는 대증요법은 진통소염제와 콜킨을 복용하는 것이다. 그리고 근본 치료는 요산강하제인 페브릭이나 자이로릭을 매일 복용하면서 요산 수치를 높이는 요인인 맥주를 포함한 술, 등푸른생선 등의 섭취를 자제하는 것이다.

지금까지 팔꿈치가 아픈 문제를 요소 분해법 – Why 질문법 – How 질문법으로 해결해 보았다.

비법단계 ④ – 원인과 방법 찾기 – 시스템 분석법

그런데 문제 중에는 단순히 요소만 분해해서 되는 것이 아니라 원인이 외부에서 오는 경우도 있다. 이럴 경우에는 요소 분해법이 아닌 시스템 분석법을 사용한다. 회사의 기계가 고장 났다면 요소 분해법을 사용해서 기계를 구성하는 부품들이 무엇인지 찾아야 한다. 반면에 매출액 감소의 원인을 찾는다면 시스템 분석법이 효과적이다. 매출액은 문제의 원인이 우리 회사 안에만 있는 것이 아니라 경제 상황이나 경쟁자의 전략에 있을 수도 있기 때문이다.

시스템 분석법은 대상을 분해할 때 외부환경과 내부환경으로 1차 분해를 해놓고 원인을 찾아가는 방법을 말한다.

가령 어느 농부가 일정한 넓이의 논에서 작년에는 쌀 5가마니를 생산하였는데 올해는 3가마니밖에 생산하지 못했다. 원인은 어디에 있는가?

떠오르는 대로 원인을 찾아보면 비료를 덜 뿌렸을 수도 있다. 강수량이 예년보다 적었을 수도 있다. 그런데 이래서는 모든 요인을 찾을 수 없다. 요소 분해법을 쓰기에도 농사라는 작업 자체가 고정된 개체가 아니라 적합하지 않다.

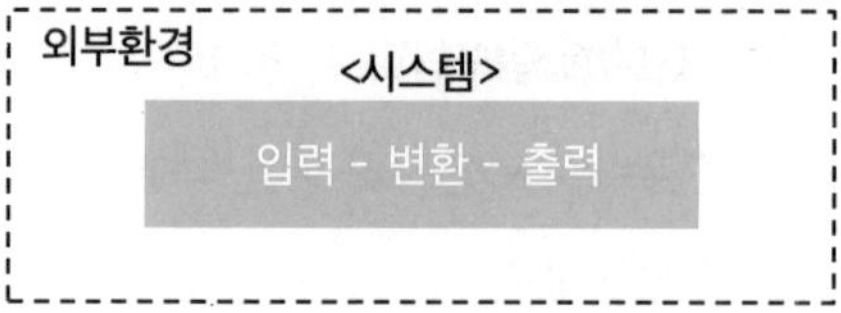

<시스템,내부환경>			<외부환경>
출력	입력	변환	제약조건
현 상태	투입물	활동,작업	통제할 수 없는 것
3가마	볍씨,비료	농사 짓는 과정	일조량 강수량 태풍
	-무엇이 있어야 하는가? -무엇이 없어야 하는가? -무엇이 많은가? -무엇이 적은가?	-작동 안 한 것은 무엇인가? -잘못 작동한 것은 무엇인가?	-방해 요인은 무엇인가? -내가 쉽게 고칠 수 없는 것은?

이때 농사라는 활동이 이루어진 시스템 즉 내부환경과 외부환경을 분석해 보는 것이다. 표로 정리한 후 로직트리를 그려보면 위와 같다.

수확량 감소라는 문제의 원인을 시스템 분석법으로 찾아보면 내가 통제할 수 없는 외부환경으로써 강수량 부족과 태풍이 있다. 물론 더 있을 것이다. 내가 통제 가능한 내부환경을 입력과 변환으로 요소 분해하고 Why 질문법을 적용하면 비료 부족과 잡초 미제거가 도출되었다. 여기도 물론 더 있을 것이다. 이렇게 원인이 도출되면 How 질문법으로 방법을 찾는다. 강수량 부족이 원인이었다면 내년에도 만약 비가 많이 오지 않을 경우 어떻게 할 것인가 하고 물어야 한다. 인근에 저수지가 있다면 미리 수로를 연결해 놓는 것도 방법이 될 것이다.

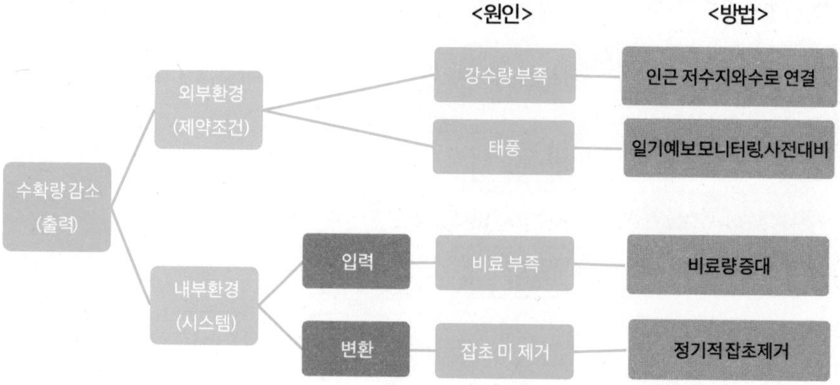

시스템 분석법

좀 더 직장인 현실에 맞게 문제 해결법을 하나 더 보기로 하자. 제조업 회사에 다니는 직장인이라면 한 번 정도 읽어 봤을 법한 엘리 골드렛의 소설 『더 골』은 책 전체가 문제 해결 과정이다.

유니코사의 적자가 계속되자 공장장 알렉스 로고는 우여곡절 끝에 요나 교수의 조언을 받아 문제의 원인과 해법을 찾아 문제를 해결한다.

그가 찾은 원인과 해법 중에 하나를 시스템 분석법으로 로직트리에 나타내 보면 다음과 같다.

책 속에서는 시스템 분석법으로 내부환경의 입력과 변환에서 많은 원인과 답을 제시하고 있는데 그중 변환에서 찾은 원인과 방법의 일부를 소개한다.

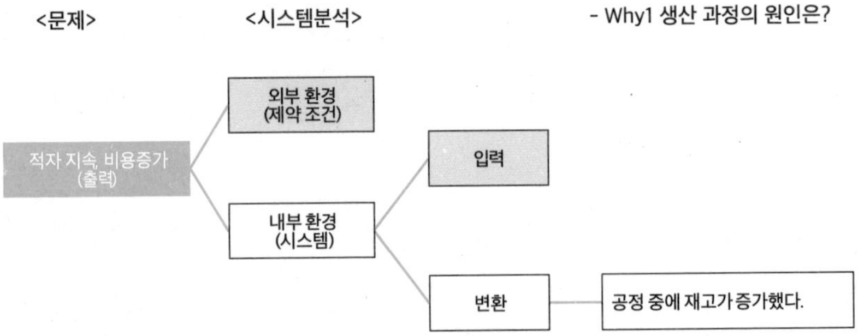

기업이 적자가 지속되고 있어서 문제다. 기대 상태는 이익을 내는 것이기 때문이다. 적자가 지속되는 원인을 찾기 위해 외부 환경, 내부 환경 모두를 조사해 보니 내부 환경의 변환, 즉 생산 활동 과정에서 재고가 증가한 탓으로 원재료 비용을 많이 사용했다.

공정에 재고가 쌓이게 된 것은 여러 제품 제조에 공통으로 활용되는 병목 장비 앞에 가공 대기품이 많았기 때문이다. 이것이 원인이다.

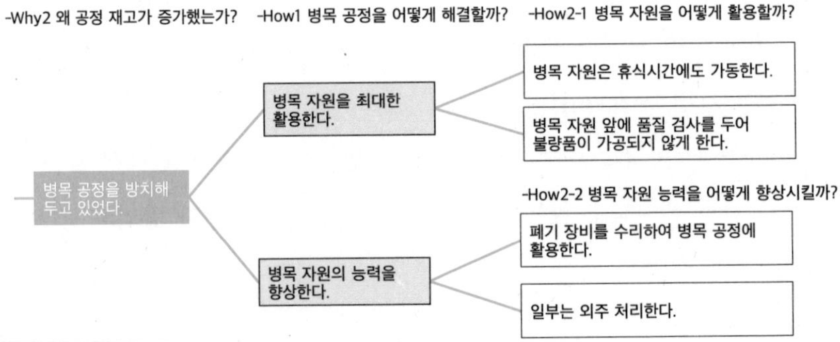

해법은 병목 장비의 문제를 어떻게 해결할 것인가에서 도출되었다. 해당 병목 장비를 최대한 활용하는 것 그리고 새로운 장비를 추가하거나 일부 가공은 외주 처리하는 것으로써 그 답을 찾았다.

책을 읽으면서 원인과 해법을 노트에 적어 보면 로직트리 작성법은 물론 원인과 방법 도출에도 많은 도움이 될 것이다.

앞에서 나는 우리가 해결해야 할 문제의 전문가는 바로 우리라고 했다. 여기에서 언급된 문제들인 팔꿈치를 치료하거나 농사를 짓는 일이나 제조업 공장의 문제를 해결하는 과정을 보고 독자들은 생소하게 느꼈을 수도 있다. 하지만 그것은 우리의 문제가 아니었기 때문이다.

그래서 우리에게 이런 문제가 주어지면 처음부터 다시 공부를 하고 문제를 해결해야 한다. 그러나 우리가 직장생활을 하면서 내 업무가 아닌 문제를 해결할 일은 거의 없다. 우리가 해결해야 할 문제는 평소에 늘 접하는 일 속에서 발생하는 것들이다.

그런데 만약 우리 업무에서 문제가 발생했을 때 그때서야 요소를 분해하거나 시스템을 분석하는 사람이 있다면 그 사람 자체도 문제가 있는 것이다. 평소에 이미 내 업무의 요소 분해와 시스템 분석이 다 되어 있어야 하는 것이다. 아주 특별한 외부 환경 요인이 가미된 경우에만 추가적으로 환경 분석이 필요한 것이다. 이 역시 신문이나 증권사 애널리스트 보고서 등을 꾸준히 읽으면서 예측하고 있어야 한다.

최고의 문제해결사는 '짠'하고 나타나서 엉킨 실타래를 단칼로 자르는 사람이 아니다. 평소에 자신의 업무를 관찰하고 로직트리를 만들어 가는 사람인 것이다.

업무력을 돋보이게 하는 보고서 작성법

'주객이 전도되다.'

배보다 배꼽이 크다는 말은 정작 중요한 것보다 부수적인 것이 더 큰 비중을 차지할 때 하는 말이다.

회사에서도 이런 경우가 있다. 가장 대표적인 것이 보고서 작성이다. 보고서 작성이 큰 배꼽으로 변하는 경우는 두 가지다.

하나는 보고를 받는 사람이 문제인 경우다. 보고서를 안 써도 되는데 쓰게 하는 것이다. 간단하게 말로 보고하거나 형식에 얽매이지 않고 부하직원이 평소에 워드나 엑셀에 적어둔 것을 그대로 출력해서 받아 봐도 될 일을 굳이 정해진 형식에 따라 파워포인트에 쓰게 하는 것을 말한다. 사안의 중요도는 낮은데 형식이 더 거창한 경우다.

나머시 하나는 보고서를 작성하는 사람이 문제인 경우다. 시간을 보고서에 들어갈 내용을 만드는 데 쓰는 것이 아니라 그것을 글로 옮기는

데 더 많이 쓰는 것이다. 업무에서 발생한 문제를 해결하는데 드는 시간보다 그 내용을 보고하기 위해 문서 작성에 시간을 더 쓰니 배보다 배꼽이 더 크다.

보고서와 관련된 이 두 가지는 조직 내 비효율의 대표적인 사례이다. 효율이란 같은 시간에 얼마나 많은 결과를 냈는가 또는 같은 비용으로 얼마나 많은 성과를 얻었는가를 뜻한다.

보고서 작성 자체로는 더 이상의 결과를 만들어내지 못한다. 우리 직원들이 열심히 일하는 것 같은데 성과는 왜 변하지 않지? 라는 의문에 답하는 방법 중에 하나는 그들에게 일할 시간을 주는 데 있다. 이것은 상사가 할 일이요 조직이 할 일이다.

그래서 첫 번째 문제의 해소를 위해 외부 고객에게 제안서를 제출하는 경우를 제외하고 내부 보고에 있어서는 파워포인트 작성을 없애 버린 회사도 속속 생겨나고 있다. 바람직한 변화의 바람이라고 생각한다.

그런데 보고서의 목적은 상사가 문제의 현황을 정확히 알고 올바른 의사 결정을 하도록 하는 데 있기 때문에 조직 내에서도 보고서가 완전히 사라지기는 어렵다고 본다.

그래서 여기서는 두 번째 문제인 실무자가 어떻게 하면 보고서를 빠르고 정확하게 작성하는지에 대해 다루고자 한다.

보고서는 글로 하는 의사소통

보고서는 글로 하는 의사소통이다. 의사소통의 의미가 화자의 메시지를 청자에게 온전하게 전하는 것이므로 보고서의 목적은 현재 회사에서 벌어진 일 또는 내가 수행한 일의 결과를 상사에게 있는 그대로 전달하고 올바른 의사 결정을 돕는 것이다. 그렇다면 보고서는 어떻게 작성해야 할까?

모든 답은 대상의 본질 속에 있다. 보고서의 본질은 상사가 알고 싶어 하는 내용을 이해하기 쉽게 하는 데 있다. 상사는 무엇을 알고 싶어 할까? 그리고 그 내용을 어떤 순서로 배열하면 이해하는 데 도움을 될까? 이것을 우리는 목차라고 한다. 보고서의 표준 목차는 다음과 같다.

배경, 목적, 현상 - 원인 - 해법 - 세부 실행 방법 - 추진 계획 - 기대효과, 위험

보고서를 말 그대로 보고하는 문서라고 정의한다면 보고서는 상황보고서, 기획서, 계획서로 다시 나눌 수 있다. 표준 목차를 두고 보고서의 성격에 따라 필요 없는 내용은 뺄 수도 있다.

상황보고서의 하나인 전월 실적 보고서는 현상만을 보고하는 것임으로 원인이나 해법, 추진 계획 등이 들어갈 필요가 없다. 이때에는 현상이 주된 내용을 이룬다.

반면에 워크숍 계획서에는 추진 계획이 주 내용이 되어야 한다.

기획서는 표준 목차 전체를 요구하며 이 기획서가 외부로 나갈 때 제안서라고 부르기도 한다.

그렇다면 실제 문제 해결 사례를 통해 목차의 항목별로는 어떻게 작성하는지 살펴보자.

아사히야마 동물원의 보고서

김영한, 한창욱의 『펭귄을 날게 하라』는 망해가던 일본의 아사히야마 동물원이 어떤 노력으로 일본 최고의 동물원이 되었는지 그 과정을 소설 형식으로 구성한 책이다. 이 책을 잘 요약해 보면 문제 해결 과정을 도출할 수 있고 그것을 다시 보고서 목차에 맞게 구성하면 그들이 문제를 해결하기 전에 다음과 같은 내용으로 보고서를 작성했음을 추론할 수 있다.

▷ 아사히야마 동물원의 당시 현상과 변화 과정

- 일본 홋카이도 아사히카와시에 위치한 시립 동물원
- 1967년 개장
- 관람객수 감소와 적자로 1990년부터 폐장 거론
- 1995년 동물원장으로 취임한 고스케 마사오가 어린이 대상 '자연학습 프로그램 개발'
- 1999년 동물의 생태를 가까이서 볼 수 있는 '행동 전시 프로그램'을 개발하면서 변화 시작
- 2006년~ 일본 최고의 동물원으로 자리 잡음

아사히야마 동물원의 경우 상황보고서나 실행계획서가 아닌 표준목차를 따르는 기획서이다.

단계 ① – 배경과 목적

기획서를 작성하는 이유다. 기획서는 '회사에 이러한 문제가 있는데

이 해법을 취하면 해결될 것이니 실행하게 해 주세요.'라고 상사를 설득하는 문서다. 해법이 채택되어 실행되면 회사는 시간과 비용이라는 자원을 사용하게 된다. 따라서 왜 우리 회사가 그 일에 자원을 투입해야 하는지 설명하는 '배경'이 필요하다.

아사히야마 동물원의 기획서 작성 '배경'으로는 지금부터 대책을 세우고 실행하지 않으면 동물원이 곧 문을 닫게 될 것임을 강조한다. 또한 이 해법을 실행해서 달성하고자 하는 바를 써주는 것은 '목적'이 된다. 이러한 이유로 이 기획을 실행하면 여기에 도달할 수 있습니다가 배경과 목적인 것이다.

단계 ② – 현상

지금 우리의 상태를 말한다. 앞에 배경과 목적이 나왔으니 당연히 상사는 '지금 우리 상태가 어떻기에 이 기획을 실행해야 해?'라는 의문이 생긴다. 보고서의 목차는 이렇게 바로 뒤따라오는 의문에 답해줄 수 있게 구성해야 한다.

아사히야마 동물원의 경우 당시 일본 내 92개 동물원 중 관람객 수가 꼴찌라는 점과 그래서 적자 규모가 어느 정도이며, 앞으로 외부지원이 끊길 경우 버틸 수 있는 기간을 나타내 주면 된다. 또한 예산을 지원해 주는 시청에서 폐장을 거론하고 있음도 강조한다.

단계 ③ – 원인

이제 상사는 우리의 현상이 왜 이 지경이 되었는지 궁금할 것이다.

아사히야마 동물원이 폐장위기에 몰린 원인은 수익을 창출하지 못했기 때문이다. 따라서 먼저 나타내 주어야 할 것은 동물원의 수익 창출

구조를 설명한다. 입장료, 체험프로그램, 동물원 내 식당, 편의점, 외부 예산 지원 등이 될 것이다. 그리고 각 수익원의 현황과 매출이 떨어진 원인을 설명한다. 그렇게 분석한 결과 동물원의 위기는 결국 관람객 수의 감소이며 관람객은 동물원에 마땅한 볼거리가 없기 때문임이 드러난다.

단계 ④ – 해법과 세부 실행 방법

원인을 제거하는 방법을 말한다. 원인이 관람객 수 감소이므로 해법은 어떻게 관람객 수를 증가할 것인가이다. 여기서 해법이란 추상적인 과제에 불과하다. 이 해법을 실현하기 위해 세부적으로 무엇을 할 것인가를 써주어야 한다. 아사히야마 동물원의 해법과 세부 실행 방법은 다음과 같다.

- 해법 : 관람객에게 단순히 동물을 보여 주는 것이 아니라
  동물을 통해 생명의 경이로움을 느끼게 한다.
- 세부 실행 방법 : 동물별로 그 특성에 맞는 시설을 만들어 준다.

▲ 오랑우탄을 위한 공중운동장 :

오랑우탄은 타고난 곡예사다. 철탑을 세운 뒤 허공에다 두 개의 밧줄을 걸어놓고 오랑우탄으로 하여금 밧줄을 잡고서 걸어가게 하는 것이다. 오랑우탄에게는 운동과 놀이가 되고 사람에게는 관람거리가 된다.

▲ 북극곰 우리 :

북극곰은 바다표범 사냥을 즐긴다. 사람을 먹이처럼 보이게 하여 북극곰의 관심을 유도한다. 그러기 위해 우리 한 가운데에 볼록하게 올라오도록 아크릴을 설치하여 사람이 그 속에 머리를 넣고 볼 수 있게 한다. 사람은 생생하게 우리 한 가운데서 북극곰을 봐서 좋고 곰은 사람

이 먹이인 것으로 착각한다.

▲ 표범 우리 :

표범은 공중 서식지를 좋아한다. 그래서 자연에서는 나무위에 있는 시간이 많다. 사람들은 동물원에 가면 졸고 있는 맹수들을 보는 것이 지겹다. 표범 우리를 공중에 설치하여 자연 상태의 환경을 제공함으로써 생동감을 유지하도록 한다. 관람객에게는 표범의 공중 우리 밑을 걸어 갈수 있도록 통로를 만들어 주어 표범을 생생하게 볼 수 있게 한다.

▲ 펭귄관 :

펭귄은 원래 새였다. 펭귄이 헤엄치는 것이 마치 하늘을 나는 것처럼 보이도록 옥외 수족관을 만들고 사람은 수족관 터널을 지나면서 밑에서 위를 보게 한다. 그러면 마치 펭귄이 하늘을 날아다니는 것처럼 보인다. 더불어, 펭귄의 산책 시간을 정하여 일정 시간에 한 줄지어 산책을 시킨다. 산책로 옆으로 사람이 관람할 수 있게 하여 펭귄은 운동하고 사람은 그것을 지켜본다.

단계 ⑤ – 추진계획

문제 해결을 위한 실행 방법은 반드시 정해진 기간 내에 완수되어야 한다. 외부환경이 우리를 무한정 기다려 주지 않기 때문이다. 경쟁자가 그 시간 동안 가만히 있지 않을 것이며 우리에게 투자했던 사람도 등을 돌릴 것이기 때문이다.

따라서 추진계획에서 가장 중요한 것은 실행 방법별로 달성 기한을 정해주는 것이다. 기한과 더불어 누가 책임지고 추진할 것인지와 추진 과정에서 소요되는 비용도 함께 표시되어야 한다. 추진계획이란 달성기한, 책임자, 비용을 나타내주는 것이다.

단계 ⑥ – 기대효과와 위험

우리가 기획서를 보고받고 승인해 주는 책임자라도 이렇게 회사의 시간과 비용을 썼을 때 어떤 효과가 있을지 당연히 궁금할 것이다.

아사히야마 동물원의 경우 이 기획안을 실행할 경우 언제까지 관람객 수가 얼마나 증가할 것이 예상되며 그럴 경우 동물원 수익은 어느 정도 증가할 것인지 보여주어야 한다.

기획서를 작성하는 사람은 확신에 차서 추진하려 들겠지만 모든 일에는 위험이 도사리고 있게 마련이다. 따라서 이 방법을 추진하는 과정에서 있을 수 있는 장애 요인과 발생 가능한 부작용을 미리 도출해 내야 한다. 그래야만 추진과정에서 당황하지 않고 시간 낭비 없이 해법을 수정할 수 있는 것이다.

아사히야마 동물원의 문제해결 사례를 통해 기획서 작성법을 역 추론했지만 그들이 뚝딱하고 문제를 해결한 것은 아니다. 『펭귄을 날게 하라』를 읽어 보면 중간에 많은 시행착오가 있었고 직원들 간에 의견충돌도 많았다.

자세한 내용은 『펭귄을 날게 하라』를 참고하길 바라며 보고서, 특히 기획서를 체계적으로 잘 쓰고 싶다면 방누수의 『기획서 작성법』을 읽어 보길 바란다. 기획서 작성에 많은 도움이 될 것이다.

시간 관리, 류비셰프 따라하기

당신은 하루 24시간 중에 자는 시간, 식사하는 시간을 빼고 일, 공부, 운동과 같은, 생산적인 일에 얼마의 시간을 쓰고 있는가?

회사에서 보내는 시간만 해도 최소한 8시간은 되고 출퇴근 전후로 독서, 운동 등에 3시간 정도는 쓰고 있으니까 총 11시간은 된다고 생각할지도 모른다.

범위를 좁혀서 당신은 회사 근무 시간 8시간 중 순수하게 일하는 시간은 몇 시간인가?

짬짬이 쉬고 이동하는 시간을 빼도 6시간은 일하지 않을까 생각할지도 모른다. 만약 그게 사실이라면 당신은 회사에서 가장 일을 많이 하고 높은 성과를 내며 퇴근 전후의 학습량만으로도 매년 새로운 자격증을 취득하고 책도 한 권씩 내는 사람일 것이다.

82세에 세상을 떠나기 전까지 70권의 책을 쓰고 12,500페이지의 논문을 썼으며 13,000점의 곤충 표본을 만든 러시아의 생물학자 류비셰프의 하루 평균 연구 시간이 7시간이었기 때문이다.

열심히 일하는 것 같은데 뚜렷한 실적을 남기지 못하는 이유는 뭘까? 꾸준히 공부하는 것 같은데 왜 실력에는 큰 변화가 없을까? 이 점에 대해서는 이 글을 쓰는 나도 딱히 할 말은 없지만 솔직히 털어놓으면 우리가 그다지 집중해서 일하지 않는 건 아닐까? 하루에 공부하는 시간이 실제로는 놀라울 정도로 적은 게 아니냔 말이다.

현대 경영학의 창시자이며 수십 권의 저서를 남기고 수많은 컨설팅을 수행한 피터 드러커가 그의 비서에게 "3주간 내가 일한 시간을 통계 내 달라"고 부탁하고 나중에 그 결과를 본 뒤 "내가 시간을 허비하고 있다는 사실을 알고 있긴 했지만 이 정도 일 줄이야?"라고 말했다고 한다.

이 사실로 미루어 볼 때 우리의 시간 사용도 그다지 변변치는 않을 것이다. 그렇다면 류비셰프에게는 그만의 비법이 있기라도 했던 걸까? 그랬다. 비법이 있었다.

다행히 그의 시간 관리법은 다닐 알렉산드로비치 그라닌의 『시간을 정복한 남자 류비셰프』라는 책에 잘 나와 있다. 이제부터 이 책을 통해 류비셰프의 시간 관리법을 알아보자.

시간을 정복한 남자 류비셰프

상식적인 이야기지만 내 시간을 효율적으로 활용하려면 먼저 하루 24시간 중에 내가 활용 가능한 시간이 얼마인지 알아야 한다. 그게 확인되고 나면 나의 업무 속도, 독서 속도가 어느 정도 되는지 파악한 뒤 활용 가능 시간과 업무 속도에 맞게 업무량을 계획하면 된다.

1시간에 책을 20페이지 밖에 못 읽는 사람이 하루 독서 목표량을 100페이지로 세웠다간 달성하는 날이 거의 없을 것이다. 따라서 내가 활용 가능한 시간이 확인되면 2시간 정도 독서도 해보고 내가 자주 하는 업무도 수행해 보면서 나의 속도를 파악해야 한다.

그리고 내가 활용 가능한 시간과 내가 해야 할 일과 나의 업무 속도를 감안하여 계획을 세우고 정해진 시간까지 완료하는 것, 이게 시간 관리법의 전부다.

류비셰프는 26세 때부터 82세로 세상을 떠날 때까지 자는 시간, 식사하는 시간을 빼고 자신이 무엇을 하면서 시간을 보내는지 5분 단위로 기록했다. 그리고 그것을 일, 월, 년 단위로 통계를 냈다. 다음과 같이 말이다.

▷ 1965년 어느 날 하루의 기록

1. 소스노코르스크시 방문 : 30분
2. 도서색인 : 15분
3. 도브잔스키 저서 읽기 : 1시간 15분
4. 견학 : 2시간 30분,

곤충 채집을 위한 그물 설치 : 20분,

곤충 분석 : 1시간 55분

5. 이즈베스티아 저널 읽기 : 20분,

의학 신문 읽기 : 15분

6. 호프만의 소설 〈황금단지〉 읽기 : 1시간 30분,

안드론에게 편지 쓰기 : 15분

총계 : 6시간 15분

그는 이렇게 매일 한 일을 상세하게 기록하고 일의 성격별로 분류하여 월별로 통계 냈다.

▷ 1965년 8월의 통계

1. 기초과학 연구 : 59시간 45분
2. 곤충 분류학 : 20시간 55분
3. 추가 업무 : 50시간 25분
4. 곤충조직 연구 : 5시간 40분

총계 : 136시간 45분

이 월별 통계의 4가지 항목은 다시 한 가지 항목마다 그 세부 내용을 기록했다.

▷ 1965년 8월의 1번 '기초과학 연구' 59시간 45분의 구성

1. 분류학-체계의 논리에 대한 보고문 초안 작성 : 6시간 25분
2. 잡무처리 : 1시간
3. 다도노파 수정 작업 : 30분
4. 수학 공부 : 16시간 40분
5. 랴푸노프의 저서 읽기 : 55분
6. 생물학 관련 독서 : 12시간
7. 학술적 편지 쓰기 : 11시간 55분

8. 학술적 메모 : 3시간 25분

9. 도서 색인 : 6시간 55분

총계 59시간 45분

물론 위의 9가지 항목은 또 세부 내용으로 남겼지만 그것까지는 여기에 쓰지 않겠다.

류비셰프는 이 말도 안 되는 일을 왜 56년 동안이나 했을까? 기록과 통계 내는 일이 습관이라서? 아니다. 기록하고 통계 내는 것은 그 자체가 목적이 아니라 수단이었다.

자신이 매년 수행한 연구를 년초 계획 대비 얼마나 달성했는지 확인하기 위해서였다. 그리고 통계량 분석을 통해 내년 계획 수립을 현실에 맞게 하기 위함이었다. 그래서 말년에 그는 연구실적을 연초 계획 대비 단 1%의 오차로 달성할 수 있었다고 한다.

그는 이렇게 기록하고 통계를 냄으로써 자신이 하루에 쓸 수 있는 시간이 얼마인지 늘 파악하고 있었고, 자신의 업무 속도가 어느 정도인지도 알고 있었다. 참고로 그의 독서 속도는 한 시간에 25페이지 정도였다고 한다.

그렇다면 류비셰프는 기계처럼 연구만 한 것일까? 놀랍게도 그는 평범한 사람들보다도 더 많은 문화생활을 즐겼다.

그의 기록을 보면 어느 한 해는 일 년 동안 영화, 연극, 음악회, 전시회를 총 65회 관람했고 수영도 즐겼으며 9,000페이지의 문학작품을 읽고 여행도 다녀왔다고 한다.

시간을 관리하는 방법

시간 관리법에서 굳이 류비셰프를 언급하는 이유는 우리도 그와 같이 살자는 이야기가 아니다. 다만 이토록 엄청난 저서와 연구 실적을 남긴 그의 시간 관리법을 잠시만이라도 따라해 보자는 것이다.

1. 단 5일간 만이라도 내가 깨어 있는 시간 동안 무엇을 하는지 기록해 보자.
2. 5일 뒤 기록을 분석한다. 내가 하루에 활용 가능한 시간은 얼마인가? 내가 낭비하는 시간은 얼마인가? 나의 업무 속도, 독서 속도는 얼마인가?
3. 내가 해야 할 일을 파악한다. 낭비 시간을 제거하여 활용 시간을 최대한 확보한다. 그리고 업무 속도에 맞춰 계획을 수립한다.
4. 실행하면서 계획을 수정하여 현실화해 나간다.

이것이 시간 관리의 해법이다. 일단 5일간 해보고 내 시간의 양, 해야 할 일, 속도를 파악해서 적용해 나가길 바란다. 그리고 계속해서 고쳐 나간다면 시간의 주인이 될 수 있을 것이다.

마지막으로 류비셰프의 자투리 시간 활용법을 소개한다. 버스나 지하철에서 적용하면 좋을 것 같다. 『시간을 정복한 남자 류비셰프』의 68page에 나오는 내용이다.

류비셰프는 그리스 여인들이 걸어가면서 뜨개질을 하는 것을 보고 자투리 시간 활용법에 대한 힌트를 얻었다. 산책을 하면서 곤충 채집을 하였고 어쩔 수 없이 가야 하는 회의에 참석해서는 수학 문제를 풀었다. 여행을 할 때는 휴대하기 편하도록 얇은 책을 몇 권 큰 가방에 넣어 두었다. 그는 러시아어 외에 영어에도 능통했는데 이것도 자투리 시간을 이용해 공부했다고 한다. 출장이 길어질 경우 미리 우편으로 출장지에 책을 보내 두었다. 아침에는 머리가 맑으므로 철학책이나 수학책을 읽었고 머리가 피곤할 때는 문학 작품을 읽었다. 버스를 탈 때는 두꺼운 책과 얇은 책을 가방에 넣고 앉게 되면 두꺼운 책을 읽고 서서 가게 되면 얇은 책을 읽었다.

20년간 다니던 회사를 46살에 그만두고 1인 기업가로 산 구본형 작가는 퇴사 후 13년간 20권에 가까운 책을 썼다. 그 비결은 매일 아침 식사 시간 전에 2시간 동안 글을 쓴 것이라고 한다. 이 습관은 이미 퇴사하기 3년 전부터 시작되었다고 한다.

직장인으로서 쉬운 일은 아니었을 것이다. 아침에 일찍 일어나겠다는 다짐은 그것 하나만 지킨다고 이룰 수 있는 것이 아니기 때문이다. 그렇게 하기 위해서는 밤에 일찍 자야 하고 술자리도 없애거나 일찍 끝내야 하기 때문이다. 이렇듯 하나의 변화는 또 다른 변화까지 요구하기 때문에 힘든 것이다.

회사에서 일을 잘하기 위해서는 내 업무를 경험적으로 잘하는 것과 더불어 공부가 반드시 뒤따라야 한다. 회사 안에서 시간을 확보하여 업무를 완벽히 수행하는 것도 쉽지 않은데 학습 시간까지 빼내려니 더 어렵기만 하다.

구본형 작가처럼 아침에 시간을 낼 수 있다면 좋겠지만 그게 힘들다면 류비셰프의 자투리 시간 활용법도 도움이 될 수 있다. 집중력이 약한 사람은 스톱워치를 사용하여 정해진 시간 내에는 책상에서 일어나지 않는 것도 좋은 방법이다.

우리의 삶이 유한하므로 사용할 수 있는 시간의 총량도 정해져 있을 것이다. 하지만 삶의 끝이 어디인지 알 수 없음으로 총량을 알기란 불가능하다.

그나마 가장 가능성 있게 예측할 수 있는 것은 오늘 나에게 24시간이 주어질 것이라는 사실이다. 우선 오늘 24시간의 주인이 되길 바란다. 그것이 내 삶을 온전하게 사는 출발점이니까 말이다.

5장 업무력을 받쳐주는

“기본기로 다진 실력만이 미래를
보장한다.”

기본기

재무제표 제대로 읽는 기본기

증권사 애널리스트 보고서를 읽어라

주식회사의 뜻 제대로 아는 기본기

경영과 전략의 진정한 의미

전산정보시스템을 능숙하게 활용하자

잘못 쓰면 독이 되는 MBO와 KPI

분석만 하고 쓰지 않는 SWOT

시나리오 플래닝으로 미래를 대비하라

재무제표 제대로 읽는 기본기

재무제표는 얼마 전까지만 해도 회계팀 직원만 보는 재무보고서라는 인식이 강했다. 그런데 요즘은 모든 직원이 재무제표를 볼 줄 알아야 한다는 말을 공공연하게 한다.

재무제표란 기업의 영업활동, 재무활동, 투자활동의 결과를 한눈에 볼 수 있도록 만든 보고서로서 재무상태표, 손익계산서, 현금흐름표, 자본변동표, 주석을 말한다.

재무제표를 볼 줄 안다는 것은 어떤 의미일까?

부채와 자본의 합은 자산이다. 매출액에서 매출원가를 빼면 매출총이익이다. 거기서 판매관리비를 빼면 영업이익이다.

이렇게 재무제표의 더하기 빼기를 알면 볼 줄 아는 것일까? 아니다. 그렇게 알아서는 모르는 것과 아무런 차이가 없다.

재무제표를 그렇게 아는 것은 세계 여러 나라의 수도 이름을 기계적으로 외우고 있는 것이나 다름없다. 대체 독일의 수도가 베를린이고 네덜란드의 수도가 암스테르담인 걸 알아서 어디에 쓴단 말인가? 그 자체로는 아무런 쓸모가 없다. 무언가를 안다는 것은 그것의 존재 이유와 맥락을 알고 있다는 것이다.

2차 대전 후 베를린은 영국, 프랑스, 미국, 소련에 의해서 어떻게 분할되고 관리되었으며 베를린 장벽은 어떤 이유로 만들어졌는지를 알아야 한다. 그리고 장벽이 무너지면서 통일이 되는 과정에서 우리가 얻어야 할 교훈이 무엇인지 얻어 낼 수 있어야 베를린을 안다고 할 수 있는 것이다.

그렇다면 재무제표를 읽는다는 것은 재무제표의 현황이 회사의 생존과 성장에 어떻게 연결되어 있는가를 파악한다는 것이다.

"작년 손익계산서를 보고 매출액이 얼마였고 비용이 얼마라서 영업이익이 얼마다."

어쩌란 말인가? 그냥 그렇다는 사실을 알고 있을 뿐이다. 의미 없는 일이다.

그럼 우리는 재무제표에서 어떤 맥락을 읽고 우리 회사의 생존과 성장에 기여해야 할까?

재무제표 중에서 재무상태표와 손익계산서를 중심으로 살펴볼 것이다. 보다 자세하게 알고 싶은 사람은 이병권의 『프로직장인들이 가장 궁금해 하는 재무제표 분석』을 읽어 보기 바란다.

재무상태표

재무상태표란 말 그대로 회사 재무의 상태를 보여 주는 것이다. 재무란 돈과 재산에 관련된 일이다. 따라서 원래 우리 돈인 자본과 남에게서 빌려온 부채를 사용해서 어디에 어떻게 쓰고 있는지를 보여 주는 보고서이다. 재무상태표는 보는 바와 같이 오른쪽은 부채와 자본, 왼쪽은 자산으로 표시된다. '오른쪽과 같이 돈을 조달해서 왼쪽과 같이 사용하고 있습니다.'라는 뜻이다. 그래서 양쪽의 합이 같다.

여기서 확인해야 할 첫 번째는 조달한 돈을 어디에 사용하고 있는가이다. 회사는 영업활동을 해서 돈을 버는 곳이다. 물론 땅도 사고 건물도 사고 타인에게도 돈을 빌려주기도 해서 이익을 얻을 수도 있지만 그것은 부수적인 것이다. 영업활동에 많은 돈이 투자되어야 미래에도 돈을 벌 수 있는 가능성이 있는 것이다. 따라서 영업활동과 무관한 곳에 투자되어 있다면 과연 그 투자처에서 기대한 만큼의 이익을 내고 있는가를 확인해야 한다.

두 번째는 자산 중에서 특히 현금과 재고자산, 매출채권의 비중이 얼마나 되는가를 확인해야 한다.

유동자산이란 단기간에 현금화가 가능한 자산을 말하는데 재고자산과 매출채권은 유동자산으로 분류되어 있긴 하지만 재고는 팔아야 돈이 되는 것이며 매출채권은 돈으로 회수되어야 역할을 할 수 있는 것이다. 자산도 많고 매출액도 많은 회사가 가끔 부도가 나는 경우가 있는데 자산을 빠르게 현금화할 수 없는 형태로 가지고 있는 경우가 그렇다.

유동자산
1. 당좌자산
(1)현금 및 현금성자산
(2)단기금융상품
(3)매출채권
(4)미수수익
(5)단기대여금
(6)선급비용
(7)선급금

2. 재고자산
(1)상품
(2)제품
(3)재공품
(4)원재료

비유동자산
1. 투자자산
(1)장기금융상품
(2)매도가능증권

2. 유형자산
(1)토지
(2)건물
(3)기계장치

3. 무형자산
(1)산업재산권
(2)영업권

4. 기타 비유동자산
(1)보증금
(2)장기성 매출채권

유동부채
1. 매입채무
2.단기차입금
3.예수금
4.선수금
5.미지급비용

비유동부채
1. 장기차입금
2.퇴직급여충당부채

자본금
1. 보통주자본금
2.우선주자본금

자본잉여금
1. 주식발행초과금
2.기타자본잉여금

이익잉여금
1. 임의적립금
2.법정적립금
3.미처분 이익잉여금

기타포괄손익 누계액
1. 매도가능증권 평가이익
2.해외사업 환산손익

자본조정
1. 자기주식

재무상태표

재무제표를 보는 생산팀 직원은 그런 이유로 재고를 많이 가지고 있으면 안 되는구나 하고 생각할 줄 알아야 한다. 영업팀 직원이라면 외상으로 물건을 팔아서 현금이 아닌 매출채권으로 대금을 받았다면 빠르게 회수할 수 있도록 노력해야 한다.

세 번째는 부채비율과 차입금의존도다. 부채비율은 IMF사태 이후로 익숙한 용어가 되었다. 회사의 총자산 중 남의 돈인 부채가 내 돈인 자본의 몇 배나 되는가를 말한다.

부채비율이 중요한 이유는 자기자본에는 만기가 없지만 부채는 만기가 있음으로 언젠가는 갚아야 한다는 것이다. 그때까지 현금이 충분히 확보되지 않으면 문제가 발생하는 것이다. 그런데 부채비율이라는 수치는 한 가지 맹점이 있는데 모든 부채가 다 만기가 있거나 이자를 동반하는 것은 아니라는 것이다. 매입채무는 거래처에 주어야 할 돈으로 빚이긴 하지만 이자가 동반되는 것은 아니다. 퇴직금을 적립해두는 것도 언젠가를 대비한 것이지 당장 만기가 도래하거나 이자가 붙는 것은 아니다. 따라서 부채비율보다는 재무상태표를 통해서 차입금 의존도를 살피는 것이 더 중요하다.

차입금은 부채 중에 외부에서 빌린 단기 차입금과 장기 차입금을 뜻하는 것으로 이것의 합을 자본으로 나누면 차입금 의존도가 되는 것이다. 보통 30% 이하로 관리하는 것이 좋다고 한다.

손익계산서

재무상태표가 회사가 돈을 어떻게 조달해서 어디에 활용하고 있는 것인지를 보여 주는 것이라면 손익계산서는 1년마다의 경영 성적표이다.

매출액 1. 상품매출액 2.제품매출액 - 매출원가 1. 상품매출원가 2.제품매출원가
= 매출총이익 **- 판매관리비** 1. 급여 2.퇴직급여 3.임차료 4.감가상각비 5.대손상각비 6.광고선전비 7.여비교통비 8.수도광열비
= 영업이익 **+ 영업외수익** 1. 이자수익 2.외환차익 **- 영업외비용** 1. 이자비용 2.외환차손
= 법인세차감전 순이익 **-법인세비용**
= 당기순이익

손익계산서

'얼마를 팔아서 비용을 빼고 이익이 이 정도다.'라는 정보를 보여 준다. 따라서 직장인이 회사의 손익계산서를 보고 생각해 봐야 할 것은 다음과 같다.

첫 번째, 손익계산서는 현금을 기준으로 표시되는 지표가 아니라 발생을 기준으로 표시된다는 것이다.

즉 물건을 팔고 회사에 현금이 들어와야 매출로 기록되는 것이 아니라 외상으로 팔아도 일단 매출로 기록되는 것이다. 그래서 매출액과 이익이 높음에도 불구하고 그 회사에는 현금은 없고 매출채권만 가득할 수도 있다. 여기서 더 최악인 것은 그 매출채권마저 부실업체로부터 받은 것이라 회수가 불가능한 경우다. 손익계산서 관점에서 일한다면 건전한 고객과 거래하고 매출채권보다는 현금을 받고 매출 채권을 받더라도 회수 기간이 짧은 것을 받아야 함을 잊어서는 안 된다.

두 번째로 손익계산서를 통해 우리 회사가 비용관리를 어떻게 하고 있는지 확인해야 한다.

매출액은 높은데 매출총이익이 낮다면 제품의 원가가 너무 높다는 것이다. 매출총이익까지는 높은데 영업이익이 낮다는 것은 판매관리비에 돈을 많이 쓰고 있다는 것이다. 비용관리가 잘 안 되는 회사다. 영업이익까지는 높지만 순이익이 뚝 떨어지는 회사는 영업 외 비용 특히 이자로 돈이 많이 나가는 경우다.

이처럼 손익계산서에는 제품 자체의 원가, 제품을 팔기 위해 쓰는 비용, 제품을 만들기 위해 빌려온 돈에 대해 나가는 이자가 표시되어 있는 것이다. 이러한 비용관리가 잘되지 않으면 애써 만들고 팔아 놓고도 돈이 다 새나가는 꼴이 되고 만다. 따라서 부서별로 내가 관여하고 있는 비용을 줄이도록 업무에 초점을 맞춰야 한다.

구매팀은 낮은 가격으로 원자재를 사올 수 있어야 하고 생산팀은 불량을 줄여야 한다. 재무팀은 저렴한 비용으로 자본을 조달할 수 있어야 하는 것이다.

지금까지 재무제표 중에서 재무상태표와 손익계산서를 간단하게 살펴보았다.

내 업무를 통해 재무 비율을 건전하게 하려면 무엇에 공헌해야 하는지, 영업이익과 순이익을 높이기 위해 매출과 비용에 어떻게 공헌해야 할지 생각해 보자.

증권사 애널리스트 보고서를 읽어라

회사를 다니다 보면 전략을 세워야 할 경우가 많다. 제품을 더 생산해야 할지 또 경쟁사를 어떻게 이길지 신규 라인에 투자를 할지 등에 대해서 방법을 찾는 것 모두가 전략 수립에 해당한다.

싸움은 나를 알고 상대와 환경을 알아야 이길 수 있다. 이때 나를 아는 것을 내부환경 분석이라 한다. 상대와 환경을 아는 것은 외부환경 분석이라고 한다. 내부환경은 내가 그곳에 속해 있으니 나보다 잘 아는 사람이 있을 수 없다. 경영 컨설턴트에게 전략을 의뢰하더라도 내부환경만큼은 그가 오히려 우리에게 물어봐야 한다.

하지만 외부환경은 다르다. 경쟁자의 동향을 분석하고 세계적인 이슈를 파악하고 국내 시장 환경 변화를 발 빠르게 파악하는 일은 쉽지가 않다. 이때 외부 환경 정보를 알기 위해서 증권사 애널리스트 보고서를 읽어야 하는 것이다.

증권사 애널리스트 보고서란 증권사에서 기업의 목표 주가를 예측하고 그 근거를 써 놓은 보고서를 말한다.

목표 주가를 산정하기 위해서는 기업의 미래 영업 가치와 투자 자산 가치를 계산하여 순차입금을 빼고 발행주식수로 나눈다. 그러기 위해서 분석가들은 해당 기업의 미래 현금 흐름에 영향을 미칠 수 있는 환경적 요인을 세심하게 파악해야 한다. 그리고 결과물을 이 보고서에 담아 놓는 것이기 때문에 애널리스트 보고서를 읽는 것이야말로 우리 회사를 둘러싼 정보를 파악하는 데 더없이 좋은 방법인 것이다.

보고서는 이렇게 찾는다.

먼저 한경컨센서스 홈페이지에 들어간다. 그리고 찾고 싶은 회사, 예를 들어 POSCO를 치고 기간을 설정하여 검색을 누르면 그 기간 동안 발행된 모든 증권회사의 애널리스트 분석보고서를 PDF 파일로 볼 수 있고 다운도 받을 수 있다. 한경컨센서스 : consensus.hankyung.com

보고서에서는 POSCO의 경우 재무제표는 물론 철강 산업 전반에 대한 최신 정보, 철강 원재료 가격 정보, 경쟁사 정보 등을 얻을 수 있다.

다음은 2018년 9월 12일에 발행된 한국투자증권의 POSCO 보고서이다. 이 보고서 같은 경우 중국이 겨울철에 예정되었던 철강 감산 계획을 연기하기로 함에 따라 POSCO에는 악재가 될 것으로 예상하고 있다. 보고서에서 이런 정보를 얻는 것도 중요하지만 다른 증권사 애널리스트들은 같은 상황을 두고 어떻게 해석했는지 살펴보는 것도 유의미한 정보가 될 것이다.

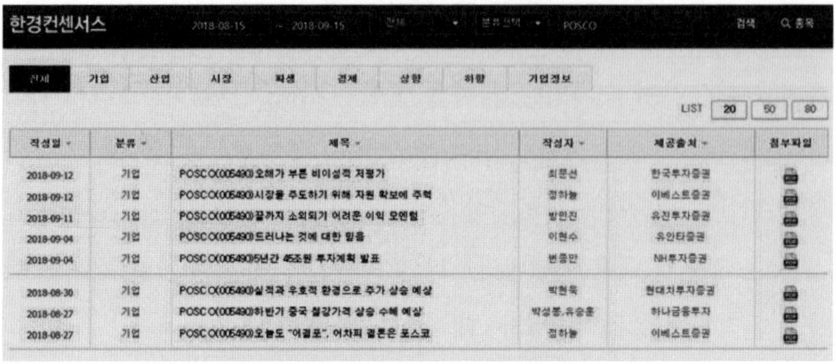

한경컨센서스 2018-08-15 ~ 2018-09-15 POSCO 검색

전체 | 기업 | 산업 | 시장 | 파생 | 경제 | 상향 | 하향 | 기업정보

LIST 20 50 80

작성일	분류	제목	작성자	제공출처	첨부파일
2018-09-12	기업	POSCO(005490)오해가 부른 비이성적 저평가	최문선	한국투자증권	
2018-09-12	기업	POSCO(005490)시장을 주도하기 위해 자원 확보에 주력	정하늘	이베스트증권	
2018-09-11	기업	POSCO(005490)끝까지 소외되기 어려운 이익 모멘텀	방민진	유진투자증권	
2018-09-04	기업	POSCO(005490)드러나는 것에 대한 믿음	이현수	유안타증권	
2018-09-04	기업	POSCO(005490)5년간 45조원 투자계획 발표	변종만	NH투자증권	
2018-08-30	기업	POSCO(005490)실적과 우호적 환경으로 주가 상승 예상	박현욱	현대차투자증권	
2018-08-27	기업	POSCO(005490)하반기 중국 철강가격 상승 수혜 예상	박성봉,유승훈	하나금융투자	
2018-08-27	기업	POSCO(005490)오늘도 "어결포", 어차피 결론은 포스코	정하늘	이베스트증권	

한경컨센서스 애널리스트 보고서 리스트

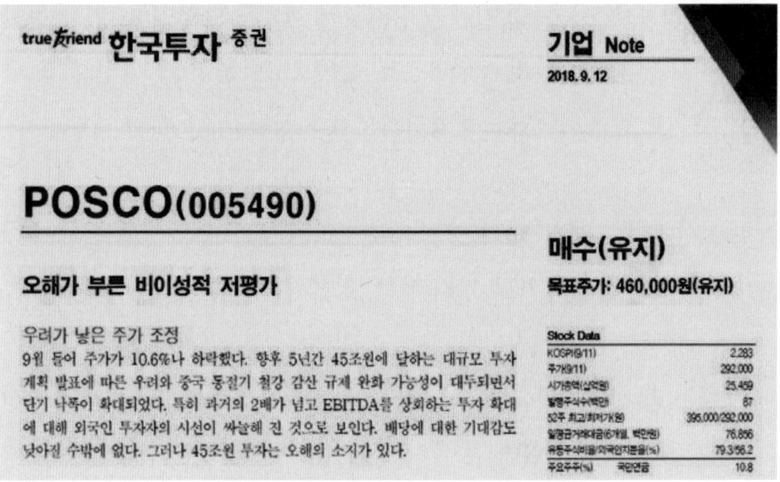

true friend 한국투자 증권

기업 Note
2018. 9. 12

POSCO(005490)

매수(유지)

목표주가: 460,000원(유지)

오해가 부른 비이성적 저평가

우려가 낳은 주가 조정

9월 들어 주가가 10.6%나 하락했다. 향후 5년간 45조원에 달하는 대규모 투자 계획 발표에 따른 우려와 중국 동절기 철강 감산 규제 완화 가능성이 대두되면서 단기 낙폭이 확대되었다. 특히 과거의 2배가 넘고 EBITDA를 상회하는 투자 확대에 대해 외국인 투자자의 시선이 싸늘해 진 것으로 보인다. 배당에 대한 기대감도 낮아질 수밖에 없다. 그러나 45조원 투자는 오해의 소지가 있다.

Stock Data	
KOSPI(9/11)	2,283
주가(9/11)	292,000
시가총액(십억원)	25,459
발행주식수(백만)	87
52주 최고/최저가(원)	395,000/292,000
일평균거래대금(6개월, 백만원)	76,856
유동주식비율/외국인지분율(%)	79.3/56.2
주요주주(%) 국민연금	10.8

POSCO에 대한 애널리스트 보고서

이런 정보를 토대로 현재 회사에 다니고 있는 직장인이라면 자신이 속한 업종의 정보를 취할 수 있고 그것의 의미 또한 예측해 볼 수 있을 것이다. 또한 예비 직장인이라면 자신이 일할 회사의 미래를 가늠해 볼 수 있고 면접을 위한 정보도 얻을 수 있을 것이다.

특별히 당부할 것은 예비 직장인이나 신입사원의 경우 분석보고서에 나오는 생소한 전문 용어를 자신만의 사전을 만들어 하나하나 그 뜻을 적고 공부해 나가라는 것이다.

현업 직장인들은 여러 증권사에서 발행하는 모든 애널리스트 보고서를 읽기 바란다. 그리고 정보를 수집해 나간다면 회사에서 업무 전략을 수립하는 데 큰 도움이 될 것이다.

주식회사의 뜻 제대로 아는 기본기

우리가 다니는 대부분의 회사는 법인이면서 주식회사이다. 하지만 이 두 가지의 의미를 제대로 아는 사람은 많지 않다. 몰라도 회사생활하는 데 지장이 없기 때문이다. 하지만 모든 직원이 그 의미를 알고 일한다면 회사는 물론 나에게도 이익이 된다. 그 이유를 알아보자.

건물을 소유하고 자동차를 소유하는 일은 사람만이 할 수 있는 일이다. 그런데 회사를 운영하다 보면 유형이든 무형이든 자산이 필요하다. 이것을 그때마다 자동차는 사장님 앞으로 건물은 전무님 앞으로 등기를 한다는 것은 몹시 번거로운 일이다. 그래서 법으로 회사라는 무형의 단체에 인격을 부여하여 법인이라 이름을 붙여 주고 사람 행세를 할 수 있게 하였다. 이렇게 자연적으로 태어난 사람이 아닌 법으로 인정해준 사람을 우리는 법인이라 부른다.

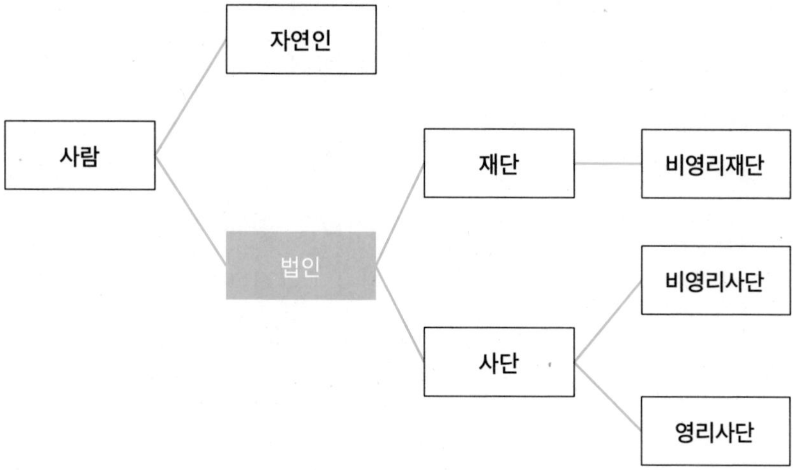

인격의 종류

법인은 다시 그것을 구성하는 대상에 따라 재단과 사단으로 나뉜다.

재단은 재산의 모임으로 그 구성원이 사람이 아니다. 운영 자체를 사람이 할 수 없고 처음 설립했을 때 만들어 놓은 정관에 의해 운영된다. 사람이 운영 주체가 아니므로 영리를 취할 수 없는 것은 당연하다.

반면에 구성원이 사람인 법인을 사단이라고 한다. 사단은 작가협회, 경영학회와 같이 영리를 목적으로 하지 않는 경우도 있고 회사와 같이 영리를 목적으로 하기도 한다. 따라서 주식회사는 법인이면서 영리를 목적으로 하는 사단인 것이다.

이러한 영리사단 법인은 유한회사, 합명회사 ,합자회사도 있지만 우리가 속한 대부분의 회사가 주식회사이므로 그 성격을 알아보고자 한다. 그런데 우리 회사가 주식회사임을 아는 것이 왜 중요할까?

주식회사는 회사를 설립할 때 주주에게 회사의 주식을 나눠주고 자본을 납입 받아 설립한 회사를 말한다. 이때 주식의 액면가격 곱하기 발행주식수를 자본금이라 한다.

액면가격이란 처음 발행할 때 주식에 기재되었다는 의미일 뿐 주식 가격은 회사의 단기 실적과 미래에 예상되는 실적에 따라 수시로 변한다. 이렇게 수시로 변하여 시장에서 형성된 주식가격 곱하기 발행주식수를 시가 총액이라 하고 그것은 기업 가치의 척도가 된다.

주식 시장에서 형성되는 주식가격은 수요 공급 법칙에 따라 사려는 사람이 많으면 높아지게 된다. 그렇다면 사람들은 그 회사의 주식을 왜 사려고 할까? 사두면 오를 것이라는 기대 때문인데 그 기대는 이 회사가 미래에 돈을 많이 벌어들일 것이라는 믿음에서 기인한다.

주가는 시장에서 형성되지만 그것을 아래와 같이 공식으로 표현하기도 한다.

주가(1주당 가격) = 순자산가치(NAV) / 발행주식수

순자산가치(NAV) = 영업가치 + 투자지분가치 – 순차입금

공식에 나타나듯이 주식가격은 우리 회사가 영업을 통해서 돈을 얼마나 벌어들이느냐에 달려 있다. 주식회사인 우리 회사가 새로운 투자 기회를 맞아 자본을 동원하기 위해서는 그동안 우리가 벌어 놓은 이익 잉여금을 사용해도 되지만 보다 큰 대규모의 자본을 조달하려면 유상증자를 통해 액면가보다 높게 형성된 주가로 새로운 주주를 만드는 것이 훨씬 용이하다. 이때 액면가 보다 높은 주가는 오직 우리 회사의 현재 실적과 미래 실적이 결정하는 것이다. 이것이 우리가 주식회사의 일원으로서 성과를 내야 하는 이유 중에 하나인 것이다.

우리가 일하는 목적은 성과를 내는 것이며 성과는 기업 가치를 높이고 높아진 기업 가치는 자본 조달을 용이하게 하여 더 큰 투자기회를 얻게 한다. 우리 회사는 자본을 주식 발행으로 조달하는 주식회사임을 알기 바란다.

또 하나는 이런 주주들에 대한 보상이다. 기업은 노동과 자본을 통해 돈을 번다. 직원들은 노동을 제공하고 급여라는 보상을 받는다. 주주는 자본을 제공하고 배당이라는 보상을 받는 것이다. 급여가 적절하게 제공되지 않으면 직원들이 일할 의욕을 잃고 회사를 떠나듯 배당이 적절하게 제공되지 않으면 주주들이 주식을 팔고 떠나려 할 것이다. 주식을 팔려는 사람이 많아지니 주가가 떨어지는 것은 당연하고 그것은 새로운 자본 조달에 악영향를 미칠 것이다.

그동안 주식회사는 회사의 당연한 모습인 것으로만 알아 왔지만 원리를 알고 보면 우리의 성과가 곧 회사의 미래 자본 조달의 형태로 영향을 미침을 알게 되었을 것이다. 우리 회사가 주식회사라면 기업 가치라는 측면에서 새로운 시각을 가져보자.

경영과 전략의 진정한 의미

경영이 무엇이냐고 물으면 선뜻 대답하기가 쉽지 않다. '국가를 경영한다'부터 '나를 경영한다'까지 그 의미가 넓어졌기 때문이다. 그렇긴 해도 기본적으로 경영은 기업을 운영하는 것이다.

경영은 목표를 달성하기 위해 자원과 정보를 활용하는 과정이다. 사람들은 경영에 대해 다양하게 정의를 내린다. 인적자원의 생산성을 높이는 일, 기업의 목표를 달성하기 위해서 의사결정을 하는 일, 조직에서 사람이 자원을 활용하여 성과를 내는 과정 등이 그것이다. 잘 보면 다 맞는 말이면서 다 같은 뜻임을 알 수 있다. 결국 경영은 기업이 가치를 만드는 과정이다.

어느 경영학자는 경영은 고객을 창출하는 일이라고 말하기도 한다. 가치를 사가는 사람이 고객이므로 고객 창출과 가치 창출은 같은 말임을 알 수 있다.

이제 누가 경영이 무엇이냐고 묻거든 이렇게 말하자. 경영은 기업에서 사람들이 가치를 창출하는 과정이라고.

마이클 포터가 말한 가치사슬만 보더라도 가치라는 녀석 아래로 조직의 모든 부서가 정렬해 있지 않던가?

"전략적으로 일하라!"

상사에게 자주 듣는 말이다. 전략적으로 일한다는 것은 앞뒤 없이 덤비는 것이 아니라 그 일의 목표와 목표로 가는 방법을 알고 한다는 것이다. 이 말은 일의 대상에 대해 문제의식을 갖고 문제를 해결하기 위한 방법을 모색하라는 말과도 같음으로 전략은 곧 문제 해결 방법과도 같은 말이다. 그런데 기업에서는 왜 이렇게 목표, 전략, 문제 해결이라는 말을 많이 쓸까?

『경영전략 논쟁사』에서 미타니 고지는 전략의 기원을 전쟁에서 찾는다. 전략 앞에 경영을 붙이기 시작한 것은 불과 60여 년 전이다. 기업이 경영을 하는 환경을 마치 국가끼리 전쟁을 하는 것과 흡사하다고 생각한 것이다.

전략의 글자 그대로의 의미는 싸움을 다스리는 법이다. 나폴레옹 전쟁을 분석한 카를 폰 클라우제비츠는 나폴레옹이 영국과의 전쟁에서 승리할 수 있었던 이유를 그가 자신의 목표와 해법을 정확히 알고 있었기 때문이라고 말한다. 1793년 영국과 프랑스는 툴롱항을 놓고 싸우게 된다. 나폴레옹은 툴롱항을 차지하는 목표를 달성하기 위해서 툴롱항을 직접 공격하는 방법을 택하지 않았다. 대신 레기에트라는 작은 요새를 먼저 차지한 후 거기에서 항구를 향해 대포를 쏘는 방법을 택했다. 전쟁의 최종 목표는 툴롱항이었지만 실행 방법의 우선순위는 문제 해결의 열쇠가 되는 레기에트를 먼저 차지하는 것이었다. 영문도 모르고 툴롱항에서 진을 치고 있던 영국 함대는 격침되고 만다. 경영의 목적을 위해 왜 전략이라는 단어를 차용했는지 알 듯하다.

경영도 전쟁과 마찬가지로 혼자 하는 싸움이 아니며 한정된 자원을 활용해야 한다. 또한 시간도 무한정 주어지지 않는다. 따라서 경영전략은 조직이 목표를 달성하기 위해 시간, 정보, 자원을 활용하는 기술이다. 범위를 좁혀 상사가 전략적으로 일하라고 하면 이 일의 목표를 달성하기 위해 나에게 주어진 시간은 얼마이며 가용할 자원은 무엇이고 무엇을 먼저 해야 하는지 알고 행하면 되는 것이다.

전산정보시스템을 능숙하게 활용하자

최근 많은 기업들이 조직에서 흐르는 정보를 관리하기 위하여 전산시스템을 사용하고 있다.

제조에서 판매까지를 회계와 연결하는 광범위한 시스템인 ERP(Enterprise Resource Planning)를 도입한 회사가 있는가 하면, ERP에서 한 부분을 떼어낸 SCM(Supply Chain Management)이나 CRM(Customer Relationship Management)만을 도입하여 관리하고 있는 회사도 있다.

기존 사원의 경우 전산정보시스템 용어에 익숙할 수 있겠지만 신입사원이거나 아직 이러한 시스템을 도입하지 않아 생소할 수 있는 사람들을 위해 전산정보시스템 용어들을 정리해 보았다. 알아보기 쉽도록 가치사슬 그림을 통해 표시했으니 하나씩 알아보자.

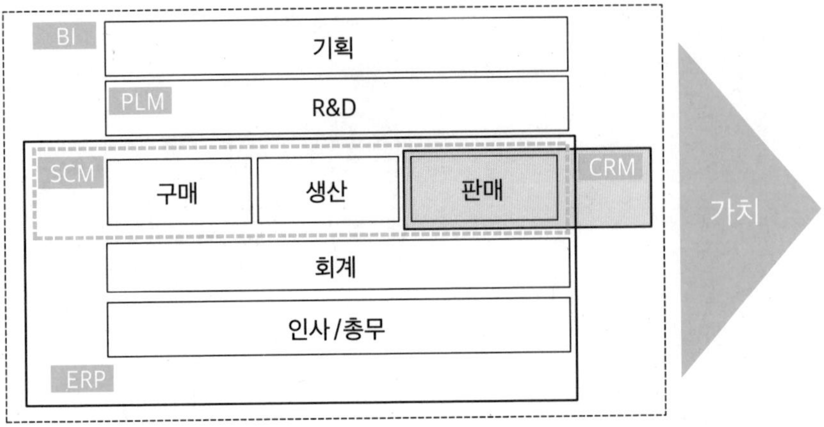

관리 범위에 따라 나누어지는 기업 전산정보시스템

① BI(Business Intelligence)

기업이 의사결정을 하기 위해 구축한 전산정보시스템을 통칭한다. 때로는 전국 또는 글로벌에 퍼져 있는 공장, 지점의 정보를 아우르는 것을 말한다.

② PLM(Product Life-cycle Management)

제품 수명 주기 관리 시스템으로 제품의 설계에서 생산, 폐기까지 제품의 전 생애를 기록하고 관리하는 프로그램이다. 통상적으로 R&D에서 제품의 도면을 버전별로 관리하는 것을 말하기도 한다.

③ SCM(Supply Chain Management)

공급 체인망 관리라는 뜻으로 구매, 생산, 판매의 수요, 공급 계획 수립을 관리한다. 넓게는 원재료 공급업체와 우리 회사, 고객사의 물류 정보를 한꺼번에 관리하는 것을 말한다.

④ CRM(Customer Relationship Management)

고객 관계 관리로서 고객데이터 즉 빅 데이터 분석을 통해 마케팅 전략에 활용하는 것을 말한다. 판매부문과 고객을 연결하는 것이 특징이다.

⑤ ERP(Enterprise Resource Planning)

전사적 자원 관리라는 이름이 말하듯 기업 내 자원의 흐름에 관한 데이터를 축적하여 관리하는 것이다. SCM이 확장되어 곧바로 회계 처리와 연결되는 것이 특징이다. 구매팀에서 원재료 구입 내역을 입력하고 생산팀에서 생산 내역, 품질팀에서는 불량 수량을 입력한다. 영업팀에서는 판매 수량과 회수한 대금을 전산 처리한다. 그러면 회계팀에서는 생산라인별로 원가를 자동으로 분석할 수 있는 말 그대로 회사 전체의 자원을 관리하는 시스템이다.

전산시스템을 도입하여 사용하는 회사의 가장 큰 문제점은 이러한 시스템을 사용하는 것 자체로 경영이 잘되고 있다고 착각하는 것이다. 전산시스템은 단지 경영의 수단일 뿐이다. 이미 일어난 경영의 결과를 보여주는 것일 뿐이다.

중요한 것은 양질의 데이터를 생산하는 일이다. 그리고 생산한 데이터를 정확하게 빠짐없이 입력하는 것이다. 그런 다음 분석 결과를 토대로 새로운 전략 수립을 위한 의사결정을 내리는 것이 전산시스템을 사용하는 근원적인 이유이다. 중요한 것은 배우고 아는 것이 아니라 활용하는 것이다.

노자는 이것을 지(知)와 학(學)이 아니라 명(明)과 활(活)이라 말했다. 즉 정보를 알고 관리하는 일이 아니라 정보를 생산하는 일이 더 중요함을 잊지 말자.

잘못 쓰면 독이 되는 MBO와 KPI

MBO(Management By Objective)

'목표에 의한 관리'라는 뜻으로 업무를 수행할 때 팀은 조직의 큰 목표에 수렴되는 팀별 목표를 수립하고 팀원들은 다시 팀의 목표에 수렴되는 개인 목표를 수립하여 실행하는 것을 말한다.

피터 드러커가 제시한 것으로 개인의 업무가 결국 조직 성과와 연결되도록 하는 데 목적을 둔다. 드러커는 목표를 설정할 때 상사와 부하직원이 함께 참여하는 것이 중요함을 강조하였다. 또한 측정하기 힘들다는 이유로 중요한 항목이 배제되는 것을 경계하였다.

KPI(Key Performance Index)

핵심 성과 지표로서 MBO를 수립할 때 목표로 삼는 지표를 말한다.

올해 조직의 목표가 매출 10% 상승이라면 영업팀의 KPI는 신규 거래선 발굴이 될 수 있다. 다시 영업팀 소속의 직원들은 신규 거래선을 지역별로 나누어 KPI로 정할 수 있을 것이다.

MBO와 KPI의 부작용

피터 드러커가 처음 MBO라는 개념을 제시한 의도는 조직과 팀, 개인이 따로 노는 것이 아니라 조직의 큰 목표 아래 정렬되어 업무를 수행하라는 것이었다. 그러므로 목표가 상부에서 하달되는데 그치지 않고 개인 목표 수립에는 상사와 부하직원 모두가 참여해야 한다고 말하였다. 그리고 한번 정한 목표는 1년 내내 고정되는 것이 아니라 경영 상황과 개인 능력에 따라 수정해야만 한다고 하였다. 특히 측정이 어렵다는 이유로 중요한 항목이 관리 대상에서 제외되는 일이 없어야 함을 강조하였다.

그런데 실제로 경영 현장에서는 MBO의 지표로 사용되는 KPI 선정과 실행에서 많은 부작용을 보인다. 그 몇몇 사례를 살펴보면 다음과 같다.

첫째, KPI를 '매출 10억 원 향상'이라고 잡아 놓고 그 목표가 의외로 쉽게 진행되어 9월 쯤에 달성되었을 경우, 12월까지 더 노력하면 초과달성도 가능하지만 내년을 위해 아껴둔다는 것이다. 원가 절감의 경우도 목표를 1억 원이라고 잡아 놓고 더 노력하면 1억2천만 원까지도 달성 가능하지만 1억 원에서 멈춘다는 것이다. 내년에도 먹고 살아야지 하면서 말이다.

둘째, 수립해 놓은 KPI가 올해 하반기부터 바짝 노력해도 달성할 수 있겠다 싶으면 상반기에는 별다른 노력을 기울이지 않는다는 것이다. 목표라는 것이 사람을 동기 부여 하는 역할도 하지만 한계를 짓게 하기도 한다. 정상적이라면 연초부터 열심히 하고 목표가 일찍 달성되면 남은 기간은 초과 성과를 내야 함이 맞다. 하지만 정해진 목표를 더 넘어설 필요가 없기에 일찍부터 전력을 다하지 않는 것이다.

셋째, 측정이 어려운 것은 KPI로 활용하지 않는다는 것이다. 팀장의 경우 직원의 창의력 향상, 윤리성 고취 등을 중요한 목표로 삼아야 함에도 불구하고 측정이 어려우므로 KPI로 선정하지 않는다. 선정이 되지 않았으니 마음이 잘 가지 않는다.

넷째, KPI 달성 여부로 인사평가를 하는 경우 달성이 쉬운 것을 선정한다. 그래서 연말에 가면 거의 대부분의 직원이 KPI를 100% 달성하게 된다. 하지만 조직 전체의 실적은 별로 나아지는 것이 없다.

다섯째, 직원들이 살라미 전술을 구사할 수도 있다.

피자의 재료로 많이 쓰이는 살라미 소시지 회사 사장이 MBO를 도입했다. 살라미 소시지의 생산량에 따라 성과급을 지급하겠다고 공표한 것이다. 생산량은 향상되었다. 하지만 회사의 실적에는 큰 변화가 없었다. 직원들이 살라미를 더 얇게 썰었던 것이다. 물론 실제 우리의 현장에서 이런 일이 잘 발생하지는 않는다. 직원들이 이렇게까지 영악하지는 않다. 그러나 인간은 적응의 동물이다. 조직에서 무리한 실적을 요구한다면 편법이 생겨나지 말라는 법도 없다.

조직행동이론에 보면 로크의 목표설정이론이라는 것이 있다. 사람은 목표가 없을 때 보다 있을 때 동기부여가 더 잘된다는 것이다. 특히 목표가 구체적이고 도전성이 있으며 수용성이 높고 피드백이 있을 때 더 그러하다는 것이다.

KPI는 구체적이다. 그런 면에서 동기부여가 된다. 하지만 도전적이기는 쉽지 않다. 그 결과가 인사 평가의 대상이 되기 때문에 함부로 목표를 높이 설정할 수가 없는 것이다. 수용성과 피드백은 상사가 어떻게 하느냐에 달려 있다. 수용성이란 실행 담당자가 목표를 받아들이냐 마느냐의 문제인데 드러커의 말대로 설정 과정에서 담당자의 참여가 중요하다. 또한 수행 과정에서 반드시 중간보고와 면담을 거쳐서 올바른 방향으로 가고 있는지 확인해 주는 일이 필요하다.

만약 MBO와 KPI가 로크가 말한 네 가지 조건을 잘 갖추기만 한다면 좋은 제도가 될 것이다. 그러나 섣불리 인사 평가와 보상으로 연결함으로써 그 좋은 점을 왜곡시키는 경우가 많이 있다. 모두가 알면서도 그냥 그렇게 한다. 이제 KPI의 민낯을 조직 구성원 모두가 드러내 놓고 고민할 때가 왔다.

분석만 하고 쓰지 않는 SWOT

SWOT(Strength Weakness Opportunity Threat) 은 기획서를 작성할 때 반드시 들어가는 분석 도구이다. 요즘은 입사 지원자들이 자기소개서에도 쓰기 때문에 직장인 가운데에 그 의미를 모르는 사람은 드물 것이다.

기획서란 현 상태를 원하는 상태로 만들기 위한 전략을 써 놓은 문서이다. 이때 전략은 내 마음대로 도출할 수 있는 것이 아니라 내가 가진 내부역량에 부합해야 하고 나를 둘러싼 환경도 고려되어야 한다.

따라서 전략 수립 전에 선행되어야 하는 것은 내가 처한 문제의 외부환경이 어떤지, 그것을 해결해야만 하는 우리 조직은 어떤 장점과 단점을 가졌는지 파악하는 일이다. 그게 SWOT 분석이다.

SWOT 분석

SWOT 분석은 '스왓'이라고 읽으며, 스탠퍼드 연구소의 앨버트 험프리가 처음 착안한 뒤, 하버드 비즈니스 스쿨의 케네스 앤드루스가 발전시킨 분석 도구이다.

전략을 수립하기에 앞서 우리 조직이 가진 내부역량 중에 목적 달성에 긍정적인 것은 강점으로 규정하고, 목적 달성에 부정적이거나 보유하지 못한 것은 약점으로 정의한다. 현재 외부환경 즉 정치, 경제, 사회, 문화적 상황이 우리 조직의 목적 달성에 긍정적으로 작용하면 기회로 규정하고, 부정적으로 작용하면 위협으로 간주한다.

그런데 많은 기업에서 범하는 실수가 SWOT 분석은 기획서에 당연히 들어가는 것으로 생각하면서도 실제로 전략을 수립할 때는 SWOT의 결과에 근거하지 않는 경우가 많다는 것이다.

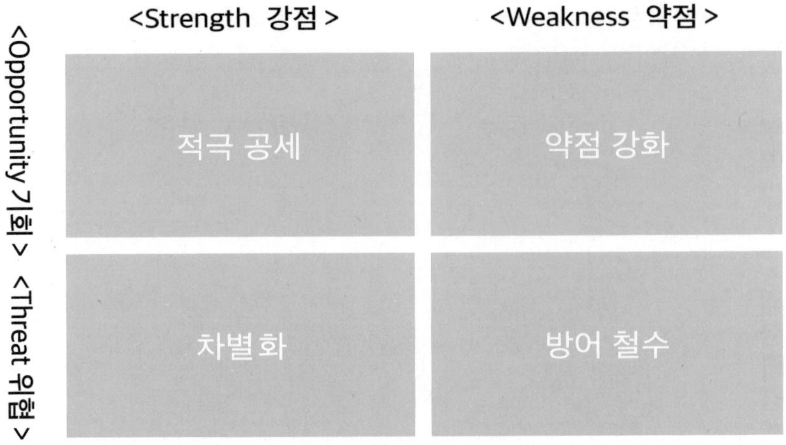

TOWS 전략 수립

내부역량이 아무리 뛰어나도 그것을 발휘할 외부환경이 조성되지 않았다면 강점을 발휘할 수 없다. 따라서 전략은 강점, 단점, 위협, 기회의 조합으로 수립되어야만 한다. 그것이 TOWS 전략 수립이다.

TOWS 전략 수립은 SWOT의 알파벳을 거꾸로 한 것으로 위의 그림과 같이 우리가 가진 강점이 기회를 맞고 있다면 적극 공세로, 강점은 갖고 있으나 외부환경이 우호적이지 않다면 차별화 전략으로 맞서라고 말한다.

외부환경은 분명 기회지만 우리가 해당 능력을 보유하지 못했거나 부족하다면 약점을 강화하여 맞서야 하며, 우리가 약한 부분인데 환경까지 좋지 못하면 방어하거나 철수하라고 말한다.

이해를 돕기 위하여 간단한 사례를 하나 제시 한다.

	<목적 달성에 긍정적>	<목적 달성에 부정적>
<내부역량>	S -국토의 중심으로 타 지역으로 접근 용이 -공예 비엔날레, 바이오 엑스포 등의 관광상품	W -외국 관광객 유치를 위한 전문 인력 부족 -천연 관광 상품 부족
<외부환경>	O -중국과 사드악재 해소 -중국인 해외여행자 수 증가 추세	T -국내 타공항과의 경쟁

SWOT 분석

〈문제 상황〉

청주 공항은 세종과 청주, 대전을 배후로 하는 국제공항이지만 거듭되는 적자로 많은 고민을 안고 있다. 어떤 전략을 구사한다면 흑자를 기록할 수 있을까? 먼저 SWOT 분석을 해보자.

분석 결과 청주 공항은 중국과 관련된 긍정적 외부환경을 가진 반면 국내 타 공항들과 치열한 경쟁을 해야 하는 상황이다. 반면에 수준 높은 축제 상품이 많고 KTX 역이 가까이 있어 해외 관광객이 올 경우 KTX를 이용하여 국내 다른 지역으로 이동하기가 용이하다. 주변에 강원도나 제주도와 같은 천연 관광 상품이 부족한 것은 단점으로 지적되었다.

이렇게 도출한 SWOT을 바탕으로 TOWS를 구사한다면 어떻게 할 수 있을까? 적극 공세로는 중국인 관광객을 유치하여 축제에 참여시키며 KTX를 타고 서울이나 부산, 광주로 이동할 수도 있을 것이다.

	<Strength>	<Weakness>
<Opportunity>	적극공세 -공항으로 관광객 유치후 KTX 연계 상품 개발 -중국인을 위한 축제 상품 활용	약점강화 -중국 중산층을 위한 저가 신혼 여행 상품 개발
<Threat>	차별화 -타공항이 보유한 자연환경 대신 의료 관광 상품 개발	방어,철수 -국내 노선 상품 개발 중단

TOWS 전략 수립

수익이 나지 않는 제주도를 제외한 국내 노선은 개발할 필요가 없으며 부족한 자연환경 대신 의료상품과 같은 인위적인 상품을 개발할 필요가 있다. 부족한 국내선 수요와 경쟁 관계에 있는 KTX를 감안하여 중국인을 위한 저가의 신혼 여행 상품을 개발하는 것도 좋은 대안이 될 수 있을 것이다.

지금까지 간단하게나마 SWOT 분석을 하는 방법과 그것을 이용하여 전략으로 연결하는 방법을 알아보았다.

앞에서도 언급했다시피 활용할 수 있다면 좋은 전략도구가 될 수 있는 SWOT을 기획서의 장식으로만 사용하는 경우가 많다. 비단 기업뿐만 아니라 대학생의 취업전략이나 직장인의 자기계발 전략을 위해서도 TOWS로 연결하는 습관을 들여 보면 좋을 것이다.

시나리오 플래닝으로 미래를 대비하라

매 학기 장학금을 놓치지 않던 한 대학생이 지난 학기에는 장학금을 받지 못했다. 원인을 분석해 보니 혼자 공부해서 시험을 보는 과목은 문제가 없었지만 친구들과 함께한 조별 과제에서 좋은 점수를 받지 못한 것이 가장 큰 원인이었다. 조별 과제는 친구들이 서로 간의 기여도 평가가 많은 비중을 차지하는데 친구들로부터 후한 점수를 받지 못한 탓이다. 다음 학기부터는 조별과제에 적극적으로 참여하고 자료조사와 같은 모두가 번거로워하는 일을 자진해서 맡아서 하는 것을 해법으로 정했다. 이 대학생은 과거에 일어난 문제를 해결했다. 원인을 찾고 원인을 제거할 해법을 도출했다.

문제를 해결하기 위한 원인 도출이 명확하다면 제2의 해법을 염두에 둘 필요가 없다. 하지만 발생하지 않은 미래 문제에 대한 해법을 마련할 때는 그렇지 않다.

가령 의류회사에서 올겨울에 판매할 거위 털 방한복을 얼마나 생산

할지 결정해야 하는 것은 미래형 문제인 것이다. 일어난 일이 아니므로 고정된 원인이 없다. 원인을 확정할 수 없으니 해법도 확신할 수 없다. 이때 필요한 것이 시나리오 플래닝이다. 말 그대로 해법을 시나리오 몇 개로 미리 써놓는다는 말이다.

시나리오 플래닝을 글로 써도 책 한 권이 되고 제대로 교육을 받으려면 3개월을 받아야 할 정도니 자세히 공부하고자 하는 사람은 유정식의 『전략가의 시나리오』를 읽어보길 바라며 여기서는 그 책을 참고하여 핵심만을 풀어본다.

미래에 일어날 문제에 대해 해법을 미리 그것도 여러 개 만들어 놓는 이유는 무엇일까?

미리 만들어 놓는 이유는 문제가 일어난 뒤에 대처해서는 늦기 때문이고 여러 개 만들어 놓는 이유는 문제가 어느 방향으로 발생할지 예측하기 힘들기 때문이다.

가령 다음과 같은 경우다.

거위 털 방한복을 만드는 회사가 있다. 우리나라의 경우 가장 추운 때가 12월, 1월, 2월이므로 방한복은 10월쯤에 생산에 들어가야 한다. 그런데 그러기 위해서는 거위 털을 미리 확보하여 생산해야 하는데 만약 올해 거위 털 방한복이 유행하지 않으면 큰일이다. 또 올겨울이 이상 기온으로 춥지 않은 겨울이 되어버리면 더 큰 일이다. 그런데 거위 털이 유행할지 날이 추울지는 12월이 다가오기 전까지는 예측하기가 어렵다. 이렇게 상황이 어느 방향으로 흘러갈지 알 수 없는 불확실성이 큰 상태에서는 해법을 몇 개 세워 놓고 상황을 관찰하다가 확실하게 흘러가는 방향의 해법을 재빠르게 실행해야만 한다.

대개 4개 정도의 시나리오를 세우기를 권하는데 이렇게 하면 된다. 먼저 내가 결정해야 할 문제가 무엇인지 정의한다. 그다음 해법 도출에 가장 크게 영향을 미치는 핵심 인자를 두 개 선정한다.

- 문제 : 올겨울에 판매할 거위 털 방한복을 몇 벌 생산해야 하는가?
- 핵심 인자 : 거위 털 유행 여부, 날씨

핵심 인자까지 선정이 완료되었으면 핵심인자의 양 극단을 서로 짝지어 4개의 시나리오를 만든다.

- 시나리오1 : 거위 털 유행 - 날씨 추움
- 시나리오2 : 거위 털 유행 - 날씨 따뜻함
- 시나리오3 : 거위 털 유행 안함 - 날씨 추움
- 시나리오4 : 거위 털 유행 안함 - 날씨 따뜻함

4개의 시나리오 중에 최상은 1번, 최악은 4번, 보통은 2, 3번이다. 해법은 이 4가지 시나리오가 현실화되었을 때 무엇을 할 것인가이다.

- 시나리오1 해법 : 대량 생산, 거위 털 확보, 생산 설비 준비
- 시나리오2, 3 해법 : 평균적 생산
- 시나리오4 해법 : 적게 생산, 거위 털과 설비 적게 준비

시나리오가 아무리 다양하게 준비되어 있다 하더라도 적절한 시점에

하나의 시나리오를 골라 빠르게 실행하지 않는다면 아무런 소용이 없다. 이제부터 중요한 것은 시나리오 수립을 위해 동원되었던 핵심인자가 어느 방향으로 흘러갈지 관찰하는 일이다.

올해 거위 털의 유행 여부, 날씨 전망을 지속으로 관찰하면서 현실화하는 방향으로 해법을 실행하는 것이다.

시나리오 플래닝을 제대로 실행하는 회사는 핵심인자만을 관찰하는 사람을 따로 두기도 한다.

시나리오 플래닝은 일상생활에서도 유용하게 활용할 수 있다. 가족끼리 8월 둘째 주에 제주도로 여행을 가기로 하고 해수욕장은 당연히 갈 생각으로 수영복, 수영 용품을 다 사놨는데 갑자기 날씨가 서늘해져서 수온이 내려간다면 난감하다. 이럴 때 무턱대고 수영용품을 살 것이 아니라 시나리오 플래닝을 해보는 것이다.

- 문제 : 제주도에 가서 무엇을 할 것인가?
- 핵심인자 : 기온, 태풍

- 시나리오1 : 기온이 30도 이상 - 태풍이 안 온다
- 시나리오2 : 기온이 30도 이상 - 태풍이 온다
- 시나리오3 : 기온이 30도 미만 - 태풍이 안 온다
- 시나리오4 : 기온이 30도 미만 - 태풍이 온다

각각의 상황에 따른 여행 계획을 세워 보면

- 시나리오1 해법 : 해수욕, 서늘한 산림 트래킹
- 시나리오2 해법 : 실내 수영장, 전시관
- 시나리오3 해법 : 야외 놀이 공원, 해수욕 안 하고 백사장에서 놀기
- 시나리오4 해법 : 아쿠아리움, 전시관

이렇게 계획을 세웠다면 여행 떠나기 며칠 전까지 날씨를 잘 모니터링하면서 택배가 배달될 수 있는 최소한의 날짜를 남겨 두고 여행 용품을 주문하면 된다.

지금까지 보았듯이 시나리오 플래닝을 위해서는 세 가지가 중요하다. 문제 정의, 핵심 인자 도출, 모니터링이 그것이다.

조직은 물론 일상생활에서도 잘 활용하면 준비 부족으로 기회를 놓치거나 성급한 해법 실행으로 인한 자원 낭비를 막을 수 있을 것이다. 앞으로 의사 결정을 해야 하는 일에서 상황이 확실하게 나빠질지 확실하게 좋아질지 알 수 없다면 내가 모니터링 해야 할 핵심인자가 무엇인지 찾는 습관을 들여 보자. 당신은 어느 순간 전략가로 불리고 있을 것이다.

6장 성장하는 직장인

"오늘부터 나는 무엇을
해야 하는가?"

나를 아는 것이 먼저다

무엇을 할 것인가?

실력은 어떻게 키우는가?

직장인의 미래

9층 누각도 한 줌의 흙에서 시작된다

내 인생의 문제를 정의하자

어떤 개인이 살아남는가?

4차 산업혁명과 직장인

꿈의 지도

자기 주도 성장을 위한 다섯 가지 지식

네트워크 플랜

나를 아는 것이 먼저다

건설회사에 다니는 A과장은 건물의 내부 공사를 담당하고 있다. 전기공, 미장공 등을 공사 일정에 따라 섭외하여 인테리어를 마무리한다.

어떤 기술자들과 계약할지에 대한 권한을 가지고 있으므로 기술자들 사이에는 소위 말하는 갑으로 군림한다. 본인도 공사가 끝나면 마치 그 건물을 자신이 지은 것으로 생각한다. 하지만 건설회사가 망하면 A과장은 일자리를 잃게 되고 당장 기술이 없으므로 새 일자리를 찾기도 쉽지 않다. A과장과 달리 전기공과 미장공은 지금은 을인 것 같지만 그 회사가 아니어도 다른 데서 일자리를 구할 수가 있다.

위의 사례는 무엇을 말하는 걸까?

A과장은 건물 내부 공사를 자신이 했다고 착각하고 있지만 사실 공사를 한 주체는 전기공, 미장공이다. 그는 자신의 것이 아닌 것을 마치

자신의 것으로 착각하고 있었던 것이다. 물론 공사가 마무리되기 위해선 일정을 조율하고 사람을 고용하는 일도 중요하다. 그러나 그것은 간접적인 일이다. 결과에 직접적으로 영향을 미치는 것은 자신이 행위 당사자가 되어 일을 할 때인 것이다. 내가 주체가 아니라면 회사 이름과 직책은 껍데기에 불과하다. 비슷한 사례를 하나 더 들어보자.

회사를 다니다가 틈틈이 주식을 하던 B대리는 생각보다 많은 차익을 남겼다. 그래서 책도 읽고 특강도 들으면서 주식투자에 대한 실력을 키우기 시작했다. 주식의 원리에 대해 어느 정도 알았다고 생각되자 회사를 그만두고 본격적으로 주식투자를 업으로 삼았다. 역시 사람은 배워야 한다고 공부를 통해 알게 된 실전 주식투자 노하우에 따라 사고팔고 하였더니 회사 다니던 때보다 훨씬 더 많은 소득을 올리게 되었다. 당연히 생활수준도 올라가서 차도 큰 차로 바꾸게 되고 1년에 한 번은 해외여행도 갈 수 있게 되었다. B대리는 자신을 생활수준과 가진 차에 비추어 보아 이제는 중산층 이상이 되었다고 생각했다. 그러다 미국발, 남유럽발 금융 위기가 몰려오자 B대리가 가지고 있던 주식 가격은 실전 투자 노하우고 뭐고 손 쓸 틈도 없이 내려갔다. 손절 타이밍도 놓치고 이제는 그저 바라만 보고 있다. 다시 취업을 하려고 해도 경력이 단절되고 나이도 먹어서 쉽지가 않다.

B대리 사례 역시 건설회사 A과장의 이야기와 전하는 맥락은 같다. B대리는 주식을 통해 버는 돈이 마치 자신이 직접 버는 것으로 착각했던 것이다. 물론 자신이 종목을 선택한 것은 맞지만 주식이 벌어다 준 돈은 그의 직접 노동보다 외부환경의 영향이 더 컸던 것이다. 큰 차와 해

외여행은 자신의 모습을 대변한다고 생각했지만 그것은 자신이 주체적으로 만든 모습이 아니었던 것이다. 즉 진정한 자기 것이 아닌 것을 마치 자신의 것으로 착각하고 있다가 그것이 사라지고 나니 현실의 나는 나약하고 무능한 나일뿐이었던 것이다. 혹시 나도 나 아닌 것을 나로 착각하고 있는 것은 아닌가? 돌아봐야 한다.

우리가 삶의 모든 순간에 행복하기 위해서는 나의 일이 현재에도 행복을 주고 미래의 행복에도 기여하는 것이어야 한다고 했다. 그것의 핵심은 지금 나의 일에 전문가가 되는 것이다. 지금 일이 적성에 맞지 않다면 일을 세부적으로 분해하여 맞는 부분에 대해 더 집중하고 전문성을 키워 타부서로 옮기든 퇴사할 경우 그것을 업으로 삼아야 한다.

여기서 한 가지 더 보태고자 한다. 내가 그 일의 결과물을 직접 창출하지 않으면서 마치 전문가인 것으로 착각해서는 안 된다는 것이다.

건설회사의 A과장과 같이 간접적으로 일을 관리하면서 마치 직접 당사자인 것으로 착각하지 말라는 것이다. 건설회사에서 내부 공사를 담당한다면 전기 작업에도 관심을 가져서 기본적인 것은 자신이 직접 할 수 있어야 한다. 그래야 현재 일에서 전기공을 고용하고 관리할 때 효과적일 수 있으며 그 노력은 미래에 자신의 운신의 폭도 넓혀 주는 것이다. 여기서 운신의 폭이란 회사 내에서도 멀티 플레이어라는 인상을 줄 수 있으며 혹시 회사가 잘못되더라도 같은 건설회사뿐만 아니라 전기 관련 일도 할 수 있게 되는 것이다.

조직에서 일을 잘하기 위해서는 일이 일어나는 장소인 조직의 특성과 일을 행하는 인간의 특성, 사람들 사이의 소통 방법과 동시에 일 자체에 대해서 알아야 한다.

조직과 인간의 특성이 일을 둘러싸고 있는 외적인 조건이라면 일은 말 그대로 본질 자체다. 외적인 조건도 당연히 중요하지만 우리는 일 자체의 전문가가 되지 않으면 안 된다. 여기서 전문가란 문제를 해결하는 사람을 말한다. 그런데 조직의 사람들 중에는 문제를 자신이 직접 해결하지 않고 사람의 힘을 빌려서 해결하는 경우가 많다. 물론 직급에 따라 역할을 그렇게 해야 할 경우가 많다. 그렇다 하더라도 기본적으로 내가 문제를 해결할 수 있는 사람이 되어야지 사람을 고용해서 문제를 해결하는 데 그치고 만다면 그 사람은 진정한 전문가가 아니다.

지금은 팀장이라 부하직원을 성과로 이끄는 것이 주요 역할이라 하더라도 그 자신이 실무자였을 때는 그 문제의 최고 전문가였어야 한다는 것이다. 세상에 관리자는 많다. 그것은 많은 시간을 들이지 않아도 익힐 수 있는 기술이다. 하지만 문제를 직접 해결하고 재화와 서비스를 직접 만드는 일은 단기간에 되는 일이 아니다.

생각해 보자. 나는 결과물을 직접 만들어내는 당사자인가? 지금 내 업무에서 일어나는 문제를 나는 직접 나의 지식과 기술로 해결하고 있는가? 그저 중간에서 말로 지시하여 해결하고 있는가?

이것이 내 일의 전문가가 되는 진정한 첫걸음이다. 만약 내가 내 일의 참된 주인이 아니라면 지금부터라도 무엇을 해야 하는지 알아보자. 그리고 바로 실천하자.

무엇을 할 것인가?

내 일의 주인이 된다는 것은 내가 스스로 결과물을 만들어내는 것이다. 그렇다면 결과물이란 무엇인가? 직무교육 강사인 나를 예로 들어보자.

회사의 최종 결과물이 고객이 원하는 가치를 제품에 담아 매출을 올리는 것이라면 강사는 고객이 원하는 강의를 만들고 강의를 많이 수행하여 매출을 올리는 것이다.

일의 주인 : 결과를 스스로 창출하는 사람

강사의 결과 : 강의를 많이 수행하여 매출을 증가시키는 것

강사가 매출을 자기 스스로 창출해 내기 위해서는 첫째, 강의 내용 즉, 콘텐츠를 직접 만들어 낼 줄 알아야 한다.

강의 에이전시나 교육회사 등에 소속되어 있으면서 회사 콘텐츠 개발팀에서 만들어 주는 교재로 앵무새처럼 강의하다가는 회사가 없어지거나 그 회사에서 나오게 되었을 때 강의를 할 수 없게 된다. 물론 교육회사에 소속되어 있다면 회사에서 주는 강의 교재로 강의해야겠지만 기본 뼈대 위에 사례만이라도 자기만의 것을 넣을 줄 알아야 한다. 또한 그와는 별도로 자신이 강의 콘텐츠를 개발하여 회사에 역으로 제안할 수도 있어야 한다.

강사가 결과물을 스스로 창출하여 자기 일에 주인이 되기 위해 해야 할 일 두 번째는 스스로 영업이 되는 사람이어야 한다는 것이다.

강사가 매출을 창출하고 또 늘리는 방법은 강의를 많이 수행하는 것이다. 콘텐츠가 아무리 좋으면 무엇에 쓰겠는가? 강의를 할 데가 없다면 말이다.

강의는 고객이 강사에게 직접 전화할 수도 있고 교육회사가 강사에게 연락을 할 수도 있으며 이미 속해 있는 교육회사에서 배정 받을 수도 있다. 앞의 두 가지는 강사의 실력이 크게 영향을 미치는 것이지만 속한 회사에서 일정량의 강의를 배정받는 일은 자신의 실력 때문이라고만 보기는 어렵다.

스스로 영업이 되기 위해서는 본인의 브랜드 가치를 높이고 고객에게 자신을 알려야 한다. 브랜드 가치를 높인다는 것을 좋은 콘텐츠를 만드는 것도 포함되지만 외적으로 보이는 것에도 신경을 써야 한다. 학위를 따거나 책을 출간하여 저서를 갖는 일도 중요하다.

브랜드 가치가 높아졌다고 해서 반드시 고객이 제 발로 찾아오는 것도 아니다. 그러므로 기존 고객과 메일로 소통하기, SNS 활동, 블로그에 글 게시하기도 꾸준히 하여 자신의 존재를 알려야 한다.

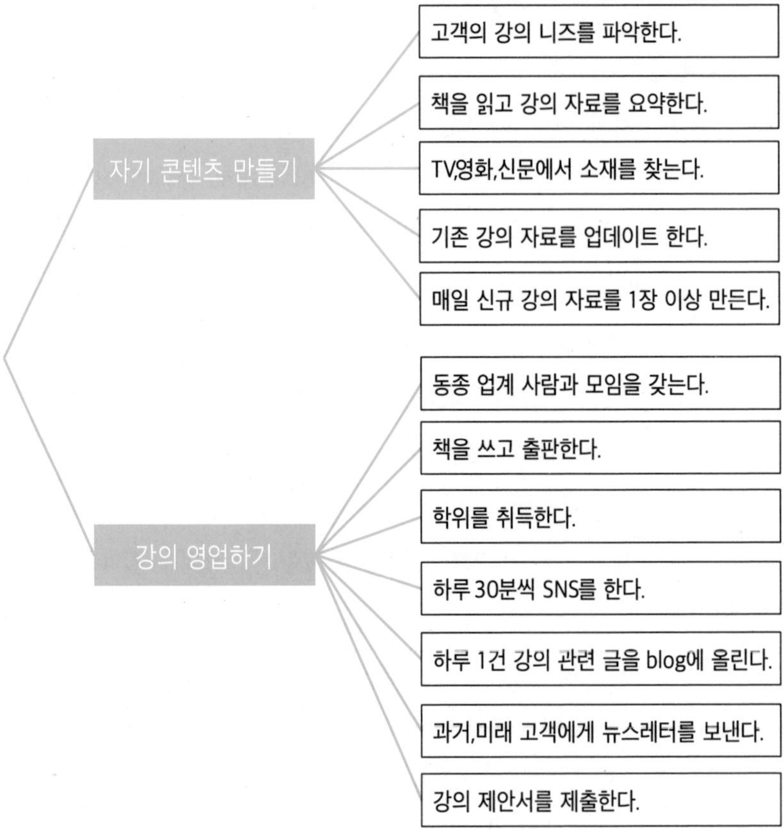

강사가 자기 일에 주인이 되는 법

앞에서 언급한 콘텐츠 만들기와 영업하기의 내용을 종합하여 로직트리를 그려보면 위와 같다.

이 로직트리는 강사가 일의 주인이 되기 위한 해법이다. 해법은 단지 수행해야 할 과제일 뿐 실행하지 않으면 의미가 없다.

과제별로 매일 할 일, 일주일에 한 번 할 일 등으로 구분하여 실행해 나가는 일이 중요하다.

자 이제부터 자신이 일을 통해 도출해 내야 할 결과물이 무엇인지 먼저 정의해 보라.

그리고 그 결과를 창출하기 위해 내가 갖추어야 할 능력과 수행해야 할 과제를 로직트리로 그리고 실행하길 바란다.

중요한 것은 처음 도출한 해법이 반드시 정확한 것은 아닐 수도 있다는 것이다. 하면서 계속 수정해 나가야 한다.

중요한 것은 시작하지 않으면 수정할 일도 없다는 것이다.

실력은 어떻게 키우는가?

실력이란 실제로 갖추고 있는 힘을 말한다. 성과를 직접 만들어내는 힘을 말한다. 내가 갖추고 있는 힘이 진정한 실력인가를 확인하는 것이 나를 아는 것이다. 또한 결과물을 창출하기 위해 필요한 도구를 갖추는 것이 우리가 할 일이다. 그렇다면 도구의 참된 힘을 가지는 방법은 무엇일까? 실력을 키우는 방법은 두 가지다.

경험과 연습을 통한 방법과 책과 배움을 통한 방법이다. 이 두 가지는 모두 지독한 노력과 인내가 필요하다.

지금은 세계적인 클래식 기타리스트가 된 장대건의 이야기다. 어릴 때부터 합기도를 좋아하던 장대건은 다리를 다쳐 운동을 할 수 없게 되었을 때 형을 통해 우연히 클래식 기타를 접하게 된다. 마침 그때 형이 클래식 기타 학원을 다니고 있었다.

잠잘 때도 기타를 안고 잘 정도로 푹 빠진 그는 기타의 본고장인 스페인에 가서 공부하고 싶다는 열망에 사로잡힌다. 클래식 기타의 아버지인 세고비아가 죽고 없으니 나는 세고비아의 제자 호세 토마스의 수제자가 되어야겠다는 다소 무모한 꿈을 안은 채 열일곱 살의 나이로 홀연히 바르셀로나로 떠난다.

꿈을 따라 떠나왔지만 말도 안 통하는 하숙집에 덩그러니 홀로 남겨진 그에게 다가온 건 지독한 외로움과 두려움이었다. 이때 그는 깨닫는다. 두려움을 없애는 길은 실행뿐이란 걸.

3년간 바르셀로나에서 실력을 갈고닦은 끝에 호세 토마스가 있는 알리칸테 음악원에 입학하여 수석으로 졸업한다. 그 뒤 각종 콩쿠르에서 입상하였고 이제는 자신이 콩쿠르의 심사위원이 되는 위치로 성장했다. 스페인 사람보다 스페인의 정서를 더 잘 표현한다는 평가를 받는 그를 키워 준 건 오직 연습이었다.

방법은 인내와 실행뿐이다

『젊은 시인에게 보내는 편지』에서 라이너 마리아 릴케가 자신에게 조언을 구한 시인 지망생 프란츠 크사버 카푸스에게 했던 말은 사람을 숙연하게까지 한다.

"예술가가 된다는 것은 계산하거나 헤아리지 않는다는 뜻입니다. 나무처럼 자란다는 의미입니다. 저는 그것을 고통 속에서 배웁니다. 나는 그 고통이 고맙습니다. 인내만이 전부입니다."

양반으로 태어나 과거에 급제한 정약용은 천주교 집안이라는 이유로 신유박해, 기해박해를 당하며 자신은 물론 집안 전체가 풍비박산 나고 만다. 그 역시 18년 동안이나 유배생활을 했고 그 가운데서도 500권의 저서를 남겼다는 것은 이미 모두가 알고 놀라워하는 사실이다. 그의 배움에 대한 열정과 노력은 아들에게 했던 말에 고스란히 묻어난다.

어느 날 다산은 아들로부터 닭을 키우기로 했다는 소식을 듣게 된다. 몰락했으나 양반의 자식으로 닭을 키운다면 우리는 무어라 말했을까? 다산은 이렇게 말한다.

"기왕 닭을 키우기로 했으면 닭에 대한 경전을 써보아라."

닭이 언제 자고 언제 일어나며 그 생태는 어떠한지, 먹이를 바꾸어 가며 실험도 해가면서 닭을 가장 잘 키울 수 있는 방법을 연구하라는 뜻이다. 그는 편지의 말미에 "가장 평범한 사람도 한 분야를 깊이 연구하면 그 일에 대해서만은 가장 잘 아는 사람이 된다."라고 덧붙였다.

나는 우리 직장인들에게 다산의 말을 빌려 다산의 아들이 〈계경(닭에 대한 경전)〉을 썼듯이 자신의 업무를 통해 얻게 된 경험과 지식을 경으로 써보라고 권하고 싶다. 이 책의 중간에 언급한 자기 업무의 문제 해결책을 꾸준히 로직트리로 만들어 가라는 말과도 일맥상통하는 말이다.

누구나 미래는 두렵다. 이 회사에서 어디까지 승진할 수 있을까? 언제까지 다닐 수 있을까? 여기서 나간다면 나를 무얼 해서 먹고살 것인가?

기타리스트 장대건의 말처럼 두려움을 없애는 길은 실행뿐이다. 실행의 과정은 릴케의 말처럼 부단한 인내를 요구한다. 그 인내의 결과물로 우리가 남겨야 할 것은 내 일에 대한 '경'인 것이다.

실력을 키우는 두 번째 방법은 독서다.

책은 단순히 글씨가 쓰인 종이 묶음이 아니라 한 사람의 '경'이다. 그 책을 쓰기까지 축적된 저자의 삶을 풀어낸 것이다. 어떻게 배울 것이 없겠는가? 회사를 그만두고 강사의 길을 걷고 있는 나 역시 실력을 키우기 위해 독서를 많이 한다. 그런데 책을 읽는 것만이 중요한 것이 아니라 읽은 내용 중에 중요한 것은 자기만의 노트에 옮겨 적고 때때로 다시 읽어 보는 것이 중요하다.

인간의 기억력은 의외로 신통치 않다. 읽을 때는 공감 가고 감동했던 내용도 시간이 지나면 사라지고 만다. 그래서 특별히 감동한 책은 두 번 세 번 반복해서 읽을 필요가 있다.

아무리 배울 것이 없는 내용의 책이라도 기억해 둘 만한 한 문장은 있기 마련이다. 그런 문장은 반드시 노트에 옮겨 적어 놓아야 한다. 컴퓨터에 옮겨 적을 수 있다면 더 좋다.

『책은 도끼다』의 저자 박웅현은 책을 읽고 중요한 곳은 밑줄 치고 컴퓨터에 옮겨 적은 후, 출력해서 가방에 넣고 다니며 수시로 읽는다고 한다. 광고계의 일인자가 된 비결을 묻지 않아도 알 수 있는 대목이다. 그렇다면 어떤 책을 읽을까?

어떤 사람들은 읽어야 할 책을 읽지 말고, 읽고 싶은 책을 읽어라, 마음 가는 대로 읽어라 하고 말한다. 그 말도 맞다. 책들이 분야에 따라 그 내용과 시사하는 바가 모두 다른 것 같지만 각자 그마다의 통찰을 주기 때문에 어떤 책이라도 읽고 느끼면 그만일 수도 있다.

하지만 자기 분야의 전문가가 되기 위해서는 우선은 읽어야 할 책을 읽는 것이 먼저다. 읽어야 할 책의 분야를 정하고 분야마다 독서목록을 만들고 읽기 시작해라.

전공분야, 자기계발, 소설, 과학, 예술, 에세이 이런 식으로 말이다. 처음 다섯 권정도만 정해놓고 시작해도 그다음은 책이 책을 낳는다. 즉 앞의 책 저자가 참고한 문헌이나 글 속에서 언급하는 책들을 자연스레 따라가면 되는 것이다.

바쁜 직장생활이지만 열흘에 한 권은 읽기를 권한다. 그리고 중요한 것은 밑줄 치고 노트에 옮겨 적자. 옮기는 과정에서 한 번 더 공부가 된다. 그리고 그 노트는 가지고 다니면서 틈날 때마다 읽기 바란다.

이렇듯 업무에서 얻은 것으로 '경'을 쓰고 책에서 얻을 것을 옮겨 적어 수시로 읽어 간다면 누구든지 자신의 분야에 전문가가 되리라 확신한다. 시작이 중요하므로 우선 나만의 분야별 독서목록을 만들어 보자.

직장인의 미래

채널을 돌리다가 우연히 『EBS 인문학 특강, '현대 철학자 노자'』를 보았다. 1강을 보게 되었는데 재미있다 보니 14강, 끝까지 보게 되었다. 여기서 알게 된 인상 깊은 내용이 있어 소개한다.

요즘 흔히들 4차산업혁명에는 인문학 공부가 중요하다고 말한다. 얼핏 들어서는 기업과 인문학이 무슨 관계가 있을까 싶은 생각이 든다. 그런데 인문학을 한자로 풀어보면 이내 의문이 풀린다.

'인문학(人文學)'

여기서 문(文)을 글월문으로 해석하기보다는 무늬 문(紋)으로 해석해야 한다. 그래서 '인문(人紋)'은 인간이 그려내는 무늬인 것이다. 세상에서 인간이 그려내는 무늬란 바로 그들의 삶의 방식을 말하는 것이다.

따라서 인문학을 공부하는 이유는 특정한 시대 상황에서 인간은 그들의 생존을 위해 어떤 삶의 방식을 취했는가를 알기 위함인 것이다. 그것을 알고 지금 내가 처한 시대 상황을 고려하여 나는 어떤 무늬, 즉 어떤 삶의 방식을 취할 것인가를 고민할 수 있다는 것이다. 그렇다면 노자는 어떤 시대 상황에 처했으며 어떤 무늬를 그리고자 했을까? EBS 인문학 특강 최진석 교수의 강의 내용을 참고하여 이야기를 풀어 본다.

실증적으로 밝혀진 중국 역사의 시작인 은나라는 갑골문으로 유명한 나라이다. 갑골문은 소, 돼지와 같은 동물의 뼈나 거북의 껍질에 국가의 대사를 신에게 물어서 나온 점괘를 써 놓은 것이다. 이것이 갖는 의미는 은나라가 신정국가였다는 것이다. 이후 주나라에 의해 은이 망했을 때 신은 천자라는 왕으로 대체되었으나 천자 역시 하늘의 아들이므로 신의 의미는 크게 퇴색되지는 않았다. 그러나 주나라가 동쪽으로 천도한 동주시대 즉 춘추전국시대가 되자 천자와 제후간의 예속관계가 약화되고 철기의 등장으로 농업 생산력이 증대되자 공고하던 신분제에 균열이 생기고 계층 간에 이동이 가능해졌다. 신을 중심으로 움직이던 세상의 주도권이 인간에게 옮겨오기 시작했다. 그전까지는 모든 것이 신과 신의 아들에게서 비롯되었으나 이제 인간은 인간의 길을 스스로 찾아야 했다. 바로 철학의 변화를 필요로 하는 시대인 것이다. 이때 나타난 철학자가 바로 공자와 노자이다.

공자는 인간이 가야 할 길을 예(禮)에서 찾았다. 인간은 원래 혈연적으로 가장 가까운 관계인 부모와 자식 간에 효(孝)라는 가치를 가지고 있으므로 그것을 씨앗(仁)으로 삼아 학(學)을 통해 예(禮)에 이르도록 노력해야 한다고 사람들에게 설파하였다. 인간이란 존재가 처음 세상의 무대에 등장했을 때 내세운 철학으로 놀라운 설득력을 가지고 있다.

그런데 노자는 이런 공자의 말에 우려를 표시한다. 인간은 무엇이든 하나의 기준을 가지게 되면 그 기준에 들지 못한 것들을 배척하는 경향이 있다. 기준이 언젠가는 폭력으로 변한다는 것이다.

그러므로 한 가지 기준을 두어서는 안 되며 세상은 항상 반대되는 개념들이 한 몸으로 존재함을 알고 그것을 보이는 대로 보아야 한다고 말했다. 그 원리가 바로 유무상생(有無相生)이며 도(道)인 것이다.

이렇듯 노자는 신이 사라지고 인간의 삶을 인간이 결정해야 하는 시대 상황에 대한 해법으로 도(道)를 제시했다. 다시 말하면 노자라는 사람이 그린 인간의 무늬는 도(道)였던 것이다.

간략하지만 앞에서 우리는 공자와 노자를 통해 과거에 인간이 새로운 시대 상황을 맞이했을 때 어디서 길을 찾고자 했는지 알아보았다. 그럼 이제 우리가 할 일은 우리가 처한 시대 상황을 알고 우리는 무엇을 할 것인지 질문을 던져야 할 차례다.

우리는 어떤 상황인가?

그렇다면 우리 직장인이 현재 직면하고 있는 시대 상황은 무엇일까? 그것이 무엇이냐에 따라 우리가 그려야 할 무늬가 달라지기 때문이다. 물론 그것은 누구도 정확히 예측하지 못한다. 다만 그러한 거대한 흐름이 있다고만 말할 뿐이다. 그 흐름은 무엇인가? 서점에 가서 어떤 책이 놓여 있는가 보라. TV에서 주로 어떤 이야기를 하는지 보라.

'미래에는 인공지능이 사람을 대신할 것이다. 제품에 인터넷이 결합하는 사물인터넷 세상이 될 것이다. 모든 마케팅의 기본 수단은 빅데이

터가 될 것이다. 인간은 로봇에게 일자리를 잃고 창의성 있는 인간만 일자리를 유지할 것이다.'

온통 이런 말들이다. 사람들은 이것을 4차산업혁명이라 이름 붙이고 있다. 다보스 포럼에서 이 이야기가 처음 나왔다고 해서 꼭 그렇다는 법은 없다. 그리고 그것의 실체가 정말 있는 것인지 그저 3차산업혁명의 연속선상에 있는 것인지 아무도 모른다. 실제로 혁명이라 할 만한 변화가 일어나지 않는다고 해서 '그 봐라 별거 없지?'라고 좋아할 것도 없다. 분명한 것은 크든 작든 이미 그 흐름은 시작되었다는 것이다. 단지 그것이 어떤 속도일지 어떤 양상을 보일지 정확히 알 수 없을 뿐이다.

지금까지 사람들이 예측한 바에 따르면 기존 제조업에서 만들어진 제품에 정보통신기술이 보다 더 많이 가미되고 공장은 사람이 사라지고 로봇이 대신하는 스마트 공장이 될 것이며 다품종 소량 생산을 넘어 제품의 세부 사항까지 주문자의 요구를 반영하는 생산 시스템이 될 것이라고 말한다. 이대로 흘러간다면 제조 기술이 탄탄한 기업, 정보를 많이 가진 기업이 유리할 것은 자명하다.

단순히 정보를 많이 갖는 것을 넘어 정보를 먼저 갖는 기업이 시장을 선점할 것이다. 이 거대한 흐름 속에 우리 직장인이 있다. 이것이 지금 우리 직장인이 처한 상황인 것이다.

우리가 그려야 할 무늬는 무엇일까?

인공지능, 로봇, 사물인터넷, 빅데이터라는 이야기만 들어도 초고도의 산업 사회 같아 보이지만 이 대목에서 다시 한 번 노자를 떠올려 보

자. 이것이야말로 노자가 말한 자연 그대로의 모습과도 흡사하다.

아무것도 정해진 것이 없으며 모든 것이 연결되는 세상, 무위자연, 함 없는 함으로 자연의 모습 그대로를 닮은 고도사회가 되는 것이다.

이렇듯 미래는 자연으로 돌아가는 세상이 될 것이다. 자연은 정함이 없는 곳이다. 반드시 이렇게 해야 한다는 법이 없다. 전혀 관련 없는 것들이 연결되며 경계가 없다. 자연의 원리로 돌아가는 세상에서 과거에 정해진 답을 적용해서는 곤란하다. 노장사상의 또 하나의 철학자인 장자가 말한 개인의 근원적인 힘을 통해 어둠 속에서도 사물을 보고, 고요 속에서도 소리를 들을 줄 알아야 하는 것이다.

그 힘은 어디서 오는가? 아무것도 하지 않음에서 오는가? 오래 생각하기만 하면 오는가? 피카소의 초창기 그림을 보라. 누구보다 풍경화와 인물화를 잘 그렸음을 알 수 있다. 기본에 대한 확고한 실력을 토대로 할 때 게르니카가 나올 수 있었던 것이다.

4차산업혁명이라 해서 뜬구름만 잡아서는 곤란하다. 창조도 기본에서 시작된다.

내가 속한 분야에서 전문가가 됨과 동시에 창의력을 키우기 위한 공부가 동반되어야 하는 것이다. 미래의 기업이 원하는 인재가 바로 이런 것이다. 다양한 소비자의 욕구를 충족시키고 즉각적으로 대응할 수 있는 조직과 사람이 있는 기업이 살아남을 것이기 때문이다.

변화는 진행되겠지만 분명한 것은 준비할 시간은 있다는 것이다. 기본소득이나 로봇세가 도입되면 일자리를 잃어도 그것으로 소비의 역할을 하면서 먹고 살겠다는 사람은 그렇게 하면 된다. 그러나 4차산업혁명의 가운데서도 주체적으로 일하면서 내 영혼의 능력을 발휘하고 싶다면 무엇을 할지 고민해야 한다. 새로운 미래는 '짠'하고 나타나지 않는다. 따라서 직장인들도 혼자서 몰래 내공을 쌓고 있다가 '짠'하고 나타난 미래 세상에 모습을 드러내겠다고 생각하기보단 세상의 흐름과 내가 같이 가겠다는 생각을 해야 한다. 분명한 것은 아무리 인공 지능이 오고 로봇이 와도 제품은 생산해야 한다는 것이다. 제조업이 강한 나라가 살아남을 것이라는 말은 거기서 온다.

첫째는 현재 일에 최고의 전문가가 되어 현재를 딛고 서서 미래를 준비해야 한다. 둘째는 거대한 흐름을 주도하는 이슈가 출현할 때마다 우리도 적극적으로 관심을 갖고 지금 나의 일에 적용해 나가는 것이다.

빅데이터 얘기가 나온 지도 벌써 몇 년이 지났다. 그렇다면 우리도 최소한 통계 툴을 공부하고 데이터를 쌓으며 그것을 내 업무에 적용해 보는 것이다. 3D 프린터가 시대의 흐름 속에 등장했다면 우리 회사의 시제품을 만들 때 적극적으로 그것을 적용해 보는 것이다. 신문에 그와 관련된 기사가 났다면 지나치지 말고 반드시 읽어 보고 내 업무, 우리 회사에서 그것을 적용하려면 어떻게 해야 할까 고민해 보는 것이다.

그런 가운데 인문학을 통해 창의력을 키우려는 노력한다면 미래는 생각보다 두렵지 않을 것이다. 물론 이 방법이 즉각적인 해답을 주거나 반드시 맞는 답이라고 할 수도 없다. 그러나 이렇게 시작해서 거대한 흐름의 옆자리라도 올라타고 난 뒤 계속해서 방향을 바꾸어 나가면 되는 것이다. 올라타지 않으면 바꿀 방향도 없는 것이다.

지금 두려운가? 다시 한 번 말한다. 두려움을 없애는 유일한 방법은 실행뿐이다.

9층 누각도 한 줌의 흙에서 시작한다

노자의 도덕경을 읽다가 왜 노자를 현대 철학자라 부르는지 알게 해주는 대목을 만났다.

사람마다 같은 것을 보고도 느끼는 바가 다르고, 함께 빵집 앞을 지나면서도 배고픈 사람이 빵 굽는 냄새를 더 잘 맡듯이 막연한 미래를 걱정하는 내게도 노자는 그렇게 다가왔다.

누군가는 노자에게서 좀 더 버리는 삶을 배웠을 것이며 누군가는 관용과 배려를 배웠을 것이다. 그러나 나에게 노자는 미리 준비하라고 말하고 있었다.

제정일치 시대에서 신을 떠나보낸 시대로의 전환기에서 가장 먼저 인간의 길을 묻고 답한 그는 분명 나에게도 미래의 길을 묻고 바로 지금부터 차근차근 준비하라고 말하고 있었다. 미래가 불안한 현대인들에게 답을 제시하는 그는 분명 현대 철학자였다.

"일이란 그것이 생기기 전에 해버려야 하고 복잡해지기 전에 다스릴 줄 알아야 한다. 큰 나무도 그 시작은 솜털 같은 새순이었고 9층 누각도 한 줌의 흙에서 시작한다."

"세상에서 가장 어려운 일도 쉬운 일에서 시작되고 세상에서 가장 큰 일도 작은 일에서 시작된다. 성인은 큰일을 끝에 가서 하는 법이 없으며 어려운 일도 커지기 전에 시작한다."

노자의 말이다.

사실 지금 나에게도 걱정거리가 많다. 직장인들이 앞으로 내 일자리가 없어지지 않을지, 내 회사가 없어지지 않을지, 미래에는 무슨 일을 하며 먹고 살까 걱정하듯, 직장인에게 강의하는 나도 똑같은 걱정이 있다.

'지금 강의하는 주제로 미래에도 강의할 수 있을까? 미래에는 어떤 주제로 강의해야 할까? 나는 무슨 공부를 더 해야 할까?'

요즘 내 머릿속에 늘 있는 고민이다. 하지만 이 고민도 노자를 만나고서 해결의 실마리를 찾을 수 있었다.

큰 나무도 그 시작은 솜털 같은 새순에서 시작된다고? 그럼 지금 내가 주목해야 할 새순은 무엇일까?

온 나라가 마치 4차산업혁명이라는 보이지 않는 괴물이 눈앞에 나타난 것처럼 난리다. 일자리는 이미 로봇에게 다 빼앗겼고 인공지능이 내 우울증까지 위로하려고 달려든다. 그러면서 정작 지금 나는 무엇을 해야 할지 갈피를 잡지 못한다. 우리가 주도하는 흐름이 아니기에 더 그럴 수도 있겠지만 때로는 4차산업혁명도 결국 그들만의 리그인 것처럼, 우리는 걱정하고 구경만 하다가 그것이 거역할 수 없는 운명이 되었을 때에서야 세상 탓만 하고 있지는 않을까 우려도 된다.

그런데 정작 4차산업혁명의 진원지인 독일은 그것을 인더스트리 4.0이라 이름 짓고 2035년에 실질적 구현을 목표로 산업 전반을 진화하려는 노력을 하고 있다. 주도하는 입장에서도 20년 뒤를 내다보고 있다면 우리 역시 조급하게 걱정만 할 일이 아니라 로드맵을 세우고 우리는 과연 무엇을 할 것인지 생각해 볼 일이다.

나는 무엇을 할 것인가?

그렇다면 먼저 나라를 걱정하기 전에 회사를 걱정하기 전에 당장 나는 무엇을 해야 할지 생각해 보자. 큰 나무를 만들 나의 새순은 무엇일까? 9층 누각을 만들 나의 한 줌 흙은 무엇이 되어야 할까? 직무교육 강사인 나를 예로 들어 보자

모든 일에는 전략과 전술이 있다. 정신이 있고 몸이 있으며 철학이 있고 실행이 있어야 한다.

나는 미래를 준비하는 내 철학을 나와 비슷한 고민을 했던 사람들에게서 찾고자 한다. 비슷한 시대 상황을 맞았고 비슷한 고민과 마주했던 그들은 어떻게 시대를 이겨내고 삶을 수행했는가 말이다. 역사의 변곡점에서 그들은 무슨 생각으로 그 세월을 견디고 이겨내고자 했을까?

페리클레스가 만든 번영의 시대가 저무는 아테네에서 자신에 대한 물음으로 답을 찾고자 했던 소크라테스, 밀려오는 서학을 거부하는 기득권 앞에 섰던 정약용, 영국과의 아편전쟁 후 자신의 초라한 모습을 발견하고 변해보겠다고 양무운동과 변법자강운동을 시도했던 청, 그런

개혁의 실패로 결국 몰락하는 청을 바라보던 일본의 행보, 그 와중에도 자신을 바꾸려하기보다 외세에 의지하려다 파국을 맞게 된 조선, 나는 우선 이러한 것들을 들여다보고자 한다.

여기서 나는 세상의 변화란 자연스러운 것이며 변화를 마주하는 것이 당연한 인간의 삶임을 받아들이고자 한다. 그리고선 오늘 당장 내가 할 수 있는 것을 할 것이다.

4차산업혁명에 대한 책을 읽고 새롭게 출현한 용어를 공부한다. 경제신문이나 인터넷을 통해 인더스트리 4.0이 구현되고 있는 스마트 제조와 스마트 서비스, 스마트 팩토리에 대해 꾸준히 자료를 수집하고 그 흐름을 읽는다. 그리고 사물인터넷이 적용된 제품을 거부하지 않고 적극 사용해 보고 내 강의 도구로 적용할 것이 있는지 확인한다.

인더스트리 4.0이 결국은 자동화된 다품종 소량생산을 넘어 개인 맞춤형 제품을 스마트 팩토리에서 빠르고 대량으로 생산하여 24시간 안에 고객에게 전하는 것이라는데 나도 한번 주문해 볼 것이다.

그리고 내 강의 역시 이미 만들어 놓은 강의 자료를 들고 가서 강의하는 것이 아니라 고객의 니즈에 맞게 얼마나 빠르게 새로운 강의 패키지를 구성할지 고민할 것이다. 그리고 세상의 변화에 주목하면서 나의 전술을 때에 맞게 수정해 나갈 것이다.

자, 이제 여러분들 차례다. 4차산업혁명에 맞는 전략과 전술을 어떻게 세울 것인가? 어떤 철학으로 시대의 흐름에 맞설 것이며 전술로서 내가 당장 할 수 있는 것은 무엇일까? 내 업무에서 4차산업혁명의 모습을 지금 당장 적용해볼 만한 것은 무엇일까?

4차산업혁명이란 과거에는 실없는 소리로 받아들여졌던 아이디어조차 현실화할 수 있는 세상이라는 뜻이다. 빅데이터와 정보통신 기술로 아이디어 실현을 위한 인프라를 갖춘 세상이 된다는 것이다. 이제 버려지는 정보는 없다. 어떤 정보를 어떻게 정보통신 기술과 연결하는가가 역량을 평가하는 새로운 기준이 될 것이다.

어떤 정보를 어떻게 디지털화할 것인가? 이것을 찾는 것이 바로 4차 산업혁명 시대를 맞는 직장인들이 큰 나무의 솜털 같은 새순을 아는 일이며 9층 누각의 한 줌 흙이 무엇인지 아는 일이다.

내 인생의 문제를 정의하자

문제 해결의 첫 단계는 문제의 기대 상태와 현 상태를 기술하고 둘 사이의 차이를 확인하는 것이다.

조직의 일을 수행하기 위해 문제 정의가 필수라면 내 삶을 수행하는 데도 더 없이 문제 정의가 필요하지 않을까?

기대 상태가 없다는 것은 곧 목표가 없다는 얘기가 되는 것이므로, 내가 어디로 가야 하는지 알 수 없고 나의 시간과 자원을 무엇을 위해 써야 할지 알 수 없게 된다.

문득 '나 지금 제대로 살고 있는 걸까?' 자문해본 경험은 한 번씩 다 있을 것이다. 제대로 살고 있는지가 의심스럽다는 것은 나의 목표가 올바른 것인지 확신이 서지 않는다는 것이고 아니면 어디론가는 가고 있고 바쁘게는 사는 것 같지만 그곳이 정확히 어디인지 모른 채 그저 바쁘기만 하다는 뜻일 것이다.

기대 상태가 없으면 현상은 정의되지 않는다. 또한 기대 상태가 바뀌면 현상도 새롭게 정의된다. 최근 들어 문제로 대두되는 미세 플라스틱을 예로 들어 보자.

우리나라의 바다도 이미 미세 플라스틱으로 심각하게 오염이 되어 깨끗한 줄로만 알고 있던 천일염에서까지 미세 플라스틱이 검출된다고 한다. 이제는 소금의 기대 상태는 '미세 플라스틱이 검출되지 않아야 청정 소금이다.'라고 바뀌어야 할 것이다. 그렇게 되면 현재의 청정 소금들은 청정하지 않은 소금으로 새롭게 정의되고 만다. 이처럼 기대 상태를 정의하는 것은 단순히 문제해결의 첫 번째 단추임을 넘어 모든 것의 기준점이 되는 것이다.

문제의 주인에 따라 달라지는 해법

『바로 해답을 찾아내는 문제 해결의 기술』에서 사토 인이치는 다음의 사례로 문제 정의의 중요성을 보다 적나라하게 보여주고 있다.

Q. 은행창구와 관공서, 소아청소년과에 고객들이 길게 줄을 서 있다. 이것은 문제인가? 해결해야 하는가?

먼저 은행창구다. 당신이 은행의 지점장인데 창구에 고객들이 줄을 길게 서 있고 대기하는 시간이 너무 길다. 어떻게 할 것인가?

이것은 누가 봐도 문제다. 왜냐하면 은행이라는 곳은 기본적으로 예금 금리와 대출 금리에 의존한 상품을 판매하는 곳인데 그 금리라는 것은 중앙은행의 결정에 전적으로 의존한다. 따라서 은행들마다 예금 금리와 대출 금리가 비슷할 수밖에 없다. 당연히 금융상품들도 다 비슷하다. 대기 시간이 너무 긴 은행이 있다면 고객은 굳이 그 은행에서 시간 낭비를 할 이유가 무엇이 있겠는가? 다른 은행으로 옮겨도 전혀 상관없는 일이다.

그러므로 당신이 은행 지점장이라면 어떻게 대기 시간을 줄일 것인가를 고민해야 한다. 여기서 기대 상태는 고객들의 대기시간을 짧게 한다가 된다. 그런데 이러한 정의도 주변에 은행이 밀집해 있는 지역에서는 적극적으로 반영할 필요가 있지만 주변에 마땅한 경쟁 은행이 없다면 고객들에게는 미안한 이야기지만 은행입장에는 문제 해결 여부를 다시 한 번 생각해 볼 수도 있을 것이다.

다음은 관공서이다. 서류를 떼러 관공서에 갔는데 사람이 많아 대기 시간이 너무 길다. 당신이 만약 이 관공서의 장이라면 이 문제를 해결해야 할까?

요즘은 공무원들이 다 친절하고 관공서도 개인 회사만큼 서비스 정신이 투철하지만 문제 해결의 관점에서 냉정하게 본다면 적극적으로 나서서 해결할 필요가 있을까? 관공서는 고객이 지급하는 돈으로 운영되는 곳이 아니기 때문이다. 그들이 다른 관공서로 옮겨 가더라도 크게 타격을 받지 않는다. 그러므로 적극적으로 대기 시간을 줄일 필요는 없다.

하지만 고객의 권리가 강화되고 인터넷 청원이 일상화된 시대에 그렇게 했다가는 국민들이 가만히 있지만은 않을 것이다. 따라서 적극적으로 해결할지에 대해서는 생각해 볼 문제지만 위의 두 가지 관점을 모두 고려해 봐야 할 것이다.

마지막으로 동네 소아청소년과다. 대기실에 환자가 너무 많아 접수하고도 2시간을 기다리는 것은 기본이다. 당신이 의사라면 마냥 흐뭇해하고만 있어야 할까? 아니면 당장 의사를 한 명 더 고용해서 대기 시간을 반으로 줄여야 할까? 아니면 진료 시간을 짧게 해서 대기 시간을 줄여야 할까?

이 경우는 위의 두 가지 문제와는 또 다른 관점으로 접근해야 한다. 서비스의 결과가 사람의 몸으로 나타나는 것이기 때문이다. 당신이 어떤 병원에 갔는데 환자가 별로 없어 금방 진료를 마쳤다면 어떤 생각이 드는가? 오늘 시간을 아꼈다고 마냥 즐거워하지만은 않을 것이다. 혹시 이 병원 의사가 실력이 없어서 환자가 없는 것은 아닐까? 하는 생각이 들 것이다. 그러므로 당신이 의사라면 대기실에 환자를 적당히 남겨두는 일이 필요하다. 따라서 이 문제에서는 기대 상태를 대기 시간이 짧은 상태로 무심코 설정해서는 안 될 것이다.

이렇듯 기대 상태를 어떻게 정의하느냐에 따라 문제의 해법은 완전히 달라진다. 그렇다면 더더욱 내 인생의 기대 상태를 정의하는 일은 신중을 기하되 미루어서도 안 될 일이다. 직무교육 강사인 나의 기대 상태를 정의해 보자.

강의 횟수를 지금보다 더 늘리는 것을 기대 상태로 잡는다면 우선적으로 영업에 더 집중해야 할 것이다. 강의제안서를 더 많은 고객에게 보내야 할 것이다. 그보다 인지도를 높이는 것을 기대 상태로 한다면 책을 더 자주 출판하는 일에 몰두해야 할 것이다. 강의를 재미있게 잘하는 강사를 기대 상태로 잡는다면 강의 방법 즉 교수법에 대한 공부를 하고 프로그램을 개발하는 일에 신경을 더 써야 할 것이다. 강의 질을 높이는 강사가 되려면 독서에 더 많은 시간을 할애해야 할 것이다.

물론 이것을 종합적인 관점에서 본다면 독서를 많이 하고 교수법을 개발하고 책을 출간하고 영업을 많이 한다면 모든 목표를 한꺼번에 달성할 수 있겠지만 사람의 시간은 한정되어 있으니 기대 상태에 따라 해법의 우선순위를 무엇에 둘지 결정해야 한다.

그런데 신기한 건, 나는 평소에 나의 목표를 명확히 하고 그것을 실현하기 위해 다이어리에 하루하루 할 일을 써서 실행하고 있는데도 지금 이 글을 쓰기 위해 나의 기대 상태를 다시 한 번 정리해 보니 내가 할 일이 이 순간에 새롭게 보이고 있다는 것이다.

자신의 문제를 수시로 정의하고 종이에 써보는 일은 이토록 중요한 일이다.

지금 내가 결정한 바는 영업을 좀 더 해야 한다는 것이다. 그래서 내일 당장 강의 제안서를 보낼 강의 에이진시나 교육 회사를 더 찾아보아야겠다고 다짐해 본다.

자, 그렇다면 이제 독자들도 자신만의 기대 상태를 정의해보길 바란다. 그렇게 되면 기준이 생기므로 나의 현 상태가 무엇이 부족한지 보이게 될 것이다. 그 부족한 것에 내 시간을 할애하는 것, 그것이 바로 '나 지금 잘살고 있는가?'에 대한 답이 될 것이다.

어떤 개인이 살아남는가?

경제 신문을 여러 해 동안 읽다 보면 하나의 기업에 대한 상반된 기사를 접하는 경우가 있다.

먼저 지금까지 승승장구하던 기업이 위기에 빠졌다는 기사가 나온다. 그리고 곧바로 그 기업이 왜 몰락했는지 분석하는 확신에 가까운 기사가 여러 신문을 통해 잇달아 나온다. 마치 다시는 부활하지 못할 것처럼. 그러다 몇 년 뒤, 그 회사가 부활의 날개짓을 펼치고 있다는 기사를 접하게 된다. 이번에도 그들이 부활할 수밖에 없었던 세심한 전략들을 소개하면서 이제는 다시 암울한 옛 모습으로 돌아가지 않을 것처럼 기사는 전한다. 그 대표적 기업이 일본의 소니다.

2013년과 2018년 신문에 소개된 소니에 대한 상반된 기사를 정리하면 다음과 같다.

1968년 트리니트론 방식의 브라운관을 개발한 소니는 순식간에 TV 시장 판도를 뒤집었다. 1개의 전자총으로부터 3개의 전자빔을 내는 방식으로, 기존의 브라운관보다 화질이 훨씬 좋았기 때문이다. 이 기술로 브라운관 TV의 원조인 미국 RCA를 무너뜨렸고, 1996년에는 평면 브라운관을 개발해 또 한 번 시장을 흔들었다.

하지만 좋았던 시절도 생각보다는 오래가지 못했다. 경쟁사들이 LCD로 전환하며 도전해왔을 때 소니는 자사의 기술을 바탕으로 신기술을 개발하거나 새로운 제품을 내놓는 대신 자신의 성공과 명성을 믿고 평면 브라운관을 고집하다 뒤늦게 브라운관의 퇴조를 인정하고 2000년대에 들어서야 방향을 전환했지만, 이미 늦은 후였다.

워크맨의 경우도 마찬가지다. 워크맨이라는 당시로써는 혁신적인 디자인으로 세계 시장을 석권했지만 MP3 플레이어의 등장에 대비하지 못했다. 1970년대 후반 비디오 시장에서 독자 기술인 베타 방식을 고집하다 경쟁사들의 VHS 방식에 밀리고 만 것도 과거의 성공에만 집착하다 핵심역량을 제대로 활용하지 못한 경우이다.

이러한 결과로 삼성이 2002년부터 2011년까지 매출이 40조 원에서 165조 원으로 4배 성장하는 사이 소니는 98조 원에서 85조 원로 떨어지고 만다. 특히 소니로 대표되는 TV 부문에서는 2013년까지 9년간 7조 원이 넘는 손실을 기록했다. 소니는 TV시장에서 주도권을 상실한 후에도 기술자 출신이 아니라 미디어 전문가인 하워드 스트링어를 CEO로 선임했다. 신임 회장은 사사건건 기술직 직원들과 충돌하며 새로운 비전과 히트 상품을 만드는 데 실패했다. 또한 경영진이 사업 부문을 25개 회사로 분리하고 단기 성과로 평가하는 시스템을 강화하자 성과주의의 심화로 부서 간의 경쟁이 심해져 사내 협력이 사라지고 기술자들은 "소니는 더 이상 기술회사가 아니다"며 대거 이직했다.

이를 두고 야나기마치 게이오대 교수는 "전문 경영인들이 단기 수익성에 집착하면서 기술 개발이라는 소니의 창업 DNA를 상실해갔다"고 분석했다.

또한 소니가 결국 제조업을 포기할 것이라는 비관론도 나온다. 소니는 2013년 4~12월 결산에서 금융과 음악 부문에서만 흑자를 냈고 제조업은 대부분이 적자였다.

2013년의 이 기사들을 보면 지금쯤 소니는 제조업에서 거의 망했어야 하는 기업이다. 하지만 2018년 말에 그들을 다루는 기사는 전혀 반대다. 2018년 11월 〈전자신문〉의 기사를 요약해 본다.

소니가 보란 듯 부활했다. 2015 회계연도부터 3년 연속 흑자를 냈다. 지난 5월 발표한 2017 회계연도 실적은 역대 최고치를 기록했다. 최근 발표한 2018년 1분기 실적은 전년 동기보다 1% 상승했다. 2년 연속 최고치 경신을 예고했다.

다시 소니를 연구한다. 이제 왜 망했느냐가 아니다. 어떻게 부활했느냐다. 쇠락한 노키아와 대비되면서 소니의 재기는 더 주목받는다. 소니 부활에는 여러 이유가 있을 것이다. 그 가운데 '차별화', '선택과 집중'으로 요약되는 뚜렷한 경영 전략을 꼽는다. 비용을 줄이면서 못하는 것은 과감히 버렸다. 그 대신 잘할 수 있는 것들을 차별화하면서 그것에 집중했다.

TV 사업은 몸집을 줄이되 고급화로 승부했다. 'VAIO'라는 브랜드로 유명하던 PC사업부는 차별화가 어렵다고 보고 과감하게 포기했다. 히

라이 가즈오 소니 회장은 2012년 최고경영자에 취임한 뒤 3년 단위 중기계획을 밀어붙였다. 그 결과 소니는 전자, 엔터테인먼트, 금융 등 3대 사업을 축으로 환골탈태했다.

소니의 부활 전략은 어찌 보면 정공법이다. 세부 비전을 세우고 일관되게 실행했기 때문이다.

5년 사이에 이런 상반된 평가를 받는 소니를 보면서 우리는 무엇을 배울 수 있을까? 물론 신문 기사는 결과론을 바탕으로 쓴 과거 사건의 분석 기사일 수밖에 없지만 소니의 50년간 부침의 역사를 통해서 우리의 미래를 가늠해보는 것도 나쁘지 않겠다는 생각이 든다.

지금까지 살펴본 소니 부침의 과정을 보면 경영의 교과서와도 같다. 경영학자들이 한결같이 말하는 내용과 일치한다.

'혁신하라. 그런 뒤에 성공의 덫에 갇히지 마라.'

어떤 개인이 살아남는가에 대한 질문에도 같은 답을 줄 수밖에 없다. 자신의 능력과 꿈의 목표를 타인을 기준으로 두는 것이 아니라 철저하게 고객에게 두고 혁신하는 길 밖에는 달리 다른 길은 없다.

회사원에게 강의하는 강사가 다른 강사보다 강의를 잘하는 것을 목표로 삼아서는 금세 한계에 도달할 수밖에 없다. 강의를 듣고자 하는 청중이 어떤 강의를 원하는지 그들이 처한 환경은 어떻게 변화하고 있는지 연구하고 그에 맞게 강의 내용을 개발하는 것만이 일상화된 변화의 길인 것이다.

경영학자 클레이튼 M 크리스텐슨도 그의 저서 『혁신기업의 딜레마』

와 『당신의 인생을 어떻게 평가할 것인가?』를 통해서 파괴적 혁신이라는 용어를 써가며 자신이 혁신해 놓은 과거의 성과를 파괴하고 새로운 혁신을 추구할 때만이 기업과 개인은 존속할 수 있다고 말하고 있지 않던가?

직장인들에게 묻는다. 내가 혁신해야 할 현재는 무엇인가? 혁신에 성공한 사람이라면 내가 파괴해야 할 성공의 산물은 무엇인가?

결국 또 시베리아의 고독한 호랑이가 되란 말로 들린다. 한 마리 토끼를 두고도 날 선 겨울바람과 마주하는 자만이 인생을 진정으로 산다고 말할 수 있지 않겠는가?

4차산업혁명과 직장인

4차산업혁명에 대비하기 위해서는 먼저 그 본질에 대해 알아야 한다. 4차라는 말이 붙어 있는 만큼 그것을 알기 위해서는 1차, 2차, 3차에 대해서 알 필요가 있다.

1차산업혁명은 알다시피 영국에서 시작되었고 증기 기관을 통해서 가내 수공업으로 생산하던 것을 공장에서 대량으로 생산이 가능하게 했다. 가히 혁명이라 할만하다. 기계의 폭발적인 생산력은 사람들을 실업으로 내몰았고 사람들은 아동 노동 금지와 근무 시간 단축으로 일자리를 나눈 끝에 실업의 문제를 해결할 수 있었다.

2차산업혁명은 증기 기관보다 더 강력한 전기의 힘으로 기계를 돌리기 시작하고 석유를 사용하기 시작한 것을 말한다. 전기와 더불어 분업을 가능케 한 컨베이어 시스템이 도입되었다. 전기와 석유라는 새로운 동력원과 원재료뿐만 아니라 분업이라는 작업 시스템은 생산성의 혁명을 가져왔다. 1870년에 시작되었다는 2차산업혁명은 사실 지금까지도 이어지고 있는 셈이다. 아직도 전기와 석유를 대체할 만한 동력원은 마땅치 않기 때문이다.

그렇다면 3차산업혁명은 무엇일까? 바로 컴퓨터와 인터넷에 의한 정보 혁명이다. 이것은 생산을 하는 동력이 변한 것이 아니라 제품이 디지털화되고 제품을 만들 때 더 많은 정보를 수집, 교환하고 분석할 수 있게 했다는 데 그 의미가 있다.

기계 속에도 컴퓨터가 들어가기 시작했다. 따라서 다품종 대량생산이 가능하게 되었다. 그동안 인간은 기업이 일방적으로 생산해 놓은 소품종의 제품을 대량생산 덕에 저렴해진 가격으로 사 왔다면 이제는 보다 다양한 제품 중에서 마음에 드는 것을 선택할 수 있게 된 것이다. 하지만 인간의 욕망은 진화한다. 기업이 일방적으로 만든 것을 저렴하게 사는 것보다 내 물건은 내가 세부 규격까지 정하고 싶어진 것이다. 이를테면 특정 기업의 자동차를 사되 엔진은 전기로 트렁크는 작게, 뒷좌석은 넓게, 배터리는 대용량으로 선택해서 주문을 넣고 싶어진 것이다. 하지만 이것은 기업 입장에서는 비용 측면에서 감당이 안 되었던 것이다. 잦은 기종교환으로 하루에 생산할 수 있는 제품이 아주 제한적이었던 것이다. 설사 가능하다 하더라도 수많은 고객 요구에 맞추기 위해서는 다양한 부품의 재고를 가져가야 하는 것이 또 다른 문제로 떠오를 것이다. 그렇다면 이제 4차산업혁명 이야기를 다시 해보자.

4차산업혁명이란 이제야말로 소비자의 요구대로 물건을 만들어 주어도 수익 비용 구조가 건전해질 수 있는 제반 여건이 마련되었다는 것을 의미한다.

기종 교환을 일일이 사람이 하는 것이 아니라 로봇이 주문서를 인식하며 고객에 따른 세부 규격에 따라 기종 교환을 알아서 하고 필요한 부품 재고 수량만큼 자동으로 공급처에 연락을 취하는 것이다. 이것이 바로 스마트 팩토리다.

일부 사람들이 4차산업혁명을 이야기할 때 3D 프린터, 빅데이터, VR 등을 4차산업혁명을 이루는 특징으로 이야기하는 경우가 있는데 그것은 한 가지 측면만을 보는 것이다. 진정한 4차산업혁명이란 그러한 기술들이 어우러져 공장에서 고객 맞춤형 제품 생산이라는 혁신을 가져오는 것을 말한다.

여기서 우리의 관심사는 그래서 우리 직장인에게는 어떤 변화가 일어나는가 하는 것이다. 공장이 스마트화할 것이므로 공장 내에 일자리가 줄어드는 것은 확실해 보인다. 인공지능과 인터넷이 결합된 제품이 많이 나옴에 따라 그것에 대체되는 일자리도 분명 있을 것이다.

한 가지 다행스러운 것은 제조업 자체가 없어지지는 않을 것이고 이제는 싼 인건비를 찾아 기업이 해외로 나가는 일은 사라질 것이다. 반대로 나갔던 기업이 다시 들어오는 경우가 많이 생길 것이다. 왜냐하면 우리나라는 4차산업혁명의 기반이 되는 제조업과 정보통신 기술이 발달한 곳이기 때문이다.

과거에 시멘트 공장이 원료 산지로 모여들었듯이 4차산업혁명은 그에 유리한 기술이 있는 곳을 찾아갈 것이기 때문이다. 그런데 공장이 우리나라에 있다고 해서 내 일자리가 보장되는 것은 아니다. 그렇다면 우리 직장인은 무엇을 준비해야 할까?

적극적으로 변화를 받아들이자

이미 시작된 변화부터 적극 수용하고 그것에 주체적으로 대응하는 자세가 필요하다.

아디다스나 지멘스처럼 공장이 스마트 팩토리로 급격하게 바뀌진 않겠지만 기업 곳곳에 고객 밀착형 장비와 제도들이 도입될 것이다. 시제품뿐만 아니라 일부 제품은 3D 프린터로 만들기 시작할 것이다. 그렇다면 그것을 남의 일로 볼 것이 아니라 내가 먼저 3D 프린터의 사용자가 되어야 한다.

과거에는 설마 그게 되겠어? 했던 것이 가능한 세상이 왔다. 우리 회사의 가치가 불가능할 것 같았던 고객 요구를 만족 시켜주는 쪽으로 바뀐다면 나는 어떤 창의성을 발휘해야 할 것인가를 고민해야 한다. 해당 분야의 창의성은 그 일을 가장 잘 알 때 나오는 것이므로 더더욱 현재 내 일의 전문가가 되고 문제해결사가 되는 것이 절실하다.

과거에 구현할 수 없었던 것이 구현 가능한 세상이므로 조직 내의 어떠한 아이디어도 무시해서는 안 된다. 뜻밖에도 4차산업혁명 시대에 소통은 더 중요한 덕목이 되는 것이다. 또한 방대하게 수집된 데이터에서 어떤 의미를 도출해낼지 생각하는 것, 이것이야말로 미래가 요구하는 인재의 핵심 요건이다. 자 이제 정리해보자.

① 4차산업혁명이라는 희미한 두려움 앞에 당당히 서기 위해서는 먼저 그 의미를 제대로 이해한다.

② 우리 회사에 도입되는 4차산업혁명적 요소에 적극 사용자가 된다.

③ 내 업무의 전문성을 바탕으로 빅데이터를 통해 고객 맞춤형 니즈가 무엇

일지 생각하고 제품화하는 방법을 생각한다.

④ 세상의 흐름을 절대 놓치지 않는다.

이것이 현재로서 4차산업혁명에 대해 직장인에게 제시할 수 있는 해법이다. 직무교육 강사인 나 역시 생각해본다.

내가 고객 맞춤형 강의를 하기 위해 수집해야 할 데이터는 무엇일까? 그 데이터에서 어떤 의미를 도출할 것이며 상품화하기 위해 사용할 수 있는 정보통신기술은 무엇일까 하고 말이다.

꿈의 지도

'당신은 지금 꿈으로 가는 길 위에 서 있습니까?'

이 말은 내가 만나는 사람들에게 가장 먼저 묻고 싶은 말이다. 이런 질문을 하면 평생 일해도 아파트 한 채 살 수 없는 나라에서 꿈은 무슨 꿈이냐고 말하는 사람도 있을 것이다.

그렇다면 나는 다시 묻고 싶다. 드넓은 우주에서 현재까지 발견된 유일한 생명체가 사는 지구라는 곳에, 생각할 수 있는 동물로 태어난 우리가 아파트를 살 수 없다는 이유로 꿈을 갖지 말아야 하냐고.

우리가 외치는 일과 삶의 균형이 자발적 의지에서 나온 것인지, 그리고 집을 살 수 없고 육아비로 쓰일 사교육비가 걱정되어 아이를 낳는 것을 포기해서 나온 것인지 물어야 한다. 해도 안 되는 세상에서 괜히 열심히 살았다고 푸념하는 사람들에게 어느 날 문득 방치해 두었던 내 꿈이 다시 떠올랐을 때 그저 흘려보낸 세월을 어찌할 것이냐고 묻고 싶다.

우리가 사는 이유는 무엇인가? 그저 태어났기 때문에 산다고 하기엔 인간이 가진 잠재력이 너무 많다.

우리는 나를 실현하기 위해 산다. 도토리가 작은 몸속에 참나무를 품고 있듯 인간 역시 자신이 품고 있는 자기만의 나무를 키워 내기 위해 사는 것이다. 아무도 그것을 막을 수 없고 잠시 외면하고 억눌러 두어도 다시금 그 나무를 키워 내고자 하는 본능에 복귀하고 만다.

문명이 진화하는 이유도 바로 그 때문이다. 인간의 진보에 대한 본능 때문인 것이다. 편지로도 전할 수 있는 이야기를 조금 더 편하게 빨리 전하도록 전화를 발명해내는 것이 인간이다. 그것도 모자라 전화의 선을 없애고 손에 들고 다닌다. 이제는 그 전화기 속에 컴퓨터를 집어넣었다. 그럴 때마다 전화기의 이름이 전화기에서 휴대 전화로 다시 스마트폰으로 바뀌며 앞으로도 어디까지 바뀔지 모를 일이다.

이런 일은 누가 하는가? 그리고 왜 하는가? 이처럼 인간은 호기심과 지적 능력의 발현이 본능인 존재인데 꿈이 없다? 열심히 살지 않기로 했다? 그런 일은 애초에 불가능하도록 타고난 것이 인간이다.

꿈은 종착역이 있어서도 안 되고 남의 것을 기준으로 삼아서도 안 된다. 미켈란젤로가 자신은 돌 속에 있는 아름다운 형상을 단지 꺼내는 역할을 했을 뿐이라고 말했듯이 우리는 내 존재 속에 있는 참 자아를 꺼내는 일을 평생토록 해나가야 한다.

죽음을 앞둔 사람들이 하는 후회 중에 대표적 두 가지가 타인에게 좀 더 관대하지 못했던 것과 삶을 좀 더 도전적으로 살지 못했던 것이라고 한다.

그런데 도전은 설레기도 하지만 두려운 것이기도 하다. 나 역시 지금 두렵다. 매달 정해진 날에 나왔던 월급을 떠나보내고 다음 달에 내 소득이 얼마일지 나도 모르며 그 역시 내 몸을 바삐 움직이지 않으면 아무것도 보장되지 않는 이 순간이 나는 두렵다.

하지만 고독을 견디고 더 나아가 즐기는 자가 진정 삶을 주인으로서 살아가는 자가 아닐까 한다. 수십 번도 더 고친 강의 교재를 오늘 한 번 더 고쳐 보고 지난번 것보다 논리적 흐름이 더 나아졌음에 만족하는 것이 내가 그 고독을 즐기는 방식이다.

나는 목적지가 표시되지 않은 지도를 들고 하루를 산다. 그곳은 아마도 지도에는 표시되지 않았지만 드넓은 초원과 파란 하늘, 그리고 밤이 되면 쏟아질 듯한 별들이 있는 곳일 것이다.

나는 거기가 어딘지 모른다. 다만 지도를 펼쳐놓고 오늘은 내가 이 방향으로 이쯤 걸어가면 되겠구나 생각하고 그저 한 발 내디딜 뿐이다.

그리고 걷는다. 죽을 때까지 닿을 수도 없고 닿아서는 안 되는 그 길을 걸어가는 게 삶이 아닌가 한다. 방향이야 바꾸면 되지 않는가? 이 시대의 모든 직장인들이 자신만의 꿈의 지도를 펼쳐 놓길 바란다.

자기 주도 성장을 위한 다섯 가지 지식

직장인, 조직에서 일을 하는 사람들이 이루어야 할 모습은 바로 자신이 하고 있는 일의 주인이 되는 것이다.

내 일의 주인이란 일의 결과물을 내 힘으로 창출하는 사람을 말한다. 그래서 지금 내가 받고 있는 월급이 단지 내가 조직에 소속되었다는 이유만으로 받는 돈이 아니라 내가 창출한 가치만큼 당당하게 받는 것이어야 한다. 이런 직장인들만이 조직이라는 안전망이 사라지더라도 내 힘으로 돈을 벌 수 있는 것이다.

자신할 수 있는가? 지금 다니는 회사에서 나와 광야에 던져지더라도 당장 현금을 창출할 수 있다고? 그만큼 일의 주인 됨은 중요한 것이다. 내 일의 주인으로 거듭나기 위해 알아야 할 지식을 얻을 수 있는 책들을 소개하고자 한다. 기획력, 재무능력, 마케팅, 자기계발, 재테크의 순서로 책의 내용과 활용 방법에 대해 이야기할 것이다.

기획력 향상

『기획서 작성법』(방누수, 북넷)

기획을 한다는 의미는 수립한 전략이 실제 실행으로 이어지게 한다는 것이고 그러기 위해서는 상사를 설득하여 조직의 시간과 비용을 쓰겠다는 허락을 받아야 한다. 그리고 무엇보다 도출한 해법이 목표 달성을 위한 타당성이 있어야 한다. 이를 위해, 이 기획을 왜 하는가? 지금 현상이 어떻기에 하는가? 어떻게 실행할 것인가가 다루어져야 한다. 쉽게 표현하면 Why-What-How가 된다. 방누수는 『기획서 작성법』에서 일관되게 이 3단계 과정에 대해서 이야기하고 있다.

1부에서는 기획이 무엇인지 그리고 문제를 정의하고 원인과 방법은 어떻게 도출하는지 이야기한다. 즉 기획서에 쓰일 내용을 추출하는 단계이다. 2부, 3부에서는 이렇게 도출한 내용을 어떻게 글로 옮길 것인지에 대해서 이야기함으로써 책 한 권을 통해 기획과 기획서 작성 모두에 대해서 다루고 있다.

① 기획력과 기획서 작성 능력의 정의

기획력은 창의력을 바탕으로 한 문제 해결 능력이고, 기획서 작성 능력은 앞선 기획력에서 나온 결과물을 논리적으로 풀어가는 능력에 전달내용을 이해하기 편하도록 디자인, 편집하는 능력을 추가한 것이다.

② 기획의 1단계 Why

기획에는 명분과 이유가 중요하다. 명분은 기획업무를 통해 도달하고자 하는 목적지의 가치이고 이유는 목적지와 현 상황 간의 차이로 인해 발생한 필요성이다. 따라서 기획의 명분과 이유를 통해 '우리가 원하는 목적지는 이런 모습으로 모두가 바라는 것입니다. 하지만 현실은 목적지와 차이가 있습니다. 따라서 이와 같은 차이를 해소하여 목적지에 도달하기 위해 기획업무를 시작했습니다.'라고 메시지를 분명하게 전달해야 한다.

③ 기획의 2단계 What

과제를 설정하는 단계이다. 과제는 앞선 기획의 이유인 차이를 해결하기 위한 업무를 규정하는 부분이다. 기획의 핵심 메시지이자 뒤에 나오는 해결방안의 방향과 범위를 설정하는 작업이다. 과제설정에서 중요한 것은 문제발생 원인을 정확하게 규명하여 올바른 일의 방향을 설정하는 것과 과제완수시의 모습인 목표를 정의하는 일이다.

④ 기획의 3단계 How

해결방안은 기획의 결론으로 문제해결을 위해 실행할 내용을 담고 있는 부분이다. 앞선 과제에 대한 실행방안이자 목표에 도달할 수 있는 실질적인 내용이다. 이 부분을 작성할 때는 자사의 강점을 최대한 활용할 수 있는 방안을 모색하고 남다른 해결방안 개발을 위해 기존 사례에 대한 벤치마킹을 적극 활용할 필요가 있다.

⑤ 기획서 작성

기획서의 큰 목차는 배경, 현상분석, 원인 찾기, 과제 설정, 해법 도출, 실행 계획, 기대 효과이다. 기획서의 성격마다 세부 내용은 조금씩 바뀌겠지만 일반적으로 가장 많이 쓰는 마케팅 전략기획의 경우 다음과 같은 내용으로 채워진다. 현상분석으로는 시장상황 분석, 경쟁사 분석, 소비자 분석, 자사 분석을 넣어준다. 이렇게 기술된 현상을 통해 문제 정의, 원인, 과제를 작성한다. 과제가 작성되었으므로 목적과 목표가 연이어 도출된다. 그런 다음 해법을 내기 위해 시장을 세분화하고 목표고객을 선정하고 포지셔닝한 뒤 전략의 콘셉트를 설정한다. 도출된 해법이 여러 가지라면 어떤 해법을 먼저 채택할지 우선순위를 지정하고 일정, 책임자, 비용을 적어준다. 그런 다음 기대효과를 써주고 혹시 이 전략의 실행과정에서 수반될지도 모를 위험이나 부작용도 추가해주면 기획서 작성은 마무리된다.

이 책은 크고 두껍다. 대학 교재 사이즈에 533페이지에 달한다. 내용이 많다는 것은 그만큼 사례가 많다는 뜻이다. 기획의 이론적인 내용도 많이 담았지만 구체적인 사례, 로직트리 전개를 통한 원인과 방법 찾기를 Why-What-How라는 큰 흐름 속에서 끊임없이 반복적으로 제시하고 있다. 이 책을 끝까지 읽는 과정에서 이미 복습까지 하게 되는 셈이다. 독자들은 이 책을 통해 Why, What, How라는 기획의 큰 틀을 머릿속에 각인시키고 그 세부 내용을 로직트리를 통해 풀어 가는 연습을 한다면 기획과 기획서 작성의 두려움을 없앨 수 있을 것이다.

재무 능력 향상

『프로 직장인들이 가장 궁금해하는 재무제표 분석』

(이병권, 새로운제안)

기업이 생존하는 방식이 현금을 투입하여 고객이 원하는 가치를 제품에 담아 다시 고객의 현금과 바꾸는 것이므로 돈의 흐름이 어떻게 되는지 아는 것은 매우 중요한 일이다. 회사의 손익분기점을 위해 매출은 어느 정도 올려야 하는지 제품의 원가는 어느 수준으로 맞춰야 하는지 자금은 금융기관에서 차입할지 주주로부터 납입 받을지 그럴 경우 자본 비용은 어느 수준인지 알아야 한다. 좋은 제품을 만들어 놓고도 망하는 회사, 정작 흑자를 내놓고도 현금 흐름이 좋지 않아 망하는 회사는 모두 재무에 서툴렀기 때문이다. 그런데 재무가 돈을 다루는 업무라고 해서 회계팀, 재무팀 직원들만 알아서 될 일은 아니다. 어쩌면 그들은 직접 부서라기보다 결과를 분석하고 전략을 수립하는 간접 부서의 성격이 더 크다. 직접적으로 돈을 쓰고 창출하는 사람들은 구매팀이요, 생산팀이요, 영업팀이기 때문이다. 따라서 재무 관련 직원들이 재무 지식을 갖추는 것은 당연한 일이지만 현업 사람들이 재무 관련 지식을 갖추는 것은 기업 생존을 위해서 더욱 필요한 일이다. 회계는 컴퓨터가 해줄 수 있지만 돈을 제대로 쓰고 버는 일은 컴퓨터가 아닌 사람이 하는 일이다. 그런데 재무 또는 재무제표 분석이라고 하면 괜히 전문가들이나 하는 일 같고 어려운 용어가 많다는 선입견이 있어 사람들이 잘 접근하려 들지 않는다. 하지만 이 책을 읽는 순간 그런 생각은 말 그대로 선입견이었음을 알 수 있게 된다. 책의 내용을 쉽게 썼을 뿐만 아니라 그렇다고 빼놓은 내용도 없이 재무 전반에 걸쳐 모두 다룬 것이 특징이다.

책은 총 4부로 구성되어 1부에서는 다섯 가지 재무제표를 보는 방법 2부에서는 재무비율을 이용한 기업진단법 3부에서는 현금흐름 분석과 기업가치 평가법 4부에서는 기업위험 평가법에 대하여 다루고 있다.

① 재무상태표의 중점 체크 포인트

"재무상태표를 볼 때는 먼저 총자본의 구성 상태를 확인해야 한다. 조달된 자본이 어느 자산에 얼마나 투자되어 있는지를 자산 항목을 통해 파악해야 한다. 영업활동과 무관한 투자자산에 대해서는 손익계산서의 관련 이익을 통해 투자성과가 제대로 나오고 있는지 살펴봐야 한다."

이 내용을 보면 회사가 자본을 조달한 후 돈을 벌기 위해서는 그 자본을 제대로 사용하고 있는가가 중요하다는 것을 알 수 있다. 투자한 돈으로 영업활동이 아닌 금융상품이나 부동산, 주식 등에 투자하고 있다면 그 결과가 어떠한지 손익계산서의 영업 외 수익 부분을 통해 확인하라는 이야기하다. 저자는 이처럼 재무제표의 항목 하나하나가 기업의 최종 목표인 매출증대와 비용절감을 통한 생존과 성장에 어떤 기여를 하고 있는지, 어떤 악영향을 미치고 있는지에 따라서 책을 서술하고 있다. 한마디로 책의 목적성이 명확함을 알 수 있다.

② 투하자본수익률

"영업활동에 투하된 자본으로부터 얼마나 많은 영업이익을 냈는지 나타내는 것으로 영업활동의 효율성을 평가하는 지표이다. 세후 영업이익을 투하자본으로 나누어 계산한다. 투하자본수익률이 가중 평균 자본 비용보다는 높아야 기업가치가 창출된 것으로 본다."

저자는 이처럼 중요한 재무용어에 대해서는 책의 측면 지면을 할애해 별도로 설명해 놓았다. 보는 바와 같이 설명 방식이 재무 비전공자도 아주 쉽게 이해할 수 있도록 했다는 것이 특징이다.

③ 자본비용 계산법

"명 대리로부터 EVA에 관해 자세한 설명을 들은 나 사장은 고개를 끄덕이며 말한다. '흠, 영업이익에서 차입금이자 뿐만 아니라 자기자금에 대한 기회비용도 차감해야 한다는 말인데 그건 맞는 말이야. 비록 빌린 돈이 아니라 이자비용은 없지만 다른 데 투자하지 못함으로써 발생한 기회비용은 분명히 있는 셈이지. 그런데 자기자본은 실제적으로 발생하는 비용이 아닌데 어떻게 계산하지?"

이 책은 총 71개의 소주제로 이루어져 있다. 위에 인용한 글은 60번째 소주제를 시작하는 첫 부분이다. 저자는 이처럼 모든 주제에 대해 글을 시작할 때 문답식으로 의문을 제기한 뒤 그 답을 풀어가는 방식으로 책을 저술하였다. 모든 질문들은 평소에 우리가 한 번씩 던졌을 법한 질문들로 독자의 입장에서 감정을 이입하여 썼음을 알 수 있는 대목이다.

직장인이 기업에서 일을 하는 이유는 조직의 영업활동을 통해 돈을 벌어 생활을 영위하기 위함이 첫 번째이다. 그럼에도 재무라는 부담스러운 이름 때문인지 정작 중요한 것을 알려고 들지 않는 경우가 많다.

그런데 저자는 이 책을 통해 그런 부담감을 떨치게 해준다.

학교에서 재무를 전공한 사람들이야 굳이 이 책을 읽을 필요는 없겠지만 재무를 전공하지 않은 조직 실무자들이 이 책을 읽고 업무에 임한다면 조직의 성과가 더 좋아질 것을 확신한다. 내가 이 일을 왜 하는지 무엇에 초점을 맞추고 해야 하는지 알 수 있기 때문이다.

독자들이 이 책을 읽는다면 자신의 업무는 재무제표의 어떤 항목과 관련 있는지 내가 어떻게 일할 때 재무제표의 지표를 좋아지게 할 수 있는지 염두에 두고 일하기를 바란다. 그렇게 된다면 불필요한 일을 하게 되는 경우는 없을 것이다.

마케팅

『저성장시대에 상품기획을 잘하는 10가지 방법』

(최낙삼, 도서출판새빛)

마케팅은 대부분의 책에서 재화와 용역을 소비자에게 유통하기 위한 경영활동이라고 정의한다. 그리고 마케팅 전략에 대해서 이야기할 때 빠지지 않고 나오는 것이 마케팅의 4P(Product, Price, Promotion, place) 즉 상품, 가격, 홍보, 유통채널이다. 4P에 대해서는 너무나 많은 책에서 다루고 있다. 그래서 여기서는 Product 특히 상품기획에 대해서 적극적으로 다뤄보고자 한다. 제품이 아무리 좋아도 홍보를 못 하고 판매를 못 하면 아무 소용없다는 이유로 제품 자체보다 유통과 홍보 측면이 강조되고 있는 것이 현실이다. 그런데 결국 승부는 본질에서 나게 마련이다. 제품이 좋지 않으면 입소문으로 금세 매출은 줄어든다. 어느 식당에서 본 '적게 팔리는 것을 걱정하지 않고 잠깐 팔리는 것을 걱정하겠습니다.'라는 사명을 상기해 본다. 저자는 오랜 경험과 통찰로 고객의 가치를 만족시킨 상품 기획방법을 10가지로 소개한다.

① 색상 바꾸기

상품기획의 가장 간단한 방법이면서도 효과가 큰 것이 제품은 그대로 두고 색상만 바꾸는 것이다. 가령 하얀색이기만 한 쌀에 녹차, 강황, 산수유를 첨가해 색을 바꾸는 것이 대표적인 사례이다. 같은 제품을 가지고 해외로 진출할 때는 그 나라의 정서에 부합하는 것이 전략이 된다. 붉은색을 좋아하는 중국에 자동차를 팔 때는 빨간색으로 도색한다. 겨울철 눈 내린 필드에서 잘 찾기 어려웠던 골프공에 색상을 입힌 사례는 색상으로 실용성을 더한 사례다.

② 크기 바꾸기

크기를 변화시킬 때는 크게 했을 때 또는 작게 했을 때 더 가치를 느끼는 고객이 있는지를 고려하는 것이 중요하다. 가령 컵라면은 그것만 먹을 때는 양이 조금 덜 차고 거기에 밥을 말아 먹으면 배가 부른 경험을 한 적이 있을 것이다. 이럴 때는 컵라면의 사이즈를 아예 크게 해서 라면만 먹어도 충분히 양이 차게 하든가 아니면 사이즈를 대폭 줄여서 밥을 말아 먹을 것을 유도하는 것이 방법인 것이다. 라면 맛은 변한 것이 없고 단지 크기만 작고 크게 해서 고객의 부족한 부분을 채운 것이다. 이외에도 과거의 미니카세트, 1인 가구를 위한 1인분용 전기밥솥 모두가 편의성을 위해 크기를 변화시킨 방법들이다.

③ 모양 바꾸기

모양을 바꿀 때는 단순히 디자인의 변화를 주기 위해 바꾸는 경우와 사용상의 편의를 위한 경우가 있다. 애플의 경우 노트북 컴퓨터는 당연히 네모라는 생각이 받아들여질 때 각진 부분을 원형으로 바꾸어 크게 인기를 끌었다. 기능적 변화는 전혀 주지 않고 모양만 바꿈으로써 판매량을 높인 사례다. 반면에 고객 사용가치에 부합하기 위하여 모양을 바꾼 대표적인 사례는 계란말이 전용 네모난 프라이팬이다. 네모일 경우에 둘둘 말기가 편하고 그래야 요리 후에도 썰기가 좋다. 여기에 착안한 것이 네모난 프라이팬인 것이다. 이밖에도 손에 잡기 편한

음료수병, 왼손잡이용 가위 등도 모양만 바꾸어 큰 효과를 거둔 사례이다.

④ 소재 바꾸기

기존 제품과 모양은 그대로 유지하되 소재를 바꾸어 기능을 향상 시키거나 시각적 변화를 가져오는 방법이다. 히트텍, 에어로웜 등의 신축성 있고 얇되 보온성을 유지한 소재는 내복의 불편함은 없애고 기능은 그대로 유지하게 해주었다.

⑤ 더하기

대표적인 것이 면도날이다. 과거 면도기는 1중 면도날이었다. 그런데 지금은 5중, 7중 면도날까지 나와 수염을 단 하나도 놓치지 않는다. 세탁기 두 대를 아래위로 연결한 트윈 워시 세탁기도 더하기의 사례다. 남들이 개발해 놓고 보면 별 것 아닌 것 같지만 단순히 같은 제품을 두 개 더한 것만으로도 훌륭한 아이디어가 된다.

⑥ 빼기

빼는 상품기획의 대표적인 사례는 불필요한 기능들은 대거 제거하고 쓸모 있는 기능만 남김으로 가격을 낮추어 소비자의 접근을 용이하게 하는 것이다. 스마트폰의 기능을 단순화한 저가폰이 빼는 상품기획의 전형이라 할 수 있다.

⑦ 원산지 변경하기

커피숍에서 커피의 종류를 다양화하는 방법에는 무엇이 있을까? 같은 아라비카 원두를 이용한 아메리카노 커피인데 원두의 원산지를 콜롬비아로 하면 남아메리카의 커피가 되고 케냐로 하면 아프리카의 커피가 된다. 원산지 변화로 제품군이 다양화될 수 있다.

⑧ 순서 바꾸기

순서는 제품 구성품의 조립 순서를 바꿀 수도 있고 서비스 제공의 순서를 바꿀 수도 있다. 그냥 김밥은 김을 먼저 놓고 밥을 놓은 뒤 마는 것이지만 누드 김밥은 밥을 먼저 놓고 김을 놓고 마는 단순한 변화로 제품의 정체성마저 바꾼 사례이다.

⑨ 이동성 추가하기

과거에는 고정된 장소에 있던 것을 단지 휴대할 수 있게 하는 것만으로도 훌륭한 상품 기획이 된다. 캠핑카가 대표적이 예이다. 또한 휴대전화는 늘 배터리 충전이 이슈가 되었지만 휴대폰 자체에서 배터리를 교환하는 방식은 디자인상의 문제를 야기해서 골치 아픈 과제였다. 이것을 해결해준 것이 바로 휴대용 배터리이다.

⑩ 고객 바꾸기

대표적인 사례가 비비크림이다. 화장품은 여성의 전유물이었지만 이제는 남성들도 주 고객이다. 또는 주름개선 상품은 이미 주름이진 40대 이상의 사람들이 주요 고객이었지만 20대 사람들에게 주름이 생기기 전에 미리 준비하라는 구호만으로도 신규 고객을 창출한 사례이다.

일단 이 책은 비교적 최근에 나온 마케팅 책이라는 것이다. 마케팅이야말로 최근의 트렌드와 사례를 다루어야 할 분야이다. 그런데 이상하게 아직까지도 마케팅의 고전이라고 불릴만한 책들이 책장에 꽂혀 있는 경우를 많이 본다. 그리고 그 책들 속에 있는 대부분의 사례들이 미국의 것을 다루고 있어 우리의 현실과는 맞지 않는 부분이 많다. 그런데 이 책은 우리나라에서 오랜 기간 상품 개발을 해 온 저자가 쓴 책이기에 상당히 현실적이고 최근 트렌드에도 부합한다.

자기계발

『당신의 인생을 어떻게 평가할 것인가』

(클레이튼 M. 크리스텐슨, RHK)

경영학 교수가 쓴 자기계발서다. 몇몇 작가들이 뜬구름 잡듯 간절히 소원하기만 하면 꿈이 이루어질 수 있다고 말해서인지 자기계발서라고 하면 거부감을 갖는 사람들도 있다. 하지만 이 책은 다르다. 결코 인생이 쉽다고 말하지 않는다. 그리고 속성 해법을 내놓지도 않는다. 이 책이 특별한 것은 혁신에 성공한 기업과 실패한 기업의 사례를 들면서 인생을 거기에 비유하여 삶의 원칙을 제시한다는 것이다.

① 창발적 전략

혼다 오토바이가 미국을 점령한 것은 계획된 전략에 의해서가 아니라 우연한 기회를 살린 덕분이다. 1960년대 혼다는 할리데이비슨과 트라이엄프라는 고급 오토바이 시장에 정면으로 맞서기 위해 기술을 개발하고 가격 경쟁력을 갖추어 도전장을 내밀었지만 참담한 실패를 거두고 만다. 그런데 실패를 인정하고 철수하는 과정에서 직원들이 배달용 소형 오토바이를 타고 다니는 것이 사람들의 눈에 띄게 된다. 사람들은 그 오토바이를 어디서 구할 수 있느냐고 하나둘 문의를 해오기 시작했다. 혼다는 고급 오토바이라는 의도된 전략과 배치된 상황에 당황했지만 곧바로 우연히 찾아온 기회에 창발적 전략을 적용하여 대성공을 거둔다.

이런 일은 남이 이루어 놓은 성공이라 쉬운 것처럼 보여도 의도적 전략과 창발적 전략 사이에서 현명한 선택을 내리기란 쉽지 않은 일이다. 어디 기업만 그런가? 우리 인생과 사회생활 역시 우리가 인식하든 인식하지 못하든 의도적 전략과 갑자기 생기는 예상하지 못한 대체 전략들 사이에서 결정과 포기를 요구한다. 전략은 거의 항상 의도적 기회와 예상하지 못했던 기회가 혼재하는 상황에서 만들어진다. 중요한 것은 자신의 재능, 관심, 우선순위가 진가를 발휘하기 시작하는 곳이 어디인지 알 때까지 계속해서 뭔가를 시도하는 것이다. 자신에게 정말로 잘 맞는 것을 찾았다면 이제는 창발적 전략에서 의도적 전략으로 힘차게 움직일 시간이 되었다는 것을 의미한다.

② 자원 할당

하루하루 살아가면서 자신이 올바른 방향으로 나아가고 있다는 것을 어떻게 확인할 수 있을까? 방법은 자신의 자원이 어디에 사용되고 있는지를 살펴보는 것이다. 자원이 단기적으로 성과를 내야 할 일과 장기적으로 투자되어야 할 일에 대해서 적절하게 배분되고 있는지 살펴보라. 1990년대 스티브 잡스가 애플에서 쫓겨나고 머지않아 애플은 큰 위기를 맞게 된다. 스티브 잡스가 추진했던 차세대 운영체제를 만드는 일을 거의 중단하다시피하고 단기적인 성과에만 몰두했기 때문이다. 1997년 회사로 복귀한 잡스는 가장 먼저 기본적인 자원 할당 문제를 해결하는 작업에 착수했다. 직원들을 각자 생각하는 우선순위에 집중하게 내버려 두지 않고 조직의 본질적 목표에 정렬시켰다. 그 뒤는 우리가 아는 대로다. 기업들만 이런 실수를 하는 것은 아니다. 개인들도 대부분 꿈이 있고 그것을 위해 자신이 무엇을 해야 할지 잘 알고 있다. 그리고 많은 계획을 세운다. 그런데 정작 시간과 돈은 어디에 쓰는가? 미래를 준비하는 일보다 현재를 즐기는 일에 더 많이 쓴다. 삶은 현재와 미래에 동시에 의미를 줄 수 있는 일들로 채워져야 한다. 우리 인생은 매순간이 소중하기 때문이다. 미래를 위해 현재가 희생되어도 안 되며 현재를 위해 미래가 방치되어서도 안 된다. 그런데 대부분의 사람들은 계획은 현재와 미래를 위해 자원 할당을 잘해놓고도 실제 집행은 현재를 위해 하는 경우가 많이 있다. 오늘 하루만 돌아봐도 그렇지 않은가? 나의 돈과 시간이 어디에 사용되고 있는가?

③ 이번 한 번만이라는 유혹의 덫

이번 한 번만이라는 유혹으로 무언가를 하거나 또는 하지 않아서 발생하는 손실은 항상 무시해도 좋을 정도로 작은 것 같지만 그것이 누적되어 생긴 손실은 생각보다 크다는 것을 인생을 조금 살아본 사람이라면 잘 알 것이다. 가령 부정한 청탁을 한 번만 들어준다든가 지켜야 할 프로세스를 이번 한 번만 빼먹는다든가 하는 경우다. 사실 한 번 실수나 방심의 결과가 인생을 망칠 정도의 결과를 내는 일은 쉽게 발생하지 않는다. 그러나 한 번만이라는 유혹에 넘어가면 두 번 세 번은 아주 쉬워진다는 것이다. 이것이 반복되면 중간에 멈추기에는 너무 늦어 인생을 망치는 경우가 심심치 않게 일어난다. 이와는 반대로 계획을 세워놓고도 하루 이틀 미루다 결국에는 실행하지 못했을 때, 그 계획을 수행했으면 얻었을 기회가 도래하고 나서야 '아, 그때부터라도 실행했으면 이번 기회를 잡았을 텐데'라고 많이들 후회한다. 아침에 일찍 일어나서 1시간씩 운동을 한다거나 독서를 하겠다는 다짐도 눈이 떠졌을 때 망설임 없이 허리부터 일으켜 세우는 것이 낫다. 10분만 더 또는 내일부터라고 하는 순간 평생 못 할 일이 되고 마는 것이다.

나는 이 책을 몇 년 전에 처음 접한 후 기억해 둘 내용이 너무 많아 노트에 별도로 옮겨 놓고 수시로 읽어왔다. 그런데 오늘 내용을 발췌 요약 하고자 오랜만에 책을 들춰 보니 이 책이 과연 경영학자가 쓴 책이 맞는가 싶을 정도로 인생의 스승과도 같이 다가온다. 모든 직장인들이 이 책을 읽었으면 좋겠다. 저자가 경영전략가인 만큼 책에서 언급한 기업들의 전략의 성공과 실패 사례도 배울 수 있을 뿐만 아니라 그것을 다시 삶과 연결해 이해도 빠르게 된다.

재테크

『4개의 통장』 (고경호, 다산북스)

재테크라 하여 직장인이 돈을 많이 불리는 기술을 이야기하지는 못한다. 내가 그런 재주가 별로 없기 때문이다. 그저 내 손으로 내 능력으로 버는 돈만이 진짜 돈이며 그런 돈이 쉽게 사라지지 않는다는 사실을 경험으로 깨달아왔기 때문이다. 그래서 추천 책 역시 주식, 부동산, 토지, 경매로 돈 버는 방법을 알려주는 것이 아닌 그저 내가 일해서 번 돈을 새지 않게 관리하는 법이다.

① 돈 관리 3단계

돈 관리의 목적은 내가 번 돈이 단 일 원이라도 어디에 쓰이는지 알아서 최대한 많이 모으는 것이다.

지금보다 좀 더 많은 돈을 저축하기 위해서는 현재의 지출 수준을 유지하면서 수입을 늘리거나 수입을 늘리지 못한다면 지출을 줄이는 방법밖에 없다. 수입은 내 뜻대로 늘리는 게 쉽지 않으므로 우선 지출을 줄이는 게 접근하기 쉬운 방법이다. 그러기 위해서는 돈 관리에 대한 자기만의 원칙과 시스템을 가지고 있어야 한다. 그래야 내 인생의 주인이 돈이 아닌 내가 될 수 있다.

1단계는 지출을 통제하는 것이다. 통제를 하기 위해서는 대상이 무엇으로 이루어져 있는지 알아야 한다. 대부분 직장인의 지출은 네 가지로 이루어져 있다. 공적지출, 고정지출, 변동지출, 계절성지출이다. 공적지출이란 세금과 연금, 건강보험료다. 고정지출이란 부채상환, 아파트관리비, 자녀 관련 지출, 보장성보험료를 말한다. 변동지출은 생활비, 용돈이며 계절성 지출은 명절비용, 재산세, 휴가비 등을 말한다.
나의 지출이 무엇으로 이루어져 있는지 알았다면 이 중에 줄일 수 있는 것과 없는 것을 구분하는 것이 중요하다. 그리고 줄일 수 있는 것에서 현재 지출 규모와 상세 내역이 어떻게 되는지 3개월 정도 파악해 본다.
그런 후 평소 지출액의 90%로 한번 살아 보는 것이다. 이렇게 살다 보면 도저히 줄일 수 없는 부분과 의외로 많이 줄여도 상관없는 부분이 나타난다. 그때 지출 계획을 새롭게 구성하고 또 한 달을 살아보는 식으로 하면서 자신의 소비 패턴을 만들어 가는 것이다.
2단계는 예비자금을 보유하는 것이다. 예비자금 관리의 목적은 예상치 못한 사건으로 평소보다 많은 돈을 지출해야 하는 일이 생겼을 때 필요한 돈을 원활히 조달하기 위함이다. 이것이 중요한 이유는 예비자금이 없어 애써 저축해둔 예금이나 보험을 중도해지 하거나 대출을 얻게 되면 손실을 많이 보게 되기 때문이다.
3단계는 복리로 장기간 투자하는 것이다. 예금 금리가 불과 2~3%밖에 되지 않는 상황에서 장기 투자란 실없는 소리로 들릴지도 모른다. 하지만 명심하라. 내가 내 일의 전문가가 되어 어떤 상황에서도 돈을 벌 수 있는 사람은 요행을 바라지 않는다. 그럴 필요가 없기 때문이다. 새는 돈을 막아서 내 돈이 어떻게 관리되는지 알기만 한다면 누구든지 돈의 지배에서 벗어날 수가 있는 것이다. 특히 예금이 아닌 주식, 부동산 등은 변동성이 심해 예측이 불가능하며 돈을 벌었다 하더라도 그것이 현금으로 실현되지 않는 한 아직 내 돈이 아니다. 그리고 내가 통제 불가능한 것에 믿음을 두게 되면 자칫 그것의 노예가 될 수 있기에 추천하지 않는다.

② 4개의 통장

직장인이 버는 돈은 수입은 하나지만 사용처는 크게 4가지로 다시 구분할 수 있다. 고정지출, 변동지출, 예비자금, 투자가 그것이다.

지출이 4가지이므로 이를 관리하기 위해서 4개의 통장이 필요하다. 급여통장, 소비통장, 예비통장, 투자통장이다.

급여통장은 급여를 수령하고 고정지출을 관리한다. 소비통장은 변동지출을 관리하며 예비통장은 예비자금을 관리하고 투자통장은 투자관리용이다. 관리 프로세스는 급여통장에 매월 급여가 입금된 후 특정일까지 각종 고정지출을 자동 납부되도록 하고 생활비용인 변동지출 소비를 위한 금액을 소비통장으로 이체한다. 그리고선 남은 돈을 전부 투자통장으로 이체한다. 이렇게 하면 매월 얼마의 돈을 벌어서 얼마를 지출하고 얼마를 저축했는지 통제가 가능하다. 그리고 투자 통장에 입금된 돈은 예비자금을 확보한 후 다양한 금융상품에 투자하면 된다. 이것이 돈 관리 프로세스의 기본이다. 그런 다음은 돈 관리에 대해서는 잊고 어떻게 하면 내 실력으로 돈을 벌지 자신에 투자하면서 사는 것이다. 언제 어디서든 내 몸만 있으면 돈을 벌 수 있는 사람은 요행을 바라지 않는다.

이 책은 정직하다. 일확천금을 이야기하지 않는다. 부동산이나 주식으로 직장인을 유혹하여 시간 낭비를 하게 하지 않는다. 외부 환경에 의지해 돈을 버는 것이 아닌 내 힘으로 돈을 버는 일은 그 사람이 자기 일의 주인이라는 반증이기도 하다. 부동산 거품이 꺼지거나 외국발 금융위기로 주식이 폭락해도 쉽게 흔들리지 않는다. 돈의 외부 영향에서 벗어날 때 직장인은 일과 자기계발에 전념할 수 있다.

이 책을 읽으면 단순히 지출을 관리하는 방법을 넘어 돈의 소중함을 깨달을 수 있다. 그래서 헛된 꿈을 꾸지 않게 된다. 나에게 집중하게 한다. 재테크, 돈 관리 책이라기보다 자기계발서라 해도 무방하다.

직장인들이 이 책을 통해 돈에서 자유로워지고 진정 자신에게 집중할 수 있는 계기가 되길 바란다.

네트워크 플랜

기업의 제품을 홍보하는 데 가장 효과적인 수단은 이미 사용한 사람들의 추천이라고 한다. 인터넷 쇼핑으로 물건을 살 때 사용자의 댓글을 보거나 책을 살 때 독자의 서평을 읽은 경험은 다들 있을 것이다.

사내 네트워크

직장인에게 네트워크도 같은 개념이다. 지연, 학연의 개념이 아니다. '최고의 인맥은 현재 내가 열심히 살고 있는 것을 지켜보고 있는 사람들이다.'라는 말이 있듯이 직장인에게 있어 네트워크란 나의 성실성과 전문성을 조직 내 여러 사람에게 알리는 것을 의미한다.

직장생활을 오래 하다 보면 나의 상사로 있던 사람이 퇴사한 후에 개인 사업을 하거나 다른 회사로 옮기는 일을 어렵지 않게 보게 된다. 그런 사람들이 믿고 같이 일할 사람이 필요할 때 누구를 찾겠는가? 바로 과거에 자신과 함께 일할 때 성실하게 일 잘했던 사람인 것이다.

또 회사와 관련된 인맥으로는 거래처, 협력 업체, 고객사의 담당자들이 있다. 기업에 근무하다 보면 고객사로부터 품질 감사를 받기도 하고 그들과 협업해야 할 경우도 있다. 이때 약속을 얼마나 잘 지키는지 감사 대응 과정이 어떠한지는 상대방에게 강한 인상을 남기게 된다. 사람이 능력 있고 신뢰감이 가면 누구나 욕심내게 마련이다. 협력사에 근무하다 고객사로 스카우트 되거나 고객사에 있다가 협력사 임원으로 가는 경우는 이런 과정을 통해 이루어진다.

사외 네트워크

직장과 상관없이 새로운 네트워크를 갖고 싶은 사람에게는 대학원을 진학하거나 장기간 동안 이루어지는 책 쓰기 과정에 참여할 것을 권한다.

대학원은 자신의 미래 직무나 직업과 연관된 특화된 곳을 갈 수 있다면 좋다. 물론 회사에 다녀야 하므로 야간과정이나 주말과정이 될 것이다. 그곳에 가면 나와 같은 꿈을 꾸고 있는 사람들을 만나게 된다. 같은 꿈을 꾸고 있다는 것은 언젠가 삶의 어느 과정에서 만날 확률이 높다는 얘기다. 직장을 다니며 대학원을 오는 사람들 대부분은 인맥 형성이 그 주요한 목적이기도 하므로 반드시 동문회가 형성된다. 그 모임에 성실히 참여하는 것도 잊어서는 안 된다.

책 쓰기 과정은 유료로 이루어지는 과정도 있고 카페에서 무료로 운영하는 과정도 있다. 이 과정의 특징은 책을 쓰겠다고 마음먹고 오는 사람들 대부분은 자기 삶에 강한 목적의식과 성취욕이 있는 사람들이라는 것이다. 그리고 책을 쓸 소재가 있다는 것 역시 자기만의 전문성과 경험이 있다는 것이다. 또한 이 과정은 짧지가 않다. 책 한권을 탈고하기 위해서는 최소한 몇 개월이 걸리므로 인간적으로 친해질 수 있는 시간이 충분하다. 책 쓰기는 쉬운 과정이 아니므로 서로 끈끈하게 연결되며 출간을 위해 응원을 보내는 사이가 된다. 결코 경쟁의식이 생기지 않고 고통을 함께하는 사이가 되므로 이 만큼 좋은 네트워크도 없다.

SNS 네트워크

마지막으로 페이스북과 같은 SNS다. 나는 직무교육 강사이므로 주로 같은 직업의 사람들과 친구를 맺는다.

누구나 개인 마케팅을 목적으로 SNS를 하는 경우가 많으므로 나를 알리기 위해서는 상대방도 알려줘야 한다. 즉 좋아요, 댓글 품앗이를 통해 서로를 퍼뜨리는 것이다. 너무 비인간적으로 말한 것 같지만 좋게 말하면 윈윈이고 같은 일 하는 사람들 간에 서로 응원을 해주는 것이다. 그리고 같은 직업 사람들끼리 친구를 맺다 보면 그들은 주로 어떤 책을 읽는지 알 수 있고 어떤 사람을 만나는지 어떤 삶을 사는지도 알게 된다. 인맥을 넘어 벤치마킹의 기회도 되는 것이다.

SNS의 가장 중요한 점은 꾸준함이다. 꾸준히 게시글을 올려 내가 무언가를 계속하고 있다는 것을 보여줘야 하고 친구를 맺었다면 정기적으로 댓글도 달아주고 관심을 가져 주는 것이 중요하다. 그러다 보면 정말 친한 사이로 발전하기도 한다.

무인도에 혼자 살지 않는 이상 인간은 관계를 해야만 한다. 남이 나를 알아주지 않아도 화내지 않는 사람이 군자라고는 하지만 나를 인정해주는 사람들이 내 성장의 발판이 됨은 부정할 수 없는 사실이다.

사내, 사외, SNS를 통하여 내가 열심히 살고 있음을 꾸준히 보여주는 것이 네트워크의 핵심임을 잊지 말자.

에필로그

이제 당신은 자신에게 놀라워 할 차례다

삶이란 단지 하나의 꿈을 이루는 것을 목표로 하지 않는다. 삶이란 멈추지 않고 그것을 수행하는 과정 자체인 것이다. 얼마일지 모를 나에게 주어진 시간 동안 온 힘으로 나를 채우고 다시 그것을 세상에 풀어 놓는 과정, 그것이 삶이다. 나는 지금 어디에서 어떤 존재로 살고 있는가?

세상에 모든 존재가 의미 있겠지만 그중에서도 생명이 부여된 것은 더욱 의미가 있다. 생명이 부여된 것들 중에는 생각을 할 수 있는 인간으로 존재할 수 있다면 최고의 행운이다.

생각은 새로운 것을 창조할 수 있게 한다. 생각할 수 있는 생명으로 세상에 존재한다는 것은 창조의 권리가 주어진 것이다. 인간이 사는 동안 생각하지 않고 의심하지 않고 어제와 달라지려고 하지 않음은 더 이상 존재 가치가 없다는 것이다.

생명은 유한하다. 생각할 수 있는 가장 확실한 순간은 바로 지금뿐이다. 생각하라. 어제와 다르게 자신을 바꿔라. 창조하라.

2018년 그 무더웠던 여름을 미련 없이 보내주고 9월 어느 날에 쓴 나의 일기다. 일기를 쓰고 보니 결국 이 말이 내가 책을 통해서 직장인들에게 해주고 싶었던 말이라는 생각이 들었다. 인생은 이토록 소중하고 고귀하지만 우리 직장인들의 운신의 폭은 너무나도 좁은 게 현실이다. 직장인들은 늘 묻는다. '나 지금 잘살고 있는 건가?'

직장인들이 잘살기 위해서는 지금 직장에서부터 혁명을 이끌어 내야 한다. 세상살이에 이미 잔뼈가 굵은 사람들도 자영업에서 속절없이 무너지고 있는 것이 지금의 현실이다. 깊은 내공으로 묵묵히 때를 기다리지 않으면 성공할 수 없다. 내공을 쌓는 길은 몸으로 얻는 경험과 책으로 얻는 지식 말고는 답이 없다. 피카소가 아비뇽의 처녀들을 그리기 위해 여덟 권의 스케치 노트를 썼듯 연습 말고는 어떤 지름길도 없다.

연습은 어디서 하는가? 우리는 이미 직장이라는 일터이자 수련장이 있지 않던가? 여기 말고는 시간을 내기도 어렵다. 늘 물어라. 나는 어떤 전문가가 될 것인가? 그것을 위해 나는 무엇을 해야 하는가?

지금 일이 적성에 맞지 않는다면 구본형의 필살기법으로 일을 분해해 보라. 강상중 교수의 말처럼 주된 업무의 인접 분야를 살펴보라. 시작이 반이라는 말은 모든 일이 그 만큼 시동을 걸기가 어렵다는 것이다.

먼저 내가 되고 싶은 전문 분야를 정하고 할 일을 찾았다면 지금 당장 일어나 시작해라. 설령 그 일이 틀렸다고 할지라도 시작해라. 이미 시작한 당신은 올바른 길로 옮겨갈 능력이 있다. 시작하지 않으면 잘못된 길로 갈 일도 없고 바른길로 방향을 바꿀 일도 없다.

나는 믿는다.

우선 시작하고 나면 당신은 곧 당신에게 놀라워하리라는 것을.

대한민국 직장인 서바이벌 매뉴얼
능률100배 손정의 활기찬 업무력

1판1쇄 인쇄일 2019년 3월20일
1판1쇄 발행일 2019년 3월27일

ISBN 978-89-94803-55-5 03320

지은이 손정
펴낸이 류희남
디자인 디자인오감

펴낸곳 물병자리
출판등록 1997년 4월14일(제2-2160호)
주소 서울시 종로구 새문안로5가길11, 옥빌딩 801호
전화 02-735-8160
팩스 02-735-8161
홈페이지 www.aquariuspub.com
이메일 aquari5@naver.com

이 도서의 국립중앙도서관 출판예정도서목록(CIP)은 서지정보유통지원시스템 홈페이지(http://seoji.nl.go.kr)와 국가자료종합목록시스템(http://www.nl.go.kr/kolisnet)에서 이용하실 수 있습니다.
(CIP제어번호 : CIP2019008607)

이 출판물에는 티켓몬스터에서 제공한 몬소리체글꼴이 적용되어 있습니다.